Best Practice in Corporate Governance
Building Reputation and Sustainable Success

公司治理的最佳实践
——树立声誉和可持续的成功

[英] 阿德里安·戴维斯（Adrian Davies） /著
李文溥 林涛 孙建国/译校

经济科学出版社
Economic Science Press

图字：01-2006-1728

Best Practice in Corporate Governance: Building Reputation and Sustainable Success by Adrian Davies

© Gower Publishing Limited 2007
ISBN：0-566-08644-1

© 简体中文版权属经济科学出版社
　版权所有　翻印必究

图书在版编目（CIP）数据

公司治理的最佳实践：树立声誉和可持续的成功／[英]戴维斯（Davies, A.）著；李文溥，林涛，孙建国译校．—北京：经济科学出版社，2011.1
（治理译丛）

书名原文：Best Practice in Corporate Governance
　　　　　Building Reputation and Sustainable Success

"十一五"国家重点图书

ISBN 978-7-5141-0298-7

Ⅰ.①公…　Ⅱ.①戴…②李…③林…④孙…　Ⅲ.①公司-企业管理　Ⅳ.①F276.6

中国版本图书馆 CIP 数据核字（2010）第 263525 号

责任编辑：金　梅　赵　蕾
责任校对：杨　海　张长松
版式设计：代小卫
技术编辑：李　鹏

公司治理的最佳实践
——树立声誉和可持续的成功

[英]阿德里安·戴维斯（Adrian Davies）著
李文溥　林　涛　孙建国　译校
经济科学出版社出版、发行　新华书店经销
社址：北京市海淀区阜成路甲28号　邮编：100142
总编部电话：88191217　发行部电话：88191540
经济理论编辑中心电话：88191435
电子邮件：jjll1435@126.com
网址：www.esp.com.cn
北京中科印刷有限公司印装
787×1092　16开　14.5印张　240000字
2011年1月第1版　2011年1月第1次印刷
ISBN 978-7-5141-0298-7　定价：33.00元
（图书出现印装问题，本社负责调换）
（版权所有　翻印必究）

《治理译丛》学术委员会名单

学术委员会（按姓氏字母顺序）：

  常修泽 樊 纲 高明华 韩朝华 胡汝银
  黄桂田 黄少安 李维安 李文溥 刘 伟
  刘纪鹏 刘小玄 刘迎秋 宁向东 沈 越
  夏冬林 杨瑞龙 周业安

主 编：高明华

总　序

在具有悠久发展历史的企业大家族中，公司治理（corporate governance）只是一个新成员，这个名词的提出迄今不到30年的时间，但提出不久就引发了一场全球性的公司治理浪潮，而且潮头至今不退，这就不能不令人深思了。

一、公司治理理论的发展

公司治理理论的发展可以划分为以下三个阶段：

第一阶段从18世纪中后期到20世纪90年代中期，突出特点是强调对股东利益的保护。

早在1776年，亚当·斯密（Smith，Adam）在其《国民财富的性质和原因的研究》中就指出："在钱财的处理上，股份公司的董事为他人打算，而私人合伙公司的伙员，则纯是为自己打算。所以，要想股份公司董事们监视钱财用途，像私人合伙公司伙员那样用意周到，那是很难做到的……这样，疏忽和浪费，常为股份公司业务经营上多少难免的弊窦。"[1] 显然，斯密已经触及了股份公司因存在经营者和资本所有者之间的利益不一致而引起的代理问题。

但是，在20世纪20年代以前，由于代理的缺陷问题还不突出，因此并没有引起人们的普遍关注。一方面，当时占主导地位的企业形式是个人业主制企业和合伙制企业，在这两种企业形式中，所有者与经营者是合一的，所有者利益与经营者利益完全或基本一致，不会产生任何分歧，从而治理问题也就不会存在；另一方面，实行股份制的企业，原先的所有者仍然拥有该企

---

[1] ［英］亚当·斯密：《国民财富的性质和原因的研究》（下卷），商务印书馆1974年版，第303页。

业的控股权，利润最大化的企业目标仍可以顺利地贯彻落实。像美国近代企业家摩根、洛克菲勒、卡耐基等，不仅拥有摩根银行、标准石油公司、美国钢铁公司等大型企业的大量股票，而且还积极参与其经营管理，使之坚持利润最大化的企业目标。

然而，所有者直接控制公司毕竟不是现代公司制企业的主流，尤其是大规模公司制企业，所有者更是远离企业，而且所有权相当分散，这在客观上为经营者背离所有者的利益提供了可能。20世纪20年代以后的美国，这种可能不仅成为现实，而且已经相当突出。伯利和米恩斯（Berle, A. A. and G. C. Means）在1932年出版的《现代公司与私有财产》中指出，所有权和控制权的持续分离可能会使管理者对公司进行掠夺，他们把这种情况称之为"经营者控制"（management control）①。

20世纪60年代以来，公司所有权和经营权的分离及经营者支配公司进一步加剧。如在美国，60年代初，经营者支配公司的资产占200家非金融企业总资产的85%；1970年，日本303家最大非金融公司的50%、29家最大金融机构的90%被经营者支配；1975年，英国最大的250家公司中有43.75%、德国1971年最大的150家制造业和商业企业中有52%被经营者支配②。在这些公司的董事会中，经理人员占了多数，不少公司的首席执行官（chief executive officer, CEO）同时又坐上了董事长的宝座，受聘于公司所有者的经营管理者反过来最终控制公司，由此导致的因偏离企业利润最大化目标而造成的各种弊端也越来越引起人们的关注。

于是，在20世纪70年代中期，美国拉开了有关公司治理问题讨论的序幕。1979年，威廉姆森（Williamson, O. E.）发表《现代公司的治理》，正式提出了"公司治理"这一概念③。1984年和1985年，他又接连发表《公司治理》、《治理经济学：框架和含义》和《资本主义经济制度》等论著，对公司治理进行了较系统的归纳和分析④。此后，詹森（Jenson, M. C.）、麦克林（Meckling, W. H.）和墨菲（Murphy, K. J.）等学者对于公司治理不断向纵深发展做出了积极的贡献。他们一致的观点是强调通过降低代理成

---

① [美]伯利、米恩斯：《现代公司与私有财产》，台湾银行经济研究室编印，1981年，第90页。
② 云冠平、朱义坤、徐林发：《经营者支配之成因》，载《经济学动态》1998年第5期。
③ Williamson, O. E., 1979, "On the Governance of the Modern Corporation", *Hofstra Law Review*, 8 (Fall): 63–78.
④ Williamson, O. E., 1984, "Corporate Governance", *Yale Law Journal*, 93 (June); 1984, "The Economics of Governance: Framework and Implications," *Journal of Theoretical Economics*, 140 (March): 195–223; 1985, *The Economic Institutions of Capitalism*. New York: Free Press, 1985.

本（或交易成本），来实现资本所有者的最大化利益①。

第二阶段始于 20 世纪 90 年代中期，突出特点是强调利益相关者（stakeholders）在公司治理中的权益。

1995 年，布莱尔（Blair, M. M.）在其出版的《所有权与控制：面向 21 世纪的公司治理探索》中，系统地提出了她的利益相关者价值观（stakeholder-value perspective）或利益相关者模型（the stakeholder model），即公司不仅仅要对股东负责，还要对经理、雇员、债权人、顾客、政府和社区等更多的利益相关者的预期做出反应，并协调他们之间的利益关系。② 在布莱尔之前，尽管多德（Dodd, E. M.）和威廉姆森等人也曾强调要关注股东以外的其他利益相关者的利益，但他们分析的落脚点却是对股东利益的保护。布莱尔的贡献在于：她没有从传统的股东所有权入手来假定股东对公司的权利和责任，而是认为公司运作中所有不同的权利和责任应该被分解到所有的公司参与者身上，并据此来分析公司应该具有什么目标，它应该在哪些人的控制下运行，以及控制公司的人应该拥有哪些权利、责任和义务，在公司中由谁得到剩余收益和承担剩余风险。她强调，尽管保护股东的权利是重要的，但它却不是公司财富创造中唯一重要的力量。过度强调股东的力量和权利会导致其他利益相关者的投资不足，很可能破坏财富创造的能量。

利益相关者价值观使公司治理从经济学、管理学延伸到社会学、政治学和伦理学等多个学科。近几年的新利益相关者模型进一步扩大了利益相关者范围，按照对于公司的重要性，利益相关者被分为两级：一级（primary）利益相关者是指那些对于公司的生存不可缺少的人或组织，如所有者、客户、职员、社区、政府，有时还包括供应商和债权人等；二级（secondary）利益相关者包括那些与公司生存关系不大的其他组织和个人，但公司的经营对他们的利益有影响，如环境主义者、媒体、学者和批评家、贸易组织，甚

---

① 参见 Jensen, M. and W. Meckling, 1976, "Theory of the Firm: Managerial Behavior, Agency Costs and Ownership Structure", *Journal of Financial Economics*, 3 (October): 305 – 60. Jensen, M. and R. Ruback, 1983, "The Market for Corporate Control: the Scientific Evidence", *Journal of Financial Economics*, 11: 5 – 50. Jensen, M., 1983, "Organization Theory and Methodology," *Accounting Review*, 58: 319 – 39. Fama, E. and K. Jenson, 1983, "Separation of Ownership and Control," *Journal of Law and Economics*, 26: 301 – 25. Jensen, M., 1986, "Agency Costs of Free Cash Flow, Corporate Finance, and Takeovers," *American Economic Review*, 76: 323 – 29. Jensen, M. and K. Murphy, 1990, "Performance Pay and Top-management Incentives," *Journal of Political Economy*, 98 (April): 225 – 64. Jensen, M., 1993, "The Modern Industrial Revolution, Exit, and the Failure of Internal Control Systems," *Journal of Finance*, 48: 831 – 80.

② Blair, M. M., 1995, *Ownership and Control: Rethinking Corporate Governance for the Twenty-first Century*, The Brookings Institution, Washington, D. C., 1995.

至竞争者。① 图1显示了一个大公司利益相关者的可能情况。

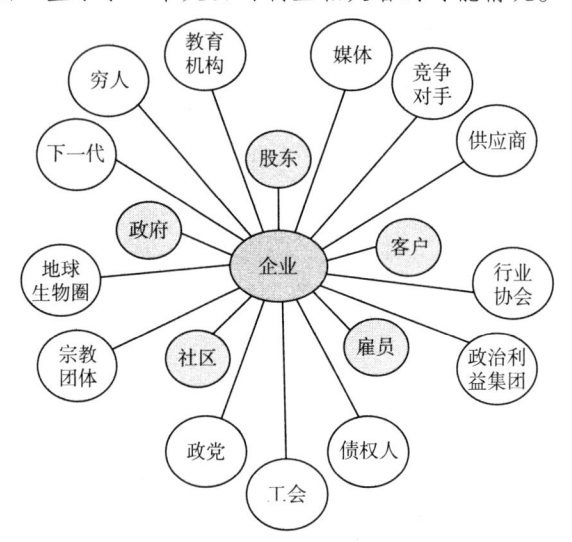

图1 新利益相关者模型

资料来源：[美] 乔治·A. 斯蒂纳（George A. Steiner）、约翰·F. 斯蒂纳（John F. Steiner）著：《企业、政府与社会》，华夏出版社2002年版，第14页。

新利益相关者模型的倡导者注重于发现新的治理原则，用以指导公司处理与相应的利益相关者的关系。与目前在实践中多数公司经理的做法相比，利益相关者理论要求公司对各种利益相关者的影响给予更多的伦理或道德方面的考虑。为此，应当吸收利益相关者的代表参与公司的控制和公司的决策，② 即通过利益相关者共同治理，使公司战略反映各方利益相关者的利益。

第三阶段始于20世纪90年代后期，突出特点是公司治理理念向非公司的法人主体，尤其是非营利性组织的延伸，这个时期几乎是与第二阶段同步的。

在非营利性组织治理中，政府往往居于十分重要的位置，它可以影响到非营利组织的决策。理事会是非营利性组织治理的关键，它行使组织决策和领导职能，而且随着非营利性组织的发展，理事会的结构和程序不断制度化和专业化。与营利性的企业组织的治理相比，非营利性组织的治理通常更强调相关参与人的责任机制，因此需要一个更有效的、强有力的、直接的和清晰的治理结构。

---

① Clarkson, Max, 1995, "A Stakeholder Framework for Analyzing and Evaluating Corporate Social Performance," *Academy of Management Review*, January, 106–107.

② [美] 乔治·斯蒂纳（George A. Steiner）、约翰·斯蒂纳（John F. Steiner）：《企业、政府与社会》，华夏出版社2002年版，第15页。

二、全球公司治理浪潮

公司治理浪潮起源于英国。20 世纪 80 年代由于不少英国著名公司相继倒闭,由此而产生了一系列的委员会和有关公司治理的一些最佳准则,其中最为重要的是在卡德伯里(Cadbury)勋爵领导下制定的《卡德伯里报告》(Cadbury Report),关于董事会薪酬的《格林伯里报告》(Greenbury Report),以及关于公司治理原则的《汉普尔报告》(Hampel Report)。在以上三个报告发表之后,伦敦证券交易所和英国会计师公会又进一步推出了将这三个报告的精髓全部纳入其中的《综合准则》(Combined Code)和落实准则中有关公司内部控制和风险管理条款的《腾布尔报告》(Turnbull Report)——《内部控制:公司董事落实〈综合准则〉指引》,以整合和细化上市公司的治理标准。

从 20 世纪 80 年代末 90 年代初开始,世界经济发生了一系列的新变化,如 90 年代日本泡沫经济的崩溃,其后的日本经济衰退,1997 年爆发的亚洲金融危机,德国统一的高昂代价,建立统一欧洲经济体的改革等,这些变化使得从英国起源的公司治理运动迅速在世界各地得到响应,并日益高涨。

从美国来看,虽然在 20 世纪 80 年代以前的美国公司治理很不活跃,但在 80 年代,美国出现了大规模的公司并购浪潮和重组活动。市场敌意收购是对公司的一种重要的约束机制,在其威胁下,许多上市公司纷纷主动进行改革,以免成为敌意收购的对象。进入 20 世纪 90 年代后,美国的公司治理活动又出现了新的变化,金融杠杆和敌意收购大幅度减少。同时,其他的公司治理机制,特别是公司高管人员的股票期权激励以及公司董事和股东积极参与公司治理等,开始发挥更大的作用。此时,美国资本市场的结构发生了根本性的变化,各种机构投资者(包括养老基金、共同基金、保险基金等)持有企业股权的比例,由 1970 年的 12.4%,提高到 1997 年的 48%。股东进一步法人化和机构化的趋势使得在英国、美国等发达国家中股东高度分散化的状况发生了很大变化,机构投资者开始作为战略投资者进行长期投资。这种所有权结构的变化要求实现所有者主权,增强董事会的独立性,强化对公司经理阶层的监督和约束,维护股东的利益,全面改善公司治理。

正是由于上述外部环境的变化,使得公司治理机制成为全球关注的最热点问题,并由此产生了一系列最佳公司治理原则。自《卡德伯里报告》以后,许多国家、国际组织、中介机构、行业协会纷纷制定了自己的公司治理原则。据统计,到 2007 年年底,有 60 多个国家和法律管辖区域推出了近 200 家公司治理准则或类似的文件,另外还有近 20 个国际性的准则。

尤其应当提到的是《OECD 公司治理准则》。1998 年 4 月 27—28 日,经济合作与发展组织（OECD）召开部长级会议，呼吁OECD与各国政府、有关的国际组织及私人部门共同制定一套公司治理的标准和指导方针，为了实现这一目标，OECD成立了公司治理专门筹划小组，于1999年出台了《OECD公司治理准则》（以下简称《准则》）。《准则》面世后，拥有6万亿资产管理规模的国际公司治理网络成员（ICGN）以及主要的机构投资者如加州公职人员退休基金系统（CalPERS）即对该准则表示支持。2000年3月，金融稳定性论坛（Financial Stability Forum）把《准则》作为衡量金融体系健全与否的12个主要标准之一。《准则》还成为世界银行和国际货币基金组织制定的《标准与准则报告》（Reports on Standards and Codes）的公司治理部分的基础。国际会计协会创办的会计准则发展国际论坛（IFAD），也将《准则》作为分析治理和披露制度的工具[1]。

除了OECD之外，其他国际机构也纷纷加入到推动公司治理运动的行列。世界银行在自己的网站上开辟了专门的公司治理栏目，并与OECD合作主办了定期性"全球公司治理论坛"、"亚洲公司治理圆桌会议"、"拉丁美洲公司治理圆桌会议"、"俄国公司治理圆桌会议"等论坛或会议。其目的是在公司治理方面加强全球及地区性的对话和信息沟通，分享经验，达成共识，加强协调，一致行动。美国著名的机构投资者CalPERS发起建立了民间性质的国际公司治理网络，每年举行一次年会，并开辟专门的网站，系统地推出国内和国际公司治理原则，在世界范围内从投资者的角度出发推进公司治理改革。在欧洲、亚洲也出现了专门的组织，如"欧洲公司治理协会"（即"欧洲公司治理网络"的前身）、"亚洲公司治理协会"和"日本公司治理网络"。

世界上许多重要的证券交易所也越来越关注公司治理，对上市公司的监管内容不仅包括信息披露，而且还越来越强调上市公司的治理结构，世界交易所联盟则起草了有关公司治理准则的指引。

进入21世纪，公司治理领域出现了一些新情况、新发展，尤为突出的是接连出现了一些骇人听闻的大公司丑闻事件，如美国安然（Enron）与世界通讯（Worldcom）造假案件、日本雪印食品舞弊案件，以及中国上市公司中诸多不规范的关联交易、大股东侵占上市公司利益等案件，从而再一次引发了人们对公司治理问题的反思。在这种情况下，美国于2002年6月出台《萨班斯－奥克斯利法案》（Sarbanes-Oxley Act，又称SOX法案），该法案的严厉性对美国乃至于全球证券市场的影响不亚于一场强烈的地震。同年，

---

[1] 上海证券交易所研究中心：《中国公司治理报告（2003）》，复旦大学出版社2003年版，第274~277页。

OECD 部长级会议一致同意对 OECD 国家的最新发展进行重新考察，以便根据最新的公司治理发展状况对《准则》进行审查。这项任务由 OECD 公司治理筹划小组承担，该小组的成员包括所有的 OECD 成员国，还包括世界银行、国际清算银行、国际货币基金组织等观察员，为了更好地评估《准则》，筹划小组还邀请了金融稳定论坛、巴塞尔委员会，以及国际证监会组织（IOSCO）等特邀观察员。2004 年，OECD 结合公司治理领域的最新发展情况，同时参考了非 OECD 国家，尤其是那些参加了 OECD 和世界银行共同组织的公司治理地区圆桌会议的俄罗斯、亚洲、东南欧、拉美和欧亚大陆国家的经验，立足于宣扬公司治理的理念，公布了最新的《OECD 公司治理准则》。

新修订的《准则》的基本精神包括以下六个方面：（1）公司法理框架应当促进透明和有效的市场，符合依法原则，并明确划分各类监督（supervisory）、监管（regulatory）和执行（enforcement）部门的责任。（2）公司治理框架应该保护和促进股东权利的行使。（3）公司治理框架应当确保所有股东（包括少数股东和外国股东）受到平等对待，当其权利受到侵害时，所有股东应能够得到有效赔偿。（4）公司治理框架应承认利益相关者的各项经法律或共同协议而确立的权利，并鼓励公司与利益相关者之间在创造财富和工作岗位以及促进企业财务的持续稳健等方面展开积极合作。（5）公司治理框架应确保及时准确地披露公司所有重要事务的信息，包括财务状况、绩效、所有权和公司的治理。（6）公司治理框架应确保董事会对公司的战略指导和对管理层的有效监督，确保董事会对公司和股东的受托责任（accountability）。目前，《准则》已为经合组织和非经合组织所普遍接受，成为公司治理的国际标准，同时也是各国、各地区公司治理准则的范本，用以衡量公司治理的绩效。

从公司治理浪潮，尤其从得到国际社会普遍认可的具有权威性的 OECD 公司治理准则，不难看出公司治理的极其重要性。前任世界银行行长詹姆斯·D. 沃尔芬森（James D. Wolfenson）指出："对世界经济而言，完善的公司治理和健全的国家治理一样重要。"如今，无论是发达国家还是发展中国家，都把完善公司治理看做是改善投资环境、夯实经济基础的必要手段。

中国企业，尤其是国有企业正处于发展的关键时期。近几年，中国公司治理问题频频发生，黄宏生案、陈久霖案、顾雏军案、德隆案、杭萧钢构案、黄光裕案……一案未平，另一案又浮出水面，在这些案件的背后，实际上是治理制度的缺失。我们在推进企业改革时，过多地重视形式，而忽略了相应的治理制度建设。试想一下，我们哪家上市公司没有一个漂亮的公司治理结构呢？但为什么效果不大？关键就在于治理制度不到位。在制度建设中，制度的执行尤其重要。著名学者培根说过，一次不公正的判决，其危害性胜于十次严重的犯罪。通过制度建设，要使违规者违规的成本大大超过违规的收益，或者反过来说，使合规的收益大大高于合规的成本。美国严厉的SOX法案强化的就是这种成本约束，该法案在公司治理理念上发生了质的变化，即假设企业是没有诚信的，只有在一系列制度的约束下，它们才能担负起其对投资者和社会的责任，因此，必须要加强对当事人责任的处罚。

三、关于"治理译丛"

基于以上背景，2005年年底，我向经济科学出版社金梅女士提出建议，出版一套"治理译丛"，得到了她的积极响应。后来经过经济科学出版社的努力，该丛书列入了"十一五"国家重点图书项目。

我们之所以把该丛书命名为"治理译丛"，而不是"公司治理译丛"，是由于理论界和实际部门对"corporate governance"存在着某种不太正确的理解。"corporate governance"的准确译法应是"法人治理"。"corporate"之所以翻译成"法人"，是因为需要治理的不仅仅是公司，还有非公司的企业法人和非企业的法人，前者如没有公司化的家族企业和国有企业，后者如非营利性组织（non-for-profit organizations）和公共部门（public sector）。而且，将"corporate"翻译成"公司"还经常出现汉语的语病问题。例如，温考普（Whincop, Michael J.）所著 *Corporate Governance in Government Corporation*，如果翻译成"政府公司的公司治理"，显然不顺；再如，OECD制定的"OECD Guidelines on Corporate Governance of State-Owned Enterprises"，翻译成"OECD国有企业公司治理指引"也是有问题的，因为"企业"和"公司"两个词存在着重复。

当然，法人治理问题是始于公司的，法人治理更多地体现在公司制企业中，从这个意义上说，把"corporate"翻译成"公司"未尝不可。但是，考虑到法人治理向非公司制企业和非企业主体（尤其是非营利性组织）的延伸，在分析这些主体的治理时，就只能翻译成"法人治理"。所以，把这套丛书命名为"治理译丛"是再合适不过了。

在"治理译丛"书目的选择上，我们并非一揽子把所有书目选定，而是跟踪该领域的前沿，选择著名出版社的最新版本，随选随译。所选书目以学术著作为主，兼及实务性著作。我们力求通过这套译丛的出版，推动中国公司治理研究向纵深发展，同时能够为国有企业以及其他各类主体的治理改革提供借鉴。

北京师范大学公司治理与企业发展研究中心

高明华

2010年9月

目 录

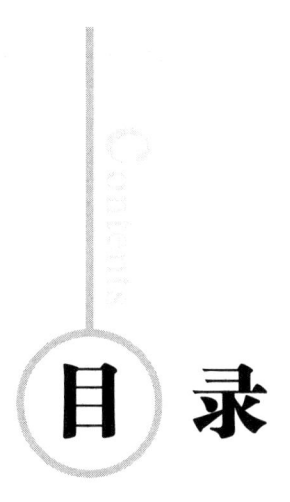

前　言　/　1

致　谢　/　1

序　言　/　1

第一篇　组织进行有效治理

第1章　什么是公司治理　为什么公司治理很重要　/　3

1.1　为什么目前公司治理变得重要　/　5

1.2　公司治理准则的形成和公司法的修改　/　5

1.3　准则之外——可供选择的模式　/　6

1.4　公司治理中的利益相关者　/　7

1.5　公司治理的维度　/　13

1.6　公司治理的八个关键维度　/　14

1.7　治理和伦理　/　17

1.8　权力的平衡　/　18

1.9　管制　/　19

第2章 公司治理的不同方法：公司治理是如何起作用的 / 21

   2.1   国际范围的公司治理 / 21

   2.2   治理——以规则为基础还是通过原则来指引 / 32

   2.3   原则 / 33

   2.4   组织内部的公司治理 / 34

   2.5   战略计划 / 35

   2.6   营销 / 37

   2.7   人力资源 / 38

   2.8   采购 / 38

   2.9   财务 / 39

   2.10   公共关系 / 39

   2.11   公司秘书/执行 / 40

第3章 领导和公司治理 / 42

   3.1   英雄型领导 / 43

   3.2   危机型领导 / 44

   3.3   学院型领导 / 44

   3.4   仆人型领导 / 45

   3.5   变革型领导 / 47

   3.6   领导与公司治理 / 50

   3.7   一个新方法 / 51

   3.8   如何在整个组织中产生领导力 / 52

   3.9   领导与风险 / 54

第4章 实施公司治理 / 56

   4.1   实施公司治理的基本模式 / 57

   4.2   激活公司治理的基本模型 / 62

   4.3   完善公司治理模式 / 69

   4.4   总结 / 79

   4.5   报告/反馈 / 80

第二篇　公司治理的不同模式

第 5 章　公司模式　/ **83**

5.1　CW 集团公司（Carphone Warehouse）　/ **83**

5.2　眼镜蛇（Cobra）啤酒公司　/ **88**

5.3　帝亚吉欧集团公司：开创有灵魂的事业，可能吗　/ **93**

5.4　苏格兰＆南方能源　/ **98**

5.5　英国石油阿莫科（BP Amoco）：回归原点　/ **101**

第 6 章　企业家和家族企业　/ **111**

6.1　企业家的治理　/ **111**

6.2　家族企业协会（the Institute of Family Business，IFB）　/ **118**

6.3　家族企业　/ **120**

第 7 章　声誉、社会与生态责任　/ **131**

7.1　声誉——MORI 有限公司董事斯特华·刘易斯（Stwart Lewis）的观点　/ **131**

7.2　古德公司——建立一家有道德的企业　/ **137**

7.3　社区企业协会——实践中的企业社会责任　/ **139**

7.4　公司的可持续发展　/ **145**

7.5　公司治理　/ **147**

第 8 章　风险与投资　/ **149**

8.1　风险控制集团　/ **149**

8.2　针对机构股东的公司治理——访赫米斯投资管理公司（Hermes Investment Management Ltd）保罗·李（Paul Lee）　/ **152**

第 9 章　公司治理的未来　/ **158**

9.1　在"商业社会等级"和"棱镜"情景下治理的大致特征　/ **159**

9.2　不同情景对公司治理可能带来的冲击　/　160

9.3　2020年，需要采取什么样的行动来形成有效的公司治理　/　162

9.4　目前公司治理的趋势以及不同的情景对这些趋势的冲击　/　164

9.5　将公司治理与战略一体化　/　167

9.6　公司治理可能会如何演化　/　169

9.7　公司治理效应的深化　/　170

第三篇　附　录

附录A　商业小镇网站　/　**175**

附录B　杰勒德国际有限公司　/　**179**

附录C　强生公司　/　**184**

附录D　战略伙伴有限公司（Strategic Partnership Limited，SPL）的公司健康检查　/　**185**

参考书目　/　**189**

主要词汇索引　/　**191**

前 言

阿德里安·戴维斯（Adrian Davies）的最新著作将公司治理的争论从概念转移到行动上，他通过英国的《联合准则》和美国的《萨班斯－奥克斯利（Sarbanes-Oxley）法案》的出台来说明公司治理在世界各国的进展。没有人对通常的公司管理和控制方式感到满意。本书指出了在形式上接受准则的建议与确保它们进入每一层次的商业主流想法之间的差距，正如作者所说："实施准则的流程必须要严格、可测评并能深入到组织的各部门。"

本书提供了确保能满足上述要求的公司治理实施方法指南，它由公司的顶层设定基调。正如阿德里安·戴维斯正确强调的那样，领导是治理的驱动力。董事会的责任是设立公司的目标，批准实现这些目标的战略，并制订在执行战略时必须满足的行为标准。董事会同样要确保公司的结构与好的治理要求相适应，在公司治理的实施中，人力资源部门的职责是培训、辅导，并确保公司的价值观有活力，而不是存档的行为准则。

董事会还要阐述在公司社会责任方面的政策，本书很好地说明了公司社会责任的重要性。董事会与公司的利益相关者有密切关系，这和其他方面的业务一样需要进行管理。声誉是一项有价值的资产，需要多年方能建立，但是，一个不明智行为就能使之受到损害，这使董事会负有帮助公司自上而下行为合规的责任。

由于大多数机构投资者将治理水平纳入投资决策的考虑范围，它使好的公司治理与好的绩效之间建立了有效的联系。例如，退休基金的责任是长期的，因此基金管理者就会将兴趣放在公司能否在投资期内提供稳定且可持续的收入流方面。在与董事会交流时，他们会确认治理标准是否适当，执行的情况如何。这将会鼓励实施长期的增长战略。

正如本书所明确指出的，股份公司只是公司中的少数，但是，正是它们按照公司治理的要求运作，并为所有的公司设立了标准。它们还吸收了大部分公众储蓄投资，因此，提高其治理水平对社会有十分重要的意义。本书最后还对公司治理的未来方向以及目前各国的治理方法可能的趋同程度，提出了一些有趣的想法。

作者精选了一些引人注目的案例研究，用以诠释公司治理的现状以及如何推进公司治理的实施，《公司治理的最佳实践》值得董事、经理、投资者和所有对提高商业水平有兴趣的人研读。

阿德里安·卡得伯利爵士（Sir Adrian Cadbury）

致 谢

我在写作《公司治理的最佳实践》的过程中，主要从公司治理浪潮的发起者那里寻求帮助，特别是阿德里安·卡得伯利爵士。本书建立在这些发起者的公司治理框架设计的基础上，并致力于确保将其计划变为现实，因此我只关注对公司治理的设计有重大影响的那些准则被成功实施的案例研究，而不是再来提倡采用这些准则。

我非常感谢高尔（Gower）对我的不断支持和鼓励——鼓励我在一个通常只有不良实践才会引起关注的领域中寻找最佳实践。我在寻找成功的公司治理案例中得到了莫大的乐趣，也明白这些优胜公司有的最后也许不堪一击（在我的上一本书中，强调了公正的生活）。我也感谢受访者，他们的回答既全面又坦率。令我高兴的是，好的公司治理在很多地方以多种不同的形式出现。所有访谈者的共同特点是对公司治理的郑重承诺，他们都认识到，个人声誉与守护这种承诺相关。

案例研究之外的一些人对本书也起到重要的作用，我得到了约翰·伊根爵士（Sir John Egan）、鲍勃·加勒特（Bob Garratt）教授、伯纳德·泰勒（Bernard Taylor）教授、马克·戈德尔（Mark Goyder）和由尼克·格里弗（Nick Grief）教授领导的伯恩茅斯大学（Bournemouth University）公司治理中心的同事们的鼓励；阿德里安·卡得伯利爵士在我最需要帮助的时候给予了支持；布鲁斯·里奥伊德（Bruce Lloyd）教授经常提供相关新书评论的机会，以使我保持学术敏感。对上述各位，对我的妻子克丽（Kerry）——她将潦草的字迹变成可使用的文本，对那些帮助过我而又无法一一列举姓名的朋友和支持者们，在此，致以深深的感谢！

序 言

> 一个团体越腐败，它的法规越多
> ——塔西图斯（Tacitus）

寻找有效的公司治理如同寻找"圣杯"。"圣杯"的传说源于这样一个信念，即亚利马太的圣约瑟（Joseph of Arimathea）① 将首次圣餐的用杯带到欧洲。只有承蒙上帝恩典的人，才能看到圣杯。12 世纪，由克雷蒂安·德·特洛伊斯（Chrétien de Troyes）出版的《珀西瓦尔：圣杯的故事》，引起了人们长久的兴趣——寻找"圣杯"和具备发现"圣杯"所必需的纯洁心灵②。

在 20 世纪七八十年代出现的一系列公司突然崩溃事件（Rolls Royce, Leyland, 等等）以及陆续爆出丑闻（BCCI, Polly Peck, British and Commonwealth, 等等）之后，强化商业行为中对德行的要求逐渐明确。这些事件相继而发损害了英国的卓越管理神话，并使"伦敦金融城"（the City）内的诚实关系成为假象，仅存的少许德行也在失败和不信任中消失。

针对不满的主要焦点，伦敦股票交易所委托阿德里安·卡得伯利爵士和他的委员会，就公司治理的财务问题进行了一项研究，并建立了一个改善财务控制的流程。卡得伯利报告和后续的研究（关于董事报酬的克里恩伯利（Greeenbury）报告、综合卡得伯利和克里恩伯利的汉佩尔（Hampel）报告、关于风险管理的特恩布尔（Turnbull）报告、关于审计的史密斯（Smith）报告和关于非执行董事的希格斯（Higgs）报告）形成了一整套行为准则以补充法律条款，特别是《公司法》。其结果是上市公司尽管更严格地审查它

---

① 译者注：Joseph of Arimathea, Saint：（公元 1 世纪）圣约瑟（亚利马太人），《圣经·新约全书》中所载秘密信奉耶稣的人。

② 译者注：Perceval：英国亚瑟王传奇中亚瑟王的一名骑士，最后找到了圣杯。

们的流程，但却是以一种官僚主义的"打对号（box-ticking）的方式进行"，而对于改变员工态度和公司文化却几乎没做什么。

对公司内部的不良"德行"处理失败，导致了一系列新型丑闻的突然爆发，像安然（Enron）和世界通信公司（Worldcom）这样的公司虽然已经建立了良好的公司治理程序，但是它们都被下决心追求个人目标的首席执行官绕开。另一家美国公司阿德尔菲亚（Adelphia）被里格斯（Riges）家族控制、操纵和大规模地掠夺，这并非美国才有的现象；荷兰公司阿霍德（Ahold）因虚假的会计信息受到严重伤害；而意大利最大的企业集团之一帕玛拉特公司（Parmalat）因被大规模的欺骗性地挪用了资金而受到伤害。这些丑闻的共同点是首席执行官滥用权力。

在本书的写作和研究过程中，我逐步意识到，寻找有效的公司治理仅仅是开始。就好像我们正在忙于安排泰坦尼克号甲板上的椅子，而一些可怕的灾难已经不可阻挡地降临了。

唐·杨格（Don Young）和帕特·斯科特（Pat Scott）在他们的新书《拥有他们的蛋糕——伦敦金融城和大老板们是如何大口吞下英国公司的》（Kogan page，2004）中，确认了这一灾难的一种可能表现形式，这是一项全面的研究。他们的论点是：多年来，公司的首席执行官和伦敦金融城机构一直忙于一个共同的日常工作——对抗股东和公司其他利益相关者的利益。这些机构一直向希望显得勤奋管理（并希望他们也因此变得富有）的执行董事们灌输收购和兼并（并安排向他们提供资金）的想法。英国公司的并购金额从1990年的200亿英镑增加到2000年的1700亿英镑。在多数情况下，并购活动的短期受益者是被出售公司的股东——他们获得很大一笔溢价，以及伦敦金融城机构。执行董事们从不断增加的薪酬以及股票奖励计划中获得长远收益，但也有人像沃达丰公司（Vodafone）的克里斯托弗·金特爵士（Sir Christopher Gent）那样，为了即刻可得的奖金而进行昂贵的并购活动。考虑到执行董事们的任期正不断缩短，他们对长远收益的耐心也不断减少。对并购方的股东来说，这些收购中的大部分会损失价值，因为许多收购定价太高，而且几乎没有执行董事具有这样的技巧——将被收购公司快速有效地整合到自己的集团运作中。1999年，毕马威公司的一项研究显示：一半以上所分析的并购是损失了股东价值，这种行为严重伤害了公司利益，例如马可尼公司（Marconi）和英维恩公司（Invensys）；而多格蒂公司（Dalgety）的案例证明了这种伤害是致命的。

为什么公司治理在"德行"上失败？我相信很大程度上是因为个人或集体在做人上的失败。人类具有判断和行动的能力，而流程和程序却不具备。公司治理在改变大多数商业人士的心态上是失败的，它也没有改变商业人士日常的行为习惯："一年为他们打一次对号——那不是我的日常工作方式的一部分"。

本书试图识别和探索公司治理中人的问题，以利用个人和集体行为来实现有效的治理。目前，经理人员得到奖赏仅仅是因为满足了可以衡量的目标，几乎或完全不关心这些目标是如何完成的。这些目标常常是个人的，完成目标可能会与其他人发生摩擦；没有完成目标通常也不会受到制裁——失败者常常被奖赏，让同事处于困惑和沮丧之中。公司治理依赖其他人的信任和合作，但是，有太多的公司是在贪婪和恐惧的交错中运作。"人性中固有的罪恶"（Old Adam）在我们所有人的身上都存在，但我们仍然必须合作，以使我们的企业成功，在个人主义精神和富有成果的合作之间找到一种可持续的平衡是公司治理的核心——这是否也是公司治理的"圣杯"？

第一篇
组织进行有效治理

第1章

什么是公司治理
为什么公司治理很重要

公司治理的较早定义是由卡得伯利委员会在1992年12月的报告给出的。该报告认为:"公司治理是公司的控制和指导系统。在这一系统中,董事会负责对公司的治理,而股东在公司治理中的角色是任命董事和审计人员,以确保公司合适的治理结构。"10年后的希格斯报告则侧重其他。该报告认为:"公司治理提供了一个责任架构——确保公司的管理符合其所有者的利益结构和程序"。而OECD在1998年4月发表的《公司治理》报告是从全球角度给出公司治理的定义:"公司治理包含了由股东、董事会和经理人员组成的核心集团之间的关系结构以及相应责任的设计,以便最好地促进完成公司主要目标所需的有竞争力的业绩"。

公司治理是治理概念的进一步发展,治理在早期的社会组织中就存在,并不断演化形成当今许多国家复杂的宪法,从国际组织如联合国,到国家、地区和地方,再下至小型俱乐部和特殊利益群体,用于组织的治理原则和结构是多样的、复杂的。大部分群体制订了管理组织事务和促进解决成员之间争端的规则。

公司治理是从对早期的商业性航海和企业——如东印度公司——的特许状,以及随后的股份公司、有限责任公司、联营企业,例如两个航空公司组成的联营企业等商业合伙的兴起而产生的。随着时间的推移,公司的设定变得越来越详细而复杂,它沿袭了早期基本的特许状及形成的一些习俗和惯例。这些习俗和商业惯例已编入公司法(成文法和案例法),它使公司治理具有了多层次。

早期的公司以经常性丑闻和欺诈为特征,例如南海泡沫事件①,在维多利亚时期的小说中充斥着对公司的不法行为和法律诉讼的描写,1856年引入的有限责任公司使公司的数量迅速增加,股票交易所交易股票的能力有助于成功的公司迅速增值,并清除失败的公司。

起初,大多数有限责任公司的股东和经理之间有着密切的联系,许多经理也是股东。这有助于他们之间的交流,也有助于为了扩张资本金而发行股票。随着公司的成长,公司需要更多的专职管理人员,最初是任命这些专职管理人员担任董事会之下的职务(就像今天的许多美国公司一样),后来一些专业人员成为执行董事。这对于董事会为公司提供深入且连续的指导来说是必要的,因为大部分董事会成员来自其他公司的董事会,或者是利益相关者,他们都是一些兼职非执行董事。在20世纪早期,典型的英国企业一般都有一位兼职的董事会主席——他要么是在当地德高望重的人,要么与市政府有关系,或在控制公司业务方面向董事会负责的总经理。后来,普遍地设立了财务经理,尤其是当大量的机构投资者作为公司股东之后,因为机构投资者经常要求获得公司财务业绩的细节。此外,还会任命其他一些行政经理分管诸如销售、研发和制造等特别重要的业务部门的活动。

在很多年里,这种模式在平衡中得以延续,但是,第二次世界大战后逐渐有了压力。大英帝国(和帝国偏好)的终结,美国经济力量的增长,特别是德国、日本的复苏,使英国公司有了其不习惯的竞争压力。英国公司的股东构成也发生了变化,在股本结构中,个人股东所占比重更小了,机构投资者所占比重在加大,这源于养老基金更多地集中于权益资本而不是债券。股东群体出现了两种类型:个人股东和机构股东。它们的力量和影响是不一样的,个人股东尽管人数众多,但大部分只拥有公司的小额股票,与公司的个人董事们之间几乎没有联系,他们与公司的联系仅限于收到一份公司的年度报告、一张股利支票和一份出席年度股东大会的邀请函。机构股东可以要求公司更加经常和详细地提供有关公司进展和前景的简报,以便它们能够在对公司的经营业绩不满意时及时地减持或全部出售股票。机构股东是伦敦金融城(the City)关键的参与者,与驱动伦敦金融城这一商业机器运行的投资银行、律师、会计师之间存在着紧密联系。另一个使公司感受到其影响力不断增加的群体是新闻媒介,它们的日常工作就是利用公司业绩的缺陷以及发现董事个人的负面故事来引起公众的兴趣。

---

① 译者注:1720年英国南海公司在南美进行的股票投机骗局。

1.1 为什么目前公司治理变得重要

公司治理变得重要的部分原因是满足股东提出的、期望的古典模式相对于结果而言正在衰落，也因为股东的首要地位开始受到挑战。从1900—2000年，英国在全世界GDP中所占比重从25%下降到5.6%，尽管为了维持关键的市场，一直致力于集中化，但是英国公司还是被驱逐出了诸如造船、汽车制造、计算机和投资银行等主要市场。英国眼睁睁地看着自己在关键的新产品——例如飞机发动机、人体成像、转基因农作物的创新上逐渐输给了美国和其他竞争者。这些挫败由于20世纪70年代以来的一系列公司灾难而雪上加霜。先是被迫挽救罗尔斯·罗伊斯（Rolls Royce）公司、捷豹（Jaguar）公司以及其他公司[①]，随后是若干大公司（国际信贷商业银行（BCCI）[②]、麦克斯韦尔公司（Maxwell）、波利派克（Polly Peck）、健力士黑啤（Guinness）等）爆出丑闻，这些公司灾难进一步加重了英国的挫折感。让人觉得英国公司不但在全球竞争中处于下风，而且还出现了内部衰退的危机。这种局面不但损害了英国的经济，还直接威胁到伦敦金融城作为投资者市场的信用。为此，1990年英国股票交易所发起了公司治理财务领域的卡得伯利调查。

1.2 公司治理准则的形成和公司法的修改

卡得伯利调查报告是在1985年的《公司法》实施后不久进行的，这是一部合并了以前所有的公司法令的主要法律。因为这一原因，卡得伯利调查希望通过劝说而不是法律的强制产生影响，改变公司治理的实践，调

[①] 译者注：捷豹（Jaguar）是英国汽车公司，1922年成立 Jaguar 前身——Swallow Sidecar Company，于1945年易名为 Jaguar Cars Ltd。

[②] 译者注：BCCI 是国际信贷商业银行（Bank of Credit & Commerce International），1972年注册于卢森堡，该银行1991年资产曾高达250亿美元，是一家名副其实的大型跨国银行。BCCI 利用离岸银行业务（Offshore Banking）进行洗钱等犯罪业务，1988年美国司法部介入调查，该案牵涉英格兰银行，1992年，贾斯蒂斯·宾厄姆勋爵在给英国议会的报告《对 BCCI 的监督的调查》中说："英格兰银行在 BCCI 的问题上没能履行它的监督责任。"在 BCCI 破产十多年后的2004年，德勤会计师事务所代表英国6000多名债权人向伦敦高等法院起诉英格兰银行，成为英国司法史上前所未有的一桩案件。

查的结果是制定了一套行为准则（codes），希望公司每年都要按照准则向股东报告，后来的调查——克里恩伯利委员会关于董事报酬的报告、合并了卡得伯利报告和克里恩伯利报告的汉佩尔综合报告、关于风险管理的特恩布尔报告、关于审计的史密斯报告及关于非执行董事的希格斯报告都遵循了这一做法。

汉佩尔报告希望董事要么遵守准则，要么解释为什么不能遵守准则，而不只是对着有关方框打钩了事，这使按照"组合准则"（汉佩尔）和后面的准则准备的报告更有弹性，并能具体针对公司的环境，它还将公司的"旋转并挂着窗帘"的门打开，让大多数人喜欢的阳光照射进来。

在形成行为规范的同时，改善公司治理的运动还有助于推动《公司法》的修改。合并这些修改形成了一部新的《公司法》。从1998年3月开始对拟议的公司法案的咨询是一场大范围的咨询活动；1999年2月开始围绕着"战略性框架"进行咨询，咨询的目的是将新《公司法》的核心内容（《破产法》和对金融服务的管制除外）现代化，新的《公司法》要认同欧洲的特点、欧盟发布的11个指导（到那时为止）、欧洲共同体协议以及欧洲人权会议（现在已经被英国法律吸收），这一过程已经完成了咨询阶段的工作。《公司法》审核领导小组的最终报告已于2001年6月提交给英国贸工大臣，这份报告的关键创新之一是要求公布经营和财务报告，"提供关于公司业绩、在现行经营结果和财务状况下所隐含的、可能影响未来业绩的主要趋势和因素的讨论及分析，以便报告的使用者能够评估公司采取的商业策略以及成功完成这一策略的潜力"（《公司法》审核意见）。起草新《公司法》的工作仍在继续，但是，目前已经明显超过最初设定的立法时限，个中原因却没有公布。

1.3 准则之外——可供选择的模式

我们已经看到，卡得伯利报告探索了公司治理的财务问题，失败和丑闻对伦敦金融城的冲击体现在财务上，主要是股票价值的损失。卡得伯利准则和它的后续者继续聚焦于财务结果，尽管汉佩尔和希格斯触及了一些更广泛的问题，例如需要包含利益相关者而不仅仅是股东，需要建立更有活力的公司董事会。

卡得伯利报告发表于1993年1月，1个月之后，鼓励艺术、制造和商业皇家协会（RSA，The Royal Society for the encouragement of Arts, Manufactures and Commerce）开始了一项以"明天的公司"为题的调查。这一调查很大程度上是由英国工商企业发起的，由 IBM 英国公司董事会主席安东尼·克利弗（Anthony Cleaver）爵士领导，包括访谈大批董事长和首席执行官，同时开展探索企业成功原因的选择性案例研究。此外，辅之以大范围的、以竞争力和董事会价值为目标的研究。这项调查于 1995 年 6 月结束，得出结论如下：

- 英国公司需要激进的变革以应对全球化竞争。
- 所需的根本性变化是识别利益相关者并与他们一起工作，以便从整个社会获得"经营许可"（licence to operate）。
- 需要重新定义董事的责任以支持这一"包容性的方法"（inclusive approach）。
- 公司员工也需要参与这一"包容性的方法"，以激发他们的积极性并使他们对公司的贡献最大化。
- 金融界也需要参与这一进程以便做出最大化程度的支持。
- 公司需要和政府、社区建立关系以便巩固它们的"经营许可"。

这些调查结果说明，还有比准则所采用的更为广泛的公司治理观点，公司的责任不再仅仅局限于股东，它不得不从整个社会寻求和维持"经营许可"，公司需要识别和考虑所有的利益相关者，更多地将他们当作家庭成员而不是不即不离的法律关系，利益相关者的范围可以非常广泛，应该期待利益相关者为公司的成功做出贡献，而不是利用公司。

新《公司法》的显著特色也许是采用了利益相关者责任这一概念，以及履行这一责任的"总括"方法。立法通常会滞后于创新思维和最优实践，当法律将这些思想或实践巩固起来的时候，它们的竞争优势已经失去了。所以，本书将集中于立法机构还没有接触到或者是不适合立法的那些领域。

1.4 公司治理中的利益相关者

公司治理是一个能优化不相关的各方（被说服）为一个共享的目标做出贡献的系统，这些不相关的各方通常被认为是企业的"利益相关者"，利益相关者对企业的潜在支持或损害可能会因环境而变化。本书的主题是利益相关者之间的相互作用，但需要先介绍它们，并探寻其潜在作用，这里不包括像媒体或特殊利益集团这类未被列入的利益相关者。

1.4.1 股东

传统上股东是公司关键的利益相关者。在早期的企业组织中，股东一般是企业的合伙人，合伙人模式一直存续至今，大部分是在小公司和专业性公司中。股东和合伙人都拥有对该组织的所有权。在英国法律中，财产权在传统上优先于大部分其他权利，这样，公司所有权使它的股东在利益相关者的排名上处于第一位。

拥有小公司的股票所有权可能仍然是一件令人自豪的事，并且能因此参与公司的活动。但是，自从有限责任公司出现以来，较大公司的股东就不一样了。由于公司的各种事务日益复杂，管理人员权力的不断增长，这就很容易使股东成为公司事务的旁观者，而不是参与者。这种趋势随着越来越多的机构投资者作为股东卷入而增强，机构投资者不想做受公司牵扯的所有者，它们也不会这么做——它们持有股票是作为一种投资，单纯为了财务收益而买进或卖出股票。现今，大部分大公司的股东都不会像所有者那样考虑问题，他们只是将公司作为自己财务博弈的筹码——一些股东利用持有股票来推动其他目标，例如，非政府组织通过施加压力来改变公司的政策。

缺乏股东参与是造成公司治理诸多问题的一个主要原因。没有所有权意识并急于卖出手中股票的股东纵容了20世纪60年代的公司掠夺者——特别是在美国——不顾公司或其他利益相关者如雇员的后果的行为。近年来，总经理的权力变得太大，被允许肆意进行公司并购活动，但大部分这类并购活动最终都造成股东的价值损失。直到最近，股东都无法对有关公司业绩不佳但管理者却获得过度报酬的问题采取任何行动。因此，股东是否会变成更积极的公司利益相关者还有待观察。

1.4.2 董事会

在历史上董事会代理股东管理公司。过去许多经理是股东或股东代表，但是，他们作为股东的利益与他们管理整个公司的主要职责是矛盾的。直到今天，经理通常还是由大股东任命的，因此这种矛盾仍然是一个治理议题。

早期的董事会只由非执行董事构成，公司的管理则授权给总经理和一个小小的专家团队。随着公司业务变得复杂并需要更快决策，一些管理人员便进入董事会，最初是总经理，然后是财务经理，有时是少量专家。英国的董事会比美国的董事会趋向有更多的执行董事,在美国,通常由首席执行官担任唯一的执行董事,并由非垂直领导的整个管理团队支持其工作。德国、荷兰和奥地利更偏好一种双层的董事会结构,由非执行董事(包括工人代表、银行等)构成的监事会,由管理人员构成的执行董事会。从控制公司角度看美国公司董事会已经"出圈"(out of the loop)多年了,决策实际上是由管理人员做出的。近期大量的丑闻(安然(Enron)、世界通信(World.Com)等)使公司董事会的缺陷引起关注[1],凸显了加强董事会控制力的必要。

公司治理的关键问题之一是实行"委托代理",委托代理学说认为股东是公司的所有者,公司经理是执行股东意志的唯一代理人。公司法将此原理奉为神圣,因此,如果公司破产了,股东只负有限责任,而经理人员却对第三方负有无限责任。近年来,许多公司的经理追随像美国通用电气公司(GE)的杰克·韦尔奇(Jack Welch)那样的首席执行官偶像创立的"英雄主义领导"方式[2],试图像公司所有者那样行事,这种行为的一个极端例子是法国环球公司前首席执行官琼-玛丽·梅西尔(Jean-Marie Messier)将公司扩张至灾难的边缘。近一段时间,经理人员的薪酬较之同等地位的人堪称过分,目前的主要问题是限制过高的薪酬水平,英国保险公司联合会在2004年年度会员大会(AGMs)上报告,它们的最大挑战与经理人员的薪酬有关。

公司治理的关键挑战之一是重新平衡股东和公司经理之间的权利分配,以便在整个社会背景下为了满足公司的需要而调整利益相关者之间的权利平衡。

1.4.3 客户

按照彼得·德鲁克(Peter Drucker)的观点,企业的唯一目的是寻找客户,没有客户就没有企业,因为没有现金流来维持它。因此可以这样认为,

---

[1] 译者注:安然(Enron)有限公司是一家位于美国得克萨斯州休斯敦市的能源类公司,在2001年宣布破产之前,是世界最大的电力、天然气以及电信公司之一,2002年因多年的财务造假丑闻被揭露而宣告破产。世界通信公司(World.Com,简称世通)是一家美国通信公司,一度是仅次于AT&T的美国第二大长途电话公司,2003年因会计丑闻事件破产。

[2] 译者注:美国通用电气公司(GE)的历史可追溯到托马斯·爱迪生,他于1878年创立了爱迪生电灯公司。1892年,爱迪生通用电气公司和汤姆森—休斯敦电气公司合并,成立了通用电气公司(GE)。GE是自道·琼斯工业指数1896年设立以来唯一至今仍在指数榜上的公司。

对任何企业来说，客户都是主要的利益相关者，股东向企业提供资本就是为了服务客户。然而，资本主义制度并不只是为了客户偏好而存在，而是要为所有的参与者创造财富。就所有的利益相关者问题而言，平衡是实现可持续成功的秘密。

公司法认为客户在合约关系上是唯一的，在公司破产清算时，从契约上说，客户很大程度上被视为潜在的债务人，同时具有其他的法律关系。然而在一个更广泛的背景下，客户应该被认为是主要的利益相关者，他们的利益应该是公司管理关注的关键点。大部分有进取心的公司都寻求与客户建立可持续的关系（客户关系项目），这种关系会巩固未来的销售。一旦需要打破公司和客户之间的利益平衡，客户有经济能力将供应商的利益放在次要地位，它们之间的关系就很难维持。大超市就有经济能力迫使供应商将价格降低到不合理的水平上——这种客户简直是该死的利益相关者。

客户关系可能涉及价格之外的一些问题。许多有远见的客户让供应商参与它们的计划过程，甚至参与设计未来的产品。随着供应链变得日益复杂，这种关系需要通过不同的步骤连接起来以实现客户满意，这不但要求客户和供应商之间的信任超出传统水平，而且要求更高程度的相互承诺。

1.4.4　雇员

在营销革命将客户推到管理关注的最前沿之前，雇员是管理的主要焦点。关注供应方而不是需求导向的组织更关注提供商品和服务，而不是对客户的需求做出回应。目前实施这一导向的典型是公共部门，在这类组织中雇员是主要的利益相关者，而工会的作用在公共部门仍然强大，这并非偶然。在公共部门之外，日益增长的全球竞争压力，使终身雇佣这一观念已经无法维持，私人部门的公司需要不断缩小雇佣规模以应付经济周期和竞争的冲击。

然而，雇员依然是公司的利益相关者，因为公司需要他们的技术和经验，而员工利用公司来发展和丰富他们的职业生涯。许多公司不断培养由关键员工组成的一个核心，挽留和提拔选出的核心员工，通过临时工和非全职员工来支持核心员工的工作，并将许多业务外包给周边地区。未来，公司的员工可能更少，没有特色或者核心业务之外的业务则依靠服务承包商来提供。

1.4.5 供应商

一些公司直到最近仍没有将供应商看成是利益相关者,几年前,笔者为一家大公司做咨询,在劝说其将供应商列入其利益相关者项目时还遇到困难。供应商向来有受歧视的传统——被告知做什么,并被胁迫接受更低的价格,提供更快的服务。当公司认识到实行多供应商政策花钱更多时,应挑出每个专业最好的企业并和它们一起工作,就会得到更好的服务和更低的价格,伙伴关系就成为新的政策。这将使供应商和客户结成更紧密的关系,在目前这样一个企业的供应链不断扩张、经营环境迅速变化的时代,这种关系就变得更加重要。

为了应付来自中国、印度和其他新兴国家的低成本竞争,公司需要变得更加精简,它们对外部承包商的依赖可能会不断增加。20世纪90年代,当IBM精简企业规模时,将整个营运系统分立为新的公司,以便双方进行公平的交易,原先的员工变成了供应商。随着我们面临的竞争和复杂性不断增长,各种关系也会不断变化,但这些相关的各方仍然是利益相关者。通常是互为竞争对手的公司在某一特别项目上结成伙伴关系,这将变得越来越平常。利益相关者关系使策略变化成为可能。

1.4.6 社区

除了"虚拟"(virtual)公司,所有的企业都在一个或多个社区里存在,从社区中招募雇员和供应商,它们的客户也可能就在社区中经营。即使"虚拟"公司也有"利益团体"(communities of interest),可能是核心利益相关者,其家庭还可能会以更广泛的拥护者身份卷入。互联网公司不是实体意义的社区,但互联网公司网站的访问者和潜在的用户会形成广泛的拥趸。

直到近年,公司才开始关注它们所坐落的社区,早期一些公司建立了它们自己的社区(卡得伯利,利弗·布罗斯(Lever Bros)等等)以确保获得令人满意和富有奉献精神的劳动力,但大部分公司都满足于与社区以及新来的成员联系最小化。公司的活动有可能会给社区带来大的冲击——煤炭、钢铁和造船公司的紧缩会毁坏许多社区,因为它们是社区劳动力的唯一或主要雇主,许多这类最糟糕的问题在政府的帮助下得到缓解,公司通常被认为是冷酷无情的。有时诸如石油外溢之类的灾难会对社区造成损害,但是,公司在此情况下做出的反应却并不总是适当的。如阿拉斯加的地方社区对由埃克森公司瓦尔迪兹油轮（Exxon Valdez）引起的灾难提出的索赔直到13年后仍没有解决①。

近年来，公司开始认识到地方社区的支持对于它们的持续成功是非常必要的。社区中的企业信托基金（见第7章）和查尔斯王子信托基金（The Prince's Trust）对建立更强大社区的影响是显而易见的，大多数公司设立了"公司社会责任"项目，以此为社区发展项目提供财务和人员的支持，这些项目通常作为环境保护项目的补充，像壳牌（Shell）、英国石油公司（BP）、英国BAE系统公司（BAE SYSTEMS）这样的大公司，就它们在社会和环境方面的工作发表年度报告，这些活动要接受相关的特殊利益群体的监督②。

公司需要和它们在世界各地开展业务的社区联系，这不但涉及不同的文化、语言和宗教，还会使它们卷入腐败、童工和剥削这样可能会影响声誉的问题，这些问题有时甚至会通过诸如供应商之类的第三方发生，除非公司一直对此保持警惕。

1.4.7 政府

"明天的公司"识别的最后一个利益相关者群体是政府。这包括公司经营业务所在的所有国家和所涉及的所有层次的政府。也有人认为，政府是管制者而不是利益相关者。这种处理方式忽略了通过政府建设性接触进行对话的机会，以及政府需要向公司咨询如何发展其业务（因此增加就业和应税利润）。没有一家公司，即使微软公司都负担不起忽视政府的后果，是政府提供了大部分促进业务增长所必需的基础设施和服务。

许多公司试图通过贸易协会与关键关系和政府打交道，如当地的下院议员（local MPs）。大公司认识到与政府和公共主体打交道需要提前行动。为

---

① 译者注："Exxon Valdez"是一艘油轮，它于1989年3月24日午夜触碰阿拉斯加州威廉王子海峡的布莱暗礁，泄漏出11 000 000多加仑的原油。这是美国历史最大的一起石油泄漏事故。泄漏事故威胁了威廉王子湾支撑着商业捕鱼业的脆弱食物链。同时处于危险中的还有上千万的迁移陆地鸟类和水鸟，成百的海獭，许多其他物种，譬如港口海豚和海狮，还有各种鲸鱼。在Exxon Valdez事件后，美国国会通过了1990年油污染法案，要求海岸警卫队加强它的关于油轮、油轮所有者和操作者的管理。

② 译者注：英国石油公司（BP）由前英国石油、阿莫科、阿科和嘉实多等公司整合重组形成，是世界上最大的石油和石化集团公司之一。公司的主要业务是油气勘探开发；炼油；天然气销售和发电；油品零售和运输；以及石油化工产品生产和销售。此外，公司在太阳能发电方面的业务也在不断壮大。BP总部设在英国伦敦。英国BAE系统公司（BAE SYSTEMS）是1999年11月由英国航空航天公司（BAE）和马可尼电子系统公司（Marconi Electronic Systems）合并而成的世界最大军品公司。2000年，在世界100家最大军品公司中居第三位。

此，大多数公司都任命一个政府公关经理，或相当的职位，他能够识别在公共服务中所需要的关键关系。越来越多的公司就重要问题借助说客竭力地说服政府，通过贸易协会进行的游说活动会产生非竞争的优势!

政府不是一个容易管理的利益相关者，它比任何公司都要大，拥有法律之下的全套权力来保护自己，政府可以通过法律损害公司的利益，如改变税收规则，要求公司为此承担诸如完税之类的任务，一旦政府达到了征税和借款的极限，对于公司事务的干涉可能会增加。政府确实是一个现实的利益相关者——它有能力毁灭公司。

1.5 公司治理的维度

有许多公司治理的模式，一些模式是以结构和程序为基础（如卡得伯利报告和它的后续报告中提出的准则），还有一些模式不以规则为基础，但与一套相互作用的原则（principles）有关，在第2章将会讨论每种方式的优劣，现在先描述公司治理已经确定的结构维度。

我们已经看到，治理是一个管理组织的系统。对于诸如国家政府这样的复杂组织，这一系统在细节上是复杂的，但在原则上应该是清晰的。1994年，诺兰爵士（Lord Nolan）受约翰·梅杰（John Major）的委托，审查所有公共主体的治理，创设了循序渐进的"公共生活标准"审核，它从上到下审查政府和公共主体，目前正在处理诸如选举支出之类的相关问题，诺兰委员会在工作初始阶段就建立了一套"公共生活的七项原则"作为调查的基准。这七项原则是：

- 无私——只为公共利益行动。
- 正直——避免对第三方的义务。
- 客观——只根据事实真相进行判断。
- 开放——对行动予以充分解释，限制信息只为了保护公共利益。
- 诚实——公开所有与公共利益相冲突的私人利益。
- 可说明性——办公室所有的人员都要接受任何适度的监督。
- 领导——树立一个审慎地遵守这些原则的榜样。

OECD在1998年设立的另一套原则包括：

- 公正——保护股东的权利并确保与资源提供者订立的合约能够实施。

- 透明——要求及时披露公司财务业绩方面的足够信息。
- 可说明性——确保能够不断调整管理层和股东的利益。
- 责任——确保公司遵守法律、管制和社会规范。

（OECD的报告强调管制，然而管制实施的再好都不足以推动最佳实践，寻找最佳实践是本书的主题）

这些整套的原则（其他大体类似）本身并不提供实践准则，对组织运行的规定更少。它们的主要目的是通过影响个人行为从而影响群体行为，以建立信任。信任是人类关系的基本媒介，信任使人们在不同的水平上开展交易，并容许在赊欠的基础上进行交易，这就便利了创新，并可以在未来支付而不是即时结算，越信任就越不需要合约和管制——当"握手成交"（my handshake is my bond）成为现实时交易就会大大加速。

这些原则与准则之间是如何联系的？准则偶然会涉及原则，但可以在准则的措辞中找到原则，将这些观点与诺兰原则联系起来，便发现除了"无私"和"客观"之外都一致，这些例外很容易解释公共部门与私人部门之间存在着基本的文化差异！这些差异能否在一个它们对之负责的、越发过度自信的社会中维持下去还有待推测。

初看起来，OECD原则的"公正"概念似乎与诺兰原则不同，但实际上它与诺兰原则的"无私"是对应的，除了前者保护的是股东利益而不是公共利益。

1.6 公司治理的八个关键维度

在此，我们从新的角度考察公司治理的目的以及如何能实现这一目的，公司治理的首要目的是确保被治理组织的生存和持续成功，这也是公司法中公司经理的主要责任。为了生存和繁荣，任何组织需要定义其目标，并识别与完成这些目标有利害关系的群体和（或）个人，这一过程始于提出治理体系需要处理和控制的问题：

- 每一个利益相关者的目的是什么？它们彼此之间以及与组织中的其他利益相关者是如何协调的？
- 组织内部不同的利益相关者的任务和相对重要性如何？
- 如何在最小冲突和耗散的情况下将所有利益相关者的能量用于组织目标？

第1章 什么是公司治理 为什么公司治理很重要

- 如何使组织的长期目标不受短期压力的影响？等等

这些问题（以及其他问题）突出了公司治理的八个核心维度：

- 组织的特性
- 组织的目标
- 领导力
- 组织内部的权力分配
- 包容和交流
- 规定承担责任的方式
- 效果的最大化
- 确保可持续

1. 特性 我们每个人都需要明白自己是谁。组织也需要一个定义明确的特性。一方面是为了将自己与其他组织相区别，另一方面是为了招集支持者（向旗帜敬礼）。"我们是谁"——部分地呈现出我们的形象，但本质上是定义我们的一套价值观。这种形象可以是组织独有特性的标志，就如约翰尼·沃克（Johnnie Walker）之于威士忌或法定的和一般的保护伞，这种独有特性需要通过一套价值观的定义、认同以及生动感知逐步形成特色。组织特色的形成反映在建立公司品牌上，品牌能够吸引忠诚者和顾客，并变成公司资产负债表中的作为无形资产价值的商誉。

2. 目标 在澄清了"我们是谁"之后的下一个问题是："我们将要做什么"，通过强化个性，定义组织目标成为形成组织特色过程的一部分。目标使组织具有方向感，它能激励行动，还充当合作——不同个人具有共同目标并一起工作的催化剂，它有非常强的鼓动性。战争和危机是激发合作的催化剂，所有人大脑中当务之急的念头是生存。在没有恐惧的刺激的情况下，公司治理需要建立一个共同的目标，围绕这一目标保持一致，并劝说相关各方将其个人目标"关在门外"（outside the door）。

3. 领导 领导是公司治理背后的驱动力量，它能坚持一个明确的目的，并在实现目标的工作中为参与者树立榜样。领导不是一个人或一个自我任命群体所特有的，领导可能因形势而变化。例如，一个技术专家在专利至关重要的情形下可能起主要作用；在危急关头公司通常会引入"公司医生"（company doctors）来实施严厉的治疗，而在危机之后则需要不同方式的领导。从根本上说，领导取决于信任，下级必须信任领导的目的、技巧和判断力，领导必须信任他的（或她的）下级以获得他们的支持。在第3章中，我们还要详细地讨论领导问题。

4. 权力分配 在一个独裁政府中，所有的权力都集中在中央。独裁者行使权力不需要信任其他任何人，而他们的随从却被迫装出对他们非常信任。即使在今天，一些组织将权力集中在中心——这通常是因为家族控制或专制领导，在任职的后期权力集中也很少能够继续下去——即使是"拿破仑式"（Napoleonic）的领导人也会犯错误。例如，琼-玛丽·梅西尔等人所犯的错误都是致命的。在复杂的现代工商企业中，没有一个人能够无所不知、无所不在，因此，权力分配根据完成目标的需要做出决定是唯一可行的模式。

在权力分配的过程中，对权力的使用负责、避免滥用权力和在适当的时候交出权力是公司治理的核心。权力不归任何个人所有（即使是单一持股者也要受其他利益相关者的制约），权力的使用需要严格地审核。权力只有在增加福利时才有价值，权力如要有效地行使，通常需要建立在合作的基础上。最近由保罗·西布赖特（Paul Seabright）撰写的一本书《陌生人的公司》（The Company of Strangers，Princeton，2004），展现了合作的内部活动，以及为了完成合作，合作的各方进行算计和互惠的平衡过程。

5. 包容和交流 "公开"或"透明"是所有公司治理准则共有的原则，它对公司业绩的影响是非常显著的，公开是建立信任的基础，而信任是任何有意义的关系的核心。在公司治理的架构中，所有的关系都要公开以便信息能够自由交流，除非是公司（而不是个人）的原因才不这样。这与1911年的《公务秘密法》的做法刚好相反，它被政府和公务员滥用的时间太长。

公开也体现了1995年发表的《明天的公司》报告所设立的"包容"原则，这要求公司在业务中要识别所有的利益相关者，并在它们的工作关系中包含利益相关者。包容拓宽了所有组织的边界，它既改善了公司的信息以及对更广阔世界的理解，并使公司对社会更加负责。

6. 规定承担责任的方式 所有的治理准则都要求承担责任，并承认任何授权都要与承担失职的责任相称，公共活动比私人部门的活动更容易深入追究责任，但重复发生的公司丑闻不断地提醒公众：失职损害了他们的养老金计划。股东通常很难使公司经理信守利润诺言，审计人员的工作并不客观。新《公司法》、希格斯报告对非执行董事惯例的冲击，以及史密斯报告的建议都会改善问责，但这只有在坚决要求经理（以及治理系统中的其他人）信守利润诺言，以及更加严格地确定经理薪酬的基础上才能做到。

第1章　什么是公司治理　为什么公司治理很重要

7. 效果的最大化　公司治理是为了完成一个共同的目标。它的部分任务是确保公司的活动集中在"适合的目标"（fitness for purpose）上，既增加产出又避免浪费。公司活动的效果最大化是公司治理的一个关键维度，包括确保客户质量、浪费最小化以及建立持久声誉的活动，包括通过生产率的增长提高效率等活动，并确保为此所花的钱是值得的。对公司治理扩张的一个不断增加的批评是它会"消除进取心"（driving out enterprise）并迫使公司从股票交易所摘牌。英国电信公司（Cable and Wireless plc）的董事会主席理查德·拉普索恩（Richard Lapthorne）在2004年11月24日的《金融时报》上发表的一篇文章表达了这种忧虑。

8. 确保可持续　公司治理的失败通常由追求短期效果最大化的行为引起，安然的垮台部分是由于"需要报告每季度的利润都在增长"所致。公司治理需要集中在实现未来可持续的目标上，要做到这一点就意味着公司的增长能够维持，而且资源与公司的需求匹配，公司治理系统还需要确保对业绩的奖励支持一种可持续的增长方式，不能因为个人收益而牺牲公司的未来。

公司治理系统需要对所有的八个维度进行不断优化，并需要通过应对外部和内部的冲击对此予以证明，在这个方面，风险管理是至关重要的，第3章将对此予以讨论。

1.7　治理和伦理

伦理经常与道德混淆，但两者之间有明确的区别。道德是区别行为对错的标准，错误的行为是不道德的；伦理则有助于区分两种不道德行为之间的差别，或者是两种"正确"行为之间的差别，这些行为可能会有不同的结果。伦理使我们能够应对两难困境——选择涉及各方的、结果不同的方案，公司治理的一个关键作用是避免和解决两难困境，特别是在短期行为需求和保护长期利益之间进行平衡。

近年来，对伦理的兴趣有了相当的增加，这在很大程度上归结于个人特别是企业面临着一些实际问题。在日益复杂的世界里，许多企业都面临着诸如腐败、童工、全球变暖和环境的可持续性之类的问题；另外一些企业，例如烟草和酿酒，面临着消费其产品而产生的危害问题。对伦理问题不断浓厚的兴趣导致了1986年商业伦理协会（IBE）的成立，以"强调财富创造必不可少的伦理性质，鼓励最高水准的公司行为，宣传最佳伦理实践，论证商业伦理包括积极的行动和约束"。协会是一个多信仰的慈善组织，获得了英国大公司的广泛支持。商业伦理协会的一个关键宗旨是："善是自利和利他的混合"。

公司治理和伦理之间的联系也较为重要，因为它使公司治理从集中于程序转移到关注个人和群体行为，从而拓宽了公司治理。行为是展示价值的手段，价值观是公司本体的一部分（见前文），许多公司多年信奉一套价值观，但很少学会如何将这些价值观嵌入它们的文化中，这种价值和行为的不相称是公司治理中的一个基本问题，这一问题将在第 4 章进一步地详细讨论。

多年来，人们并不认为伦理在商业中能够创造经济收益，"善"的公司会受到羡慕，但并没有其会比一般公司获得更多可持续利润的证据，古德公司（Good Corporation）提供了（见第 8 章）针对这一问题解决的系统方法①。例如，一些友好而富有远见的基金经理设立"代管"（stewardship）基金，鼓励对环境友好企业的投资，另一些基金经理则避免投资军火、烟草公司、酒精性饮料企业等。最近由商业伦理学会和一家伦理学顾问公司——杰勒德国际有限公司（Gerard International）进行的研究表明：公司经营成果与其伦理行为之间有着可证明的联系（见 www.ibe.org.uk）。由《金融时报》进行的另一个创新是设立富时四好指数（FT 4 Good Index），通过追踪一些被挑选出来的"有伦理"的公司的业绩和它们的总指数；2004 年 12 月，《金融时报》还发布了一个新的 FTSE/ISS 指数，试图在总体上包括公司治理等级和经营业绩两个方面。尽管仍没出现一个明确的评价模式，但这种新指数可能是确定某种模式的开始。

1.8 权力的平衡

在回顾公司治理过程的要点以及试图证明它的重要性时可以看出，无论是在组织的内部还是组织的外部，权力平衡在治理中是多么的重要。权力是取得结果所必需的，但是，它像电力和其他形式的物理能量一样，如果不能正确地控制它，就会很危险，阿克顿（Lord Acton）勋爵的格言——"权力导致腐败，绝对权力导致绝对腐败"——不仅适用于政治，而且适用于商

---

① 译者注：Good 技术公司是加利福尼亚州桑尼维尔市的一家新兴企业。该公司将与微软公司合作制作与微软的"Pocket PC 2002"操作系统兼容的软件。Good 公司的 GoodLink 软件能让用户从掌上设备无线访问电子邮件和企业数据。

业。公司治理的一个关键步骤是为了一个商定的目标而利用权力，这将会推动目标的实现。需要控制权力的运用，既要避免过度使用权力，又要确保它只是为了推动实现一致的目标。

在任何多边关系中，权力的平衡基本上取决于所涉及各方的相对力量。大公司比小公司面对交易方有着更大的经济力量。这种经济力量是如此强大，以致威胁到社会的平衡，政府应用诸如竞争法这样的手段进行干涉以限制它。在20世纪早期，美国政府打破了在钢铁、石油和运输行业中的垄断势力，它们主要体现为"托拉斯"。近年来，美国政府和欧盟开始努力抑制微软公司的垄断行为。权力在公司层次上的平衡既要实现不同利益相关者之间的权力平衡，也要实现不同的职能部门及其领导人之间的权力平衡。权力平衡的实现通常要在两个方面开展工作，而且可能会涉及像管制者这样的外部中介。

利益相关者之间的权力平衡同时受经济力量和法律的影响，在供应商和客户的关系中，经济力量最明显，在雇员关系中则可以看出工会力量的强弱。但是，经济力量归根到底要受法律的制约。法律因素对权力平衡的影响主要通过合同，诸如供应、雇佣方面的合同等，或者是通过法规，如雇员受《1989年安全、健康和福利法案》的保护。权力也可以通过内部管制来平衡，例如，只有非执行董事才能在审计委员会任职，支票要求双签才能有效，等等。这种控制网络的设计是为了限制任何可能想剥削其他利益相关者的个人或是特殊群体的自由处置权。我们将在第2章中讨论公司治理是如何把权力分散在组织内部的，第4章将论述公司治理更广泛的应用。

1.9 管　制

与许多社会问题一样，公司治理也有周期循环。在一个理想的世界里，人们彼此信任并努力维持这种信任。这一过程要求一种"取舍"的平衡，这样，人际关系才能不断加强，人们才能找到各自在社会中本来应该担任的角色。如果个人过于服从社会，操纵性的领导人就会利用社会来实现自己的野心——这会导致独裁和灾难。如果个人主义太强，社会就会分崩离析，出现类似于美国西部地区开拓时的混乱情形。为了避免极端及维持社会所必需的日常交易方式，需要一个第三方。这类似于足球比赛中的裁判，具有和参赛方一样的独立性，并且能够洞察人类的本性。这个第三方就是管制者。

在过去，管制只是被社会的主导方，通常是由一个占据领导地位的集团支持的最高统治者来行使。这种社会垂直结构在现代民主制度中已经大部分消失，不同的群体通常通过灵活地运用交涉，有时像罢工这样强制的方式来获得稳固而可持续的优势。社会变得越复杂，就越难以实现维持社会运行所必需的和谐运作。于是法律（习惯法和成文法）就承担了这一任务。社会变化的速度使成文法越来越难以与现实相适应，而习惯法以先例为基础，不断努力提供最新的判决。这导致实践中越来越多地使用非司法程序，如众多类型的仲裁和管制。

很多类型的管制都有法律上的支持，要么因为它们是由法律形成的，如对私营公用事业的管制，或是这种管制是由特许权决定的。就总体而言，与其他欧洲国家相比，英国法定的管制者比较少，它更倾向于实行自我管制。兼并准则和广告活动准则建立了通过准则进行管制的英国模式，这被证明是有相当适应力的。阿德里安·卡得伯利爵士认为，在成文法和非成文法管制之间的管制有以下的优势平衡：

> 非成文法系统的优点是：通常能快速做出判断、相对低成本、当新的问题一出现就能够处理的能力……这些特点是成文法所没有的。自愿性做法的另一个好处是，它可以促进对法律的遵守，不仅仅是遵守法律条文，而且遵守法律条文背后的意图，这样就设定了一个更高的标准。另一方面，成文法系统有着相对的确定性、强制性和平等的优点，因为它的规定对所有人都是平等的。
>
> （公司治理和董事会主席，剑桥大学出版社，2002）

在撒切尔（Thatcher）夫人执政时期，有一种明显的解除管制的趋势，许多原有的法律和管制被取消或放置一边。恐怖主义活动的增多和近期美国公司的丑闻导致了一场向更多管制回归的运动，伴随着对信任的降低，更多地依赖清晰的规则。在治理较弱或者不可靠的地方，信任降低了，管制则变得更加有力。

第2章

公司治理的不同方法：公司治理是如何起作用的

我们已经看到，在英国，公司治理是如何成为一个主要问题的，最初的推动力量是关心保护股东免受经理人员的管理不善以及欺诈之苦，这使许多大公司垮掉了。而潜在的担心是防止伦敦金融城因大机构投资者的影响而遭受潜在损失以及国际资本逃离英国。丑闻和公司失败并非英国所独有。1993年巨大的交易损失几乎毁掉了德国金属公司（Metallgesellscraft）。20世纪90年代的过度扩张将里昂信贷银行（Credit Lyonnais）带到破产的边缘①。在同一时期，美国发生了"储蓄和借贷协会"丑闻和"垃圾债券"的可耻事件。这使得从20世纪90年代早期起大部分发达国家开始对公司治理发生了兴趣。近期在这一领域最活跃的主角之一是欧盟委员会，它在2005年发布的公司治理指南被许多人看成是对国家体制的威胁。

下面就国际范围内的公司治理领域做简捷叙述。

2.1 国际范围的公司治理

2.1.1 美国

证券交易委员会（SEC）是美国公司治理的中心，该机构监管证券市场以确保对投资者和交易秩序的保护。为此它还监管股票交易所、证券交易经

---

① 译者注：里昂信贷银行（Credit Lyonnais），法国第三大银行。

纪人、投资顾问、共同基金和公共事业控股公司。证券交易委员会的权力来自于国会的直接授权，并积极进行诉讼以维护国会通过的法律和条例。然而它对纽约州的总检察长埃利奥特·斯皮策（Eliot Spitzer）和其他州的检察官调查花旗银行和其他公司（最近是马什·麦克里安公司）的不法行为也很感兴趣①。美国的管制在很大程度上以法律为基础而英国的管制以原则为动力，美国对安然公司（还有其他公司）丑闻的直接反应是通过了《萨班斯－奥克斯利法案》，将管制提高到更高的法律档次。而英国则通过制定建议性准则来对信任问题做出反应。

除了董事会主席/总经理（两者通常合一）之外，美国公司的董事会里几乎没有管理人员，因此，从实践的角度看，这种运行模式和欧洲的双层董事会没有相似之处。许多年来，美国公司的董事会大部分被忽略了，因为投资者和新闻媒体都和管理人员谈论公司业务，而董事会的大部分活动不过是例行公事。

像彼得·德鲁克这样的学术和商业作家，通过公司的管理人员及其活动来分析公司，因为董事会通常对情况不熟悉，而且跟在公司动向的后面。美国公司董事会的这种弱点鼓励了诸如KKR集团和T. B. 皮肯斯（T. Boon Pickens）这样的公司袭击者的活动②，许多公司被为了快速获得利润而贴现了未来收益的机构投资者卖出。董事会在控制管理层上的这些可耻的失败：既不能避免像安然那样的公司灾难，也不能阻止管理人员对股东的剥削（世界通信公司，泰科国际（Tyco），等等），导致了要求增加董事会的责任，寻找更独立的非执行董事（迪斯尼公司（Disney）），以及对管理层薪酬水平的更多关注。董事会主席兼首席执行官的过度权力也受到了挑战，例如，最近的迪斯尼年度股东大会之后，两者的角色开始被分离。因为公司治理运动参与者都集中研究大公司的问题，所以机构持股者专业服务（Institutional Shareholder Service）的最新报告显示，连任挑战和代理人战争都减少了。

---

① 译者注：马什·麦克里安公司（Marsh & McLennan Cos.）：世界最大的保险经纪公司。因涉嫌通过操纵投标和收受几家保险公司巨额贿赂对公司客户进行欺诈被美国纽约州总检察长斯皮策控告。

② 译者注：KKR：KKR集团（Kohlberg Kravis Roberts & Co. L. P.，简称KKR集团）。KKR公司由克拉维斯（Henry Kravis）和其表兄罗伯茨（George Roberts）以及他们的导师科尔博格（Jerome Kohlberg）于1976年共同创建。公司名称正源于这三人姓氏的首字母。KKR公司是以收购、重整企业为主营业务的股权投资公司，尤其擅长管理层收购。KKR的投资者主要包括企业和公共养老金、金融机构、保险公司及大学基金。在过去的30年当中，KKR累计完成了146项私募投资，交易总额超过了2630亿美元。

2.1.2 日本

自1945年战败后，日本的财阀（zaibatu）或者是产业集团被解散，政府对产业实施严密的管制。多年后，旧日的联系通过建立一套新的财团（keiratsu）或交叉控股关系悄悄地得到恢复，通常以旧的财阀集团（三井（Mitsui），三菱（Mitsubishi）等）为核心。战后日本重建的需要导致了政府对产业的密切指导，其关注点是出口和市场份额的增长而不是利润，经济增长通过贷款而非股本权益来获得资金，股东并不参与公司事务（即使年度股东大会也是例行公事），而且股利是微不足道的。直至最近兼并也不常发生，诸如T. B. 皮肯斯这样的外部兼并通常会失败，像雷诺控股尼桑这样的事也是不常见的，因为，在日本问题都是在"家里"（within the family）解决的。

日本的董事会在很大程度上是满足雇员要求的工具，小公司几乎没有外部董事，蒙克斯和米诺（Monks and Minow）（公司治理，P. 272）认为："几乎80%的日本公司没有外部董事，另外15%的公司外部董事不超过两人。1990年进行的一项调查发现：在1888家公司的33 013名董事中，91.1%是公司内部人员。"日本公司董事会的规模通常非常大，主要是为了容纳公司不同职能部门的成员。外部董事是任命的，他们通常是借款银行或关键外部供应商的代表，目的是巩固关系。作为他们早先对公司支持的回报，退休公务员通常是占据行政职务而不是董事会中的位置。尽管规模很大，但是日本公司的董事会通常对公司的活动没有多少影响，贷款方常常在公司的财务部门派驻人员以密切监督公司的财务健康状况。公司董事会并不经常开会，公司通常由总裁和他的经营委员会来管理，他们拥有实权并进行决策，董事会仅仅是一个"橡皮图章"。

2.1.3 法国

直到最近，法国的许多大企业还被政府控制。一些私营公司，如里昂水务集团（Lyonnaise des Eaux），雷诺（Renault）和米其林（Michelin）有着很高的国际形象，但是，这类公司中的大多数都以法国本土市场为稳固基础进而走向全球。和日本的情况一样，法国政府也试图通过产业指导来实现国家的战略目标。同样，政府的精英干部（elite cadres）在职期间或者退休后可以在公共部门和私营部门之间流动，以促进一个共同的政策或者是"法国式"解决问题的方式。例如,在将赛诺菲-圣德拉堡公司(Sanofi-Synthelabo)和安万特制药公司(Aventis)整合时将诺华制药公司(Novartis)排除在外①。通常,法国存在一个问题,即"公私部门交叉任职"(pantouflage)制度,毕业于"高等专业学校"(grandes ecoles)的少数精英官员,在政府知情的情况下担任董事会中的职位,这种公私职位集于一身的情况会产生利益冲突和对每个职位了解不深的问题。维诺特(Vienot)报告对过度的交叉持股以及随之产生的交叉董事提出挑战,并提出了新思路,如审计、薪酬以及董事会任命委员会等,它得到了卡得伯利报告的回应。这些建议后来被合并到法国管理会计协会(French Management Accounting Association,AFG-ASFFI)的报告中,这一报告被作为实践的工作准则。

大部分法国公司都注册为有限责任公司(Societe A Responsabilite Limitee,SARL),并由一个向股东负责的总经理来管理。大公司和在交易所挂牌的公司则注册为股份有限公司(匿名公司,Societe Anonyme,SA),由事实上拥有绝对权力的董事长(president directeur general,董事长/总经理)领导。《金融管理协会准则》(AFG-ASFFI code)建议应该分离董事会主席和首席执行官的角色,这已在上市公司中开始实施。准则还建议必须有1/3的董事会成员是"独立"的,也就是没有利益冲突,并支持维诺特保留董事会委员会的建议,这一委员会只有独立董事才能参加。准则还建议详细披露董事薪酬,对董事任期(最多4年,而不是6年)和年龄(1/3超过65岁,而不是70岁)做出了比法国法律还严格的限制。

2.1.4 德国

与法国一样,德国也是私人有限公司(Gesellschafft mit beschrankter haftung,GMBH)比公共有限公司(Aktiengesellschaft,AG)占优势,所有雇员超过500人的公司既要设立管理董事会(Vorstand),又要设立监事会(Aufsichtsrat)。这一结构自1949年起实行至今,它允许职工代表参与监事

---

① 译者注:2004年1月,法国制药公司赛诺菲-圣德拉堡(Sanofi-Synthelabo,SNY)提出一项恶意收购要约,拟以现金加股票的方式吞并竞争对手安万特公司,但这家法德合资公司的管理层和监事会当日就拒绝了,同时采用一个迂回战略,即通过寻找另一个合作伙伴——瑞士诺华制药公司(Novartis),令其股票增值,使赛诺菲的收购成本增加,从而阻挠其收购计划。最后,赛诺菲提出了新的收购计划,以每股69欧元的价格收购安万特的股票,比2004年1月26日提出的每股60.43欧元的价格增加了14%。这样就使瑞士诺华制药自动退出,从而达成了双方的友好收购协议。赛诺菲集团以535亿欧元收购了规模比其大2倍的法德合资安万特(Aventis)集团,一跃成为世界第三大制药企业。

第2章　公司治理的不同方法：公司治理是如何起作用的

会（在较大的公司中，其席位超过50%），监事会也为银行和其他资金提供者提供了席位。其他利益相关者也可能会很罕见地得到一个席位，例如，在大众公司（Volkswagen AG）的监事会中，下萨克森州政府（一个大股东）有一个代表。与英国有近3000家挂牌上市公司相比，德国的挂牌上市公司不到700家，英国上市公司的股票有近70%掌握在机构投资者的手中，而德国公司的股票有近60%由其他公司、银行、保险公司以及政府持有，而且交易并不频繁。许多年来德国工业的核心都是"中小企业"（Mittelstand），是那些在海外市场上获得大量业务的私人所有（通常由家族控制）的公司。直到最近，这些公司的大部分还对公司治理的目的一无所知。

德国的公司治理来源于1999年5月OECD发布的公司治理原则，2000年1月德国的公司治理小组将其修订以适用于挂牌上市公司。2002年，德国政府委员会（German Government Commission）发布了一个官方准则，准则吸收了该小组的工作成果，第一次给予不同股东相等的权利，并着手废除限制小股东的加权投票权。它还禁止董事会成员与监事会成员之间的利益冲突，澄清了它们对公司所承担的责任："监事会的任务是在公司的管理方面经常向管理董事会提出建议和进行监督，它必须参与对企业至关重要的决策……管理董事会负责独立管理公司，为了做到这一点，它的行为必须为了公司的最佳利益，保证增加公司的可持续价值。"在许多公司，职工（工会）代表进入监事会抑制了监事会与董事会之间的合作，特别是那些为了降低成本而将业务转向海外的公司。许多公司的监事会并不经常开会，并将会议的议题局限在那些非争议的问题上，这与新准则相冲突，这些冲突如何调解还有待进一步观察。

2.1.5　荷兰

荷兰的公司治理模式与德国基本类似。1997年，"彼得斯委员会（Peters Committee）"制订了一部准则，该准则的应用完全是自愿的。对透明和责任的关注使有人倡议赋予该准则行政力量，但目前还没有结论。荷兰是多家跨国公司的发源地。一些跨国公司如壳牌、联合利华（Unilever）[①] 和里德·爱思唯尔集团（Reed Elsevier）[②] 在荷兰和英国都分别设立挂牌上市公司，并按照

[①] 译者注：联合利华公司是英、荷合资企业，是国际著名的日用及食品化工集团，在88个国家拥有约300多个业务机构，1000多个著名品牌的产品在150多个国家销售。

[②] 译者注：里德·爱思唯尔集团是世界上最大的传媒公司和最重要的专业出版商之一。

当地的标准进行管理,而它们的全部业务则通过一个管理委员会来整合。其他跨国公司则在英国组建了一个公司,然后让该公司同时在英国和荷兰两个交易所挂牌上市,如康力斯集团(Corus)①,它在荷兰就有一个按照当地法律管理的子公司。壳牌在它的石油储备大失败之后也采用类似的模式。

2.1.6 意大利

近年来,意大利开始在几个方面提高公司治理水平,已经将一定数目的国有企业进行私有化,并对证券法和市场管制进行改革。1998年,德雷格希委员会(Draghi Committee)推荐的改革包括不鼓励挂牌上市公司之间的交叉持股,加强小股东权利,使小股东能够在法定的审计会中任命一名代表。

意大利的经济仍然是依靠小公司(如同德国的中小企业)来推动。这样,公司治理的改革对非挂牌上市公司几乎没有影响。在挂牌上市公司中,帕玛拉特公司(Parmalat)的内部崩塌(implosion)反映了许多意大利公司在公司治理方面的不合格。

2.1.7 西班牙

西班牙在解散从佛朗哥时代继承下来的国有经济组织时已经做了一些工作,但西班牙的资本主义仍然陷于交叉持股和"优先股东"(银行和其他公司)的困境之中。1998年,奥利文西亚委员会(Olivencia Committee)发表了一份报告和一部公司治理最佳实践准则,与大多数欧洲国家的准则一样,这一准则也追随大多数欧洲准则的"软法律"(soft law)方式,该准则仍然是自愿性的。但在某些方面受到了投资者的反对,特别是独立董事方面。因为大部分非执行董事由"相关股东"提名以保护它们的利益,实际上投资者更感兴趣的是定义董事的责任,加强董事会程序的透明度,防止利益冲突,培养股东的控制能力以及加强独立审计,而不是任命独立董事。2003年的奥尔德玛报告(Aldama Report)放弃了将独立董事的数量与自由流通

---

① 译者注:康力斯集团(Corus),英国钢铁企业。1999年10月6日,英国钢铁公司和Koninklijke Hoogovens合并成立了Corus公司,把国际专业技术与当地的服务相结合创建了一个创新的金属公司。总部设在伦敦,由遍布全球范围的23家商业单位构成。公司在伦敦证券交易所、纽约证券交易所和阿姆斯特丹证券交易所上市。公司每年销售额为90亿英镑(相当于160亿美元),在超过40个国家拥有48 000名员工。

的股票在股本中的比例相联系的想法。

与此同时，2002年颁布的《金融法》有助于改善金融市场的运作以及审计人员的独立性和流动性，该法还规定董事会的审计委员会由大部分外部董事构成。西班牙议会正在制订一部法案来提高公司运作过程的透明度，包括一份关于公司治理的年度报告，并规定董事的责任。西班牙已经采取措施改革公司兼并活动并消除妨碍市场效率的障碍（如黄金股）。

2.1.8 瑞士

多年来，瑞士的资本主义和其他资本主义模式不同，海外投资者把瑞士看成是"阿尔卑斯山的堡垒"。瑞士的资本主义制度是为了瑞士企业家的利益而发展起来的，对股东有许多限制。许多瑞士企业是"封闭"的公司，几乎不考虑小股东。瑞士公司通常对股权进行多重分类，实际上剥夺了非核心股东的一切权利。1992年重新修订的瑞士合同准则对瑞士法律进行了根本性改动，使之更贴近欧盟的规章制度，这些改动包括：

- 改善了对股东和债权人的保护；
- 对瑞士公司的资本结构提出更严格的规定；
- 增加财务报告的透明度；
- 更加清晰的公司治理规则（董事会责任、股东大会，等等）。

近年来，股东激进主义在瑞士增长，这部分是由诸如瑞士航空公司（Swissair）和SBG经营失败的丑闻所推动。像阿西亚—布朗—勃法瑞公司（ABB）这样双重国籍公司的建立[1]，给瑞士经理们带来了新的思想。瑞士公司（包括诺华公司和瑞银集团（UBS）[2]）在纽约发行的美国存托股票（ADR）使之开始被迫在各种报告中显示更大的透明度[3]。即使像雀巢这样的瑞士核心公司，也开始感受到股东激进主义的冲击，但是，要使瑞士经理

---

[1] 译者注：ABB全称为Asea Brown Boveri Ltd.，由两个历史100多年的国际性企业——瑞典的阿西亚公司（ASEA）和瑞士的布朗—勃法瑞公司（BBC Brown Boveri）1988年合并成立。是电力和自动化技术领域的全球领导厂商，集团总部位于瑞士苏黎世，并在苏黎世、斯德哥尔摩和纽约证券交易所上市交易。

[2] 译者注：瑞银集团是全球最大的私人银行、全球最大的非政府性质投资机构之一。由瑞士联合银行（UBS）和瑞士银行公司（Swiss Bank Corp.）合并成立。瑞银集团的核心业务是管理私人财富，最强的三项业务是：投资银行、机构性的资产管理、面对私人的财富管理。

[3] 译者注：美国预托证券（American Depositary Receipt，ADR），美国预托证券是由一家美国银行重新包装非美国证券而成的一种美国有价证券。

们感受到真正承担责任恐怕还需要很多年时间。

2.1.9 俄罗斯

从 20 世纪 90 年代中期起，俄罗斯从国有制占主体的经济转变为国有企业被经理们掠夺并被卖给数量有限的"寡头"经济，他们中的许多人现在极其富裕，并且能够不受限制地利用他们的公司，将资金汇往国外并在其他国家投资。少数寻求与这些寡头合伙的外国投资者，如英国石油（BP），需要重新考虑它们开发俄国市场的方法。

1999 年，俄罗斯颁布了一部保护证券市场投资者产权和合法利益的联邦法律，但在这方面还没有产生效果。2000 年，联邦证券委员会开始制定公司治理准则，俄罗斯表达了采用国际会计标准的意向。2000 年，在美国道富银行（State Street Bank）①和乔治·索罗斯（George Soros）的帮助下，成立了关于公司治理的瓦西里耶夫企业治理协会（Vasiliev Institute for Corporate Governance）；2002 年提出一份公司治理准则；从 2003 年起，俄国公司要根据准则报告它们的活动。来自投资者、俄罗斯董事协会和瓦西里耶夫企业治理协会的压力使公司的报告和网站更加公开。新准则要求公司建立股东会议、董事会和董事会委员会会议、管理层董事会会议、公司秘书和审计程序、财务控制、内部审计、股利政策和信息政策方面的规章制度。现在，在俄罗斯的领头企业中，超过 70 家有独立董事，在俄罗斯重型机械联合公司矿山设备技术公司（OMZ）的董事会中，独立董事占了大多数。

所有权的信息披露仍然是一个问题，尽管尤科斯石油公司（Yukos）②和俄罗斯卢克石油公司（LUK）③这两家俄罗斯最大的企业已经公布了它们的股权名单。甚至一些寡头正在改变它们的习惯，例如，奥列格·德里帕斯

---

① 译者注：美国道富银行是美国道富集团的全资子公司，总部位于马萨诸塞州波士顿。道富集团成立于 1792 年，是全球最大的托管银行和最大的资产管理公司之一。

② 译者注：尤科斯石油公司是俄罗斯石油业巨头，也是一家由私人控股的公司。公司原有近 20 万名员工，日产原油 170 万桶，日出口原油 11 万桶，占俄原油总产量和出口量的 10% 和 18%。2003 年 10 月，俄首富、尤科斯石油公司总裁霍多尔科夫斯基因被指控犯有商业诈骗、偷漏税款以及伪造文件等多项罪名被捕，公司另一重要股东列别杰夫也因被指控犯有巨额诈骗罪等于同年 7 月被捕。2005 年 5 月 31 日，俄罗斯莫斯科地方法院分别判处霍多尔科夫斯基和列别杰夫 9 年监禁。莫斯科仲裁法院于 2006 年 8 月 1 日裁定尤科斯破产，并启动了破产程序。2007 年 11 月 12 日，法院认定程序完结。

③ 译者注：俄罗斯卢克石油公司是全球最大的纵向一体化石油天然气公司之一，按已探明的碳烃化合物的储量规模来算，卢克公司可是说是世界上第二大私营石油公司。成立于 1991 年，由 Western Siberia，Kogalymneftegaz 和 Kogalymneftegaz 三个大原油煤气生产企业合并而成。

卡的俄罗斯铝业公司（Oleg Deripaska of Russian Aluminium）在俄罗斯注册了一家新公司，而不是像其他寡头们通行的那样离岸注册。在俄罗斯，在公司治理领域还需要解决的问题包括公司收购、兼并和重组等方面，以及股利支付、董事会构成、董事的独立性以及公司治理实践效果的清晰规则。

最近，克里姆林宫对尤科斯石油公司的非难，向它索取未支付的税款，可能开始逆转俄罗斯对外部投资者的开放，它在短期会引起对俄罗斯的公司治理信任的极大损失，可能会导致国有部门在精心设计的情况下扩张。

2.1.10 加拿大

1994年，Dey委员会为加拿大的公司治理奠定了基础。2001年，加拿大特许会计师（Chartered Accountants of Canada）的报告"在遵守规则之外：建立未来的治理"进一步扩展了它的工作成果，报告的作者声明："我们的建议超越了遵守规则，所推荐的指南、原则和实践将帮助董事们在董事会会议室建立健康的治理文化，这就是它的价值所在"，该报告很大部分集中于公司董事会的运作上，认为董事会的五个核心功能是：

（1）选择首席执行官并确保公司的高级管理团队是稳健、专注的，能够成功地管理公司。

（2）设定管理团队操作的参数板：包括采用一个战略性规划程序和对一个战略性方向的认可；定义一个对业务机会和风险管理进行监督的框架；在情况明确时，批准重要的公司决策，并批准公司的沟通政策，包括处理与投资者关系的框架和公开披露政策，它可能与监督公司和投资人关系的程序有关。

（3）指导首席执行官和管理团队，仔细选择指导的形式，以强调董事不是运动员——他们只提供方向和建议，但不会做管理层的工作。

（4）监督和评估首席执行官的表现，制定首席执行官的报酬，以及批准高级管理人员的薪酬，在获得授权的情况下采取补救措施，包括在必要的情况下更换公司的首席执行官。

（5）保证向公司的股东和利益相关者提供全面的公司财务业绩报告。

报告还明确了创造独立于管理层的董事会文化所必需的四个条件：

（1）独立于管理层，相当熟悉情况，在经历、竞争能力、技巧和判断力方面具有相当程度不同的强有力的董事会成员。我们认为该报告中所说的这类董事是外部董事。

（2）外部董事对董事会有着强有力的领导。我们将此描述为该董事承担着"独立的董事会领导人"的职能。

（3）公司的首席执行官能理解董事会的作用，并能坦诚支持建设健康的公司治理文化。

（4）外部董事定期召开没有管理人员参加的会议以便建立他们之间的信任关系和凝聚力。

"独立的董事会领导人"的概念相当于英国的"高级非执行董事"。

2.1.11 澳大利亚

澳大利亚的公司治理体系在总体上与英国和美国相似。澳大利亚有两部准则，一个以澳大利亚公司董事协会（Australian Institute of Company Directors）赞助的1995年博施报告（Bosch Report）报告为基础，另外一个是投资和金融服务协会（the Investment and Financial Services Assicuation）在1999年制定的。它们的目标是为个别组织提供公司治理的最佳实践的样本。

澳大利亚的公司董事会中外部董事通常占多数，但是外部董事历来就并不独立，因为这些董事往往都来自于一个有互相联系的小圈子。澳大利亚公司的所有权也向大的财务机构倾斜，这也妨碍了董事会的独立性。尽管这些准则在不断扩散，但是，澳大利亚资本主义的核心还是"俱乐部"。到目前为止，澳大利亚都不是全球资本主义有影响的力量，在布罗肯希尔公司（Broken Hill）[1]、安宝保险集团（AMP）[2]、澳大利亚国民银行（National Australia Bank）[3] 等公司失败后，最新的挫折是美国取代了阿德莱德成为新闻集团（News Corporation）[4] 的总部所在地。

---

[1] 译者注：布罗肯希尔公司（Broken Hill Proprietary Company Limited，简称 BHP），澳大利亚最大的矿业公司。1885年8月在维多利亚州注册成立。现主要从事钢材、矿物、石油和天然气的生产。

[2] 译者注：澳大利亚最大的寿险公司。

[3] 译者注：澳大利亚国民银行1858年成立于维多利亚州，是一家国际金融服务集团公司，世界50家最大银行之一，总资产超过5774亿美元，位居世界500强的第305名（2010年），客户大约900万，业务遍及四大洲和15个国家。

[4] 译者注：阿德莱德是澳大利亚东南部港口，南澳大利亚州首府。新闻集团（News Corporation）（NYSE：NWS）是全球最大的媒体企业集团之一。它主要的股东和首席执行官是基思·鲁珀特·默多克，他的家庭控制着这个公司30%的股份。2004年11月12日，在得到大部分的股东同意之后，这家公司的总部由澳大利亚的阿德莱德，搬迁到美国的特拉华州，重组成为现在的新闻集团。

第2章 公司治理的不同方法：公司治理是如何起作用的

2002年发布的霍瓦斯公司治理报告（the Howath Corporate Governance Report），回顾了到目前为止澳大利亚公司治理的进展，澳大利亚国家银行排名第一，而这是一个经济上的失败。新闻集团（News Corporation）排名第122位，力拓矿业公司（Rio Tinto）① 排名第120位，这样的公司治理信息对许多大公司的影响是十分缓慢的，更不用说对众多地方小公司的影响了。

2.1.12　新西兰

新西兰的资本主义也患了感染澳大利亚的"老小孩"（old boy）综合征，新西兰经济的出口比重很大，它使新西兰经济深受全球经济力量的摆布。如同澳大利亚，新西兰也试图在公司治理领域赶上经济大国的进展。2000年8月，公司治理联邦协会（Commonwealth Association for Covernance）发表了指南《新西兰董事会和董事的最佳实践说明》。2003年，新西兰股票交易所（the New Zealand Stock Exchange）发布了对公司治理的最终建议，包括独立董事在董事会成员中占比至少要达1/3，董事会主席和首席执行官分开，所有的董事都要进行资格认定，审计委员会中的大多数成员是独立董事（其中至少有一人拥有会计资格证书），审计人员每5年要轮换领头合伙人，这些规则一旦被通过就是强制性的。

2.1.13　南非

金报告（King Report，1994）是非洲公司治理的先驱，并成为1999年联邦公司治理协会（the Commonwealth Association for Corporate Governance）大纲的基础，金准则大部分以英国的卡得伯利准则以及后续的准则为基础，将之改编以适应当地的情况。南非董事协会（the Institute of Directors in South Africa）赞助了金报告，并设立了一个委员会来监督这方面的进展并对

---

① 译者注：力拓矿业公司1873年成立于西班牙。"Rio Tinto"是西班牙文，意为黄色的河流。1954年，公司出售了大部分西班牙业务。1962—1997年，该公司兼并了数家全球有影响力的矿业公司，并在2000年成功收购了澳大利亚北方矿业公司，成为全球在勘探、开采和加工矿产资源方面的佼佼者。力拓集团总部在英国，澳洲总部在墨尔本。该公司控股的哈默斯利铁矿有限公司是澳大利亚第二大铁矿石生产公司，在西澳大利亚皮尔巴拉地区有五座生产矿山（即汤姆普赖斯铁矿、帕拉布杜铁矿、恰那铁矿、马兰杜铁矿和布诺克曼第二矿区），探明储量约为21亿吨，公司铁矿年生产能力为5500万吨。预计在建扬迪采矿工程完工后，该公司铁矿年生产能力将达到6500万吨以上。力拓集团市值523亿美元，是全球第二大采矿业集团，仅次于必和必拓公司。公司总资产按地区来划分，89%集中在澳大利亚和北美。

准则进行更新。被国际社会遗弃了许多年，南非热切盼望吸引外国投资，这使金准则得到政府的极大支持。在南非，一个短期的问题是对黑人董事明显有利差别待遇，强制他们中的许多人处于"在职学习"的状态。随着时间的流逝，黑人董事的能力会不断提高，并建立更大的人才库。

2.1.14 中国

中国的国有企业正经历巨大的转变。从总体上看，主要的变化是资源从国有部门向股份公司转移。实际上，银行在继续支持亏损的国有企业，就业并没有转移到私人公司。近年来，许多吸引了大量海外投资的合资企业都以国有企业为合资方，通常是控股的合资方。中国缺乏机构投资者以及能够分析和利用财务信息的分析师。

中国在发展现代市场经济以及对公司治理实践进行管制时面临着四个挑战：

（1）淡化政府的控制角色以及国有权的主导地位。
（2）避免"裙带的资本主义（crony capitalism）"或者为了挡住外部投资者的俄罗斯模式。
（3）建立作为支持公司治理最佳实践的机构投资者基础。
（4）强化银行在公司治理中的作用。

中国已经从外部投资者对其市场潜力的热衷中得到实惠，但许多这样的投资者因他们在中国的经历而感到失望——通常这样的投资者缺乏市场调查以及过于热衷于企业合并。因此，中国需要提高公司治理水平，以持续地获得保持十分必要的经济高速增长率所需要的资金流，最近在处理香港事务中引发了中国领导们有关政治与经济平衡问题的思考。希望中国的实用主义者能最终占据上风。

2.2 治理——以规则为基础还是通过原则来指引

我们已经看到，大多数市场上的投资者以及他们的市场——股票交易是如何推动关注公司治理的。在许多市场上，特别是在英国和美国，引发行动的是一系列摧毁股东价值的丑闻或弊端（公司掠夺者）。起初，改革关注的是财务，因为全面且开诚布公的财务报告是股票交易的核心，缺乏公开和责任使许多发展中国家的股市让外部投资者感到很危险，这拖延了这些国家的经济发展并影响这些国家融入全球经济。正如我们已经看到的那样，大部分国家已有需要改善公司治理的共识。尽管在某些情况下，例如津巴布韦，这种认识的诚实性还令人怀疑，但是，几乎没有哪个国家否认需要好的治理表象以满足世界银行、国际货币基金组织和其他债权人的要求。

大部分国家都已经形成依靠法律支持的市场经济，在实践中，法律可以是强制性的，也可以是非强制性的。公司法是公司组织架构和程序的支柱，其他法律支撑公司与外部的关系，例如商法处理与客户的关系。当卡得伯利委员会开始调查时，人们期待它的结果能够被公司法吸收。阿德里安·卡得伯利爵士认为，非正式的规范比法律规范更有力量，后者的影响是暂时的，因为它的影响只是遵守法律条文而忽略了其蕴涵的更深刻的寓意。根据这一思想，卡得伯利准则不是一种法律上的约束，但是，根据它来发布报告的义务反映了公司在试图满足它的精神，并围绕准则进行活动。所有后续的准则都有同样的地位，国外的许多准则也是自愿的。

有法律强制力的准则是规则。美国偏向于对公司治理采用以规则为基础的方法，因为它的资本市场受到美国证券交易委员会（SEC）的严格管制①，对于违反规定的公司或公司负责人，美国的管制者会迅速采取法律行动。就像纽约州的总检察长埃利奥特·斯皮策起诉美林证券②（Merrill Lynch）和花旗集团③（Citigroup）存在利益冲突那样的行动。2002 年，SEC 对公司和个人采取了 598 项诉讼，其中的 163 项是因为财务欺诈。2002 年的诉讼总数比 2001 年增加了 24%。可以看出，这些诉讼在性质上多种多样，刑事的和民事的都有；不清楚的是，这些诉讼在何种程度上是在法庭外解决的，或者仅仅是一种威胁而已。

2.3 原 则

另一端是依靠原则进行治理，在第 1 章，我们已经看到诺兰委员会的"公共生活标准"报告是如何设立了一整套七项原则作为它对公共生活的各

---

① 译者注：SEC：Securities and Exchange Commission，即（美国）证券交易委员会。
② 译者注：美林公司成立于 1885 年，是全世界最大的全球性综合投资银行。
③ 译者注：花旗集团（Citigroup）是当今世界资产规模最大、利润最多、全球连锁性最高、业务门类最齐全的金融服务集团。它是由花旗公司与旅行者集团于 1998 年合并而成，并于同期换牌上市。

个方面进行调查的检验标准（touchstone），原则相对于规则有以下的优点：

- 原则易于理解但不像规则那样定义严密。
- 原则与为了塑造群体行为的个人行为有关，而规则是无差别的。
- 原则应该被普遍接受，但是规则会在特定的时段、针对特定的群体详细地制定。

原则通常反映的是容易被认同的普遍价值观。这些价值观如何被理解因不同文化和个体而异。黑手党和牧师对诚实可能会有不同的理解。没有一个原则是容易衡量的，不存在正直的英国标准，原则是实实在在的试金石——即使难以用一种人人都能理解的方式定义它，可是当你遇到原则时，通常是可以识别出来的。规则需要被定义以便执行，这种定义常常会涉及测定（例如限速），测定能够帮助执行。武断的规则——"你不能杀人"给定义留下争端。一个士兵对这样一个规则会做出什么反应？在"杀"与"帮助死亡"之间的差别是什么？等等。

原则与人类行为有关且反映了社会其他人对我们每一个人行为所期望的规范。在大多数人都尊重某项原则时，该原则就变成了规范，每个人都预期其他人会遵守这个规范。在原则失去普遍赞同的时候，例如对奴隶制度的接受性，那么将通过全体的同意来改变它。原则的力量在于它们的普遍认同以及它们在社会内部和个体之间建立信任的能力。规则很少会被嵌入人类的灵魂，也没有原则所具有的普遍性。制定规则是为了在特定时点管制特定群体的行为，规则常常是为了预防而不是许可，一般以否定而不是肯定的方式表述。规则往往随着环境的改变而改变；原则一般更长久，因为它们会被代代相传，最后牢牢地嵌入我们的灵魂。

2.4 组织内部的公司治理

公司治理在许多组织内部仍被看成是"公司秘书做的事"。大部分人都知道媒体大肆披露的安然公司和其他丑闻，但只将它们看成是美国个人和公司贪婪的表现而与己无关，几乎没有雇员阅读自己公司年报中公司治理部分的内容，大部分公司都不将此作为员工必须阅读的内容。

如何让公司的所有员工都参与公司的治理？许多公司是在自上而下（top-down）的文化基础上运行的，这种文化塑造了组织内部所有员工的日常生活。沃尔玛（Wal-Mart）是典型的例子，它遵循萨姆·沃尔顿（Sam

Walton）设立的模式并将之复制到每一个新店。随着这类公司的成长，公司对员工行为严密控制的能力就会减弱，它需要包容不同国家的文化差别，认同员工的独特性以吸引有才华的员工。沃尔玛在德国面临的困难大部分是因为文化而产生的。

大部分公司已经认识到需要有求于员工、潜在的员工以及客户。当个人自由不断增加而且人们可以对生活进行选择时，公司需要与他们保持密切的关系并赢得他们的支持。在许多关键时刻，是有才华的员工挽救了雇主而不是相反。在这种情况下，非常有必要对公司的内部治理进行整合。在极端的情况下，"明星"员工可以握有公司的把柄进行勒索，在许多投资银行里都发生过这样的事。

在组织内部，治理在传统上是通过控制指令流和信息流的结构和过程——它是使组织实现其功能所必需的——来执行的。古典的模式是军队的治理，它转为民用，它给每个人配置的自由处置权与其在整个科层中的等级成正比。这种"命令和控制"模式对于那些在所有层级上都要求灵活性和主动性的快速变动的现代企业来说是不合适的。

2.5 战略计划

将公司治理引入组织的一个方法是利用战略计划系统，在第1章中，我们讨论了治理是如何集中在"目的"（purpose）上的，战略也来自于与之同义的"使命"（mission）。如果我们将"公司治理的八个维度"（第1章）与战略过程中对应的维度进行比较，就可以得到如下结果：

治理	战略
特性	愿景和价值观
目的	使命
领导	战略方向
权力的分配	资源配置
包容，沟通	报告和总结
责任	目标
最大化效果	关键行动计划
确保可持续性	创新，自我更新

组织的"愿景"是它在未来一个相当长的时间里渴望达到的状态，例

如,"世界最受人喜爱的零售商"可以激励威廉·莫里斯超市连锁公司①（Morrisons），"价值观"是个人和群体的特性（attributes），"愿景"通过它得以实现。BAE 系统公司②（BAE SYSTEMS）提出"业绩第一优先"、"员工"、"创新和技术"、"顾客"和"伙伴"作为它的价值观。一个组织的使命描述了它试图实现愿景的手段,巴克莱银行③（Barclays plc）的"使命描述"是追求"成为一个创新的、以客户为中心的提供极好产品和服务,确保员工有着卓越的职业生涯并为我们生活和工作的社区做出积极贡献的集团"。利洁时（Reckitt Benckiser plc）④则采用不同方式表达其使命：

> 我们最喜欢的是人们通过使用我们的家庭清洁或保健以及个人护理产品来改善生活,我们的力量来自于我们的员工、我们的品牌和我们关注的战略,它能使我们努力挖掘增长和利润,我们最终的目的是创造股东价值。

"战略方向"指向如何实现使命,它是指导和组合实现使命所需的不同战略的基本推动力。领导对于建立和实施战略来说是至关重要的,领导不是与世隔绝的,而是与所有的相关方（也就是所有的利益相关者）密切相连的。"资源配置"是动用财力、人力资源支持战略,使之成功实施的过程。它要求按照效益最大化分配资源（实际上是权力）。"报告和总结"包括了有关最新进展的信息反馈,以及当问题和机遇出现时进行相应战略调整的过程,这要求包容以及为了最佳结果进行有效的交流。在战略中,"目标"是很重要的,因为它使战略实施过程中的进展和挫折得以测评。如果负责目标实现的各方达成一致,它就可以起到激励作用。"关键行动"计划是战略的

---

① 译者注：威廉·莫里斯超市连锁公司（William Morrison Supermarkets）是世界排名第 252 位的大公司。主要经营食品和药品业务。

② 译者注：BAE 系统公司 1999 年 11 月由英国航空航天公司（BAE）和马可尼电子系统公司（Marconi Electronic Systems）合并而成。BAE 是世界上第二大防卫公司,第三大国防航空公司,第三大电子航空公司。

③ 译者注：巴克莱银行（Barclays Bank）是英国最大的商业银行之一,成立于 1862 年,原名为"Barclay & Co. Ltd",1917 年改用现名,总行设在伦敦。巴克莱银行是位于汇丰银行和苏格兰皇家银行之后的英国第三大银行。巴克莱银行在全球约 60 个国家经营业务,在英国设有 2100 多家分行。巴克莱银行经营的业务包括票据交换、资产管理、投资、租赁、出口信贷、保险等。1966 年它首先在英国发行信用卡,拥有巴克莱国际银行、巴克莱金融公司,巴克莱保险服务公司等子公司。在俄罗斯、美国等 70 多个国家设有分支机构,并投资于比利时、乌干达、西班牙、马耳他等国的大银行,形成了巨大的国际银行财团。它还与英国机械制造、航运、造船等产业及报业托拉斯保持密切关系,并加入多国性欧洲联合银行有限公司。

④ 译者注：利洁时（Reckitt Benckiser plc）是英国清洁用品集团。

重要工具，因为它将确定关键任务和完成的最后时限，以及执行关键行动计划应承担的责任。这些关键任务通常是实现特定目标的手段，有效的组织极为重视关键的行动计划。

"创新"和"自我更新"是确保组织可持续性的关键战略，创新应用于产品和流程，它带来新产品，减少浪费。自我更新是为了维持强大的竞争力而抛弃旧观念和千篇一律的技能过程，就像人体不断清除死亡的细胞并生成新细胞一样。创新和自我更新是可持续组织的特征。在这方面通用电气公司（General Electric）采用的方法是非常达尔文主义的（最适者生存），它避免了僵化，这个病症近年来削弱了它的许多竞争对手。

2.6 营销

在大部分企业中，营销活动的重要性不断增强，特别是对那些置身于快速变化的消费品行业的公司，营销通常是公司的核心，建立品牌是检验成功的标准。营销主要关注客户或潜在客户，通过广告以及有针对性的促销活动，寻求对他们购买行为的影响。在公司治理的背景下，营销是对客户这一利益相关者的支持，但是，对其他利益相关者的支持将会因此减少。对于战略制定和执行而言，营销是非常重要的，因为用来构造战略计划的市场信息通常来自营销，而营销通常又是收益开发进程中的一个关键驱动因素。在笔者的经历中，营销人员通常对战略规划和实施所必需的规章制度不耐烦，更偏向于将精力集中在令人兴奋的广告推广和促销计划上，而不是让这些计划与公司的目标相吻合。笔者在《市场营销中战略的作用》(*The Strategic Role of Marketing.* MacGraw Hill, 1995)一书中详细地讨论了这一问题，但是，让市场营销人员的想法更具有战略性还要做许多工作。

营销人员对公司治理的态度是矛盾的。许多营销人员将公司治理视为可能影响他们的行动自由、却与自己关系不大但又必须遵从的职能。也有一些营销人员认识到，公司声誉对于建立品牌的重要性以及公司治理不善对于品牌伤害的危险，例如佩绿雅矿泉水公司（Perier）[①] 对产品质量问题反应的迟疑。让营销人员相信，需要为改善公司治理而工作是至关重要的，因为他

---

① 译者注："Perien"是法国有气矿泉水品牌，水源为法国南部的加尔省。1863年拿破仑三世颁布御旨，确立法国南部加尔省的Vergèze泉水的开采权，此前，此地的矿泉可以自由开采。佩绿雅矿泉水公司成立于1906年，1990年研究发现佩绿雅矿泉水中含有石油化工基本原料苯，佩绿雅矿泉水公司为此多番辩解，否认泉水受到污染。

们常常是公司内部观念的主导者；而且在媒体上，他们的广告词会强化公司其他部门的工作以实现良好的治理。

2.7 人力资源

公司治理会受到员工的影响，因此，在鼓励最佳实践方面人力资源部的职能对实施成功的公司治理是至关重要的。许多人力资源部门保留了以往关注"产业工人关系"（industrial relations）的传统做法，与工会交涉成为其主要任务。现今在大多数组织中，人力资源部门是在管理和培训员工领域里支持经营管理部门的一种资源。这一角色的关键点是识别和推动最佳实践——通常是从完全不相关的经营业务中，激发更加出色的业绩和自我提高。我们已经知道，明确的使命和价值主张会有力地驱动组织，在使命和价值主张的形成过程中，人力资源部门做出了重要的贡献。更为重要的是，如何在日常工作的基础上形成一套"行为准则"，这种建立在价值（或商业原则）上的行为准则将引导所有员工和公司代理商的行为。第5章将涉及这方面的案例（帝亚吉欧公司（Diageo Plc）①）。人力资源职能的另一个关键任务是通过训练、经常性监督和评估计划来塑造与公司价值观相匹配的行为。

2.8 采购

多年来，采购部门将供应商和承包商视为公司的仆人而不是伙伴。购买被认为是一种敌对性关系，让多个供应商相互竞争，通过指令而不是商讨来完成工作，并寻求承诺和成本的最小化。最近，与供应商发展伙伴关系的组织不断增加，双方都从多个来源减少了成本，并从共同设计和成本降低计划中获益。现在公司将供应商看成是自己组织的外延，寻求优化沟通，并利用IT连接供应商以提高效率。许多公司还试图将供应商作为完全的利益相关者引入公司的治理轨道。现实使其认识到，现代商业关系是建立在公开和负责任的基础上的，与供应商的坦诚关系要求公司具有将供应商视为与之共同工作的平等伙伴，而不是将其视为附属的意愿。这还要求双方分享共同的价值观并一起工作，创建共同分享的繁荣。好的公司治理要求得到董事会支持的、

---

① 译者注：帝亚吉欧是英国企业，世界最大的高级酒品公司。

由采购团队引导的、将供应商纳入公司运作流程中的协调努力,以及如果某供应商感觉受到了不公正的待遇,就有向董事会申诉的权利。

2.9 财务

财务职能是公司治理的核心,因为它确保对资产和负债的控制以及提供所有利益相关者依赖的数据。有一段时间,只有股东可以要求公司就公布的不准确数据支付法律赔偿,现在,公司对任何使用其会计数据的人都负有责任。作为唯一的官方"记分员",会计人员处于希望实现目标和有资格获得奖金的执行官的压力之下,也处于希望盗窃公司资产的黑客和骗子的压力之下。职业精神成为保护会计人员不做数据操纵的盾牌。但是,现今所有专业人员,如会计师、律师、保险精算师等,都被置于满足季度报告、年度目标的总经理和权力未被适当限制的执行董事的压力之下。人们已经看到,在安然这样的公司以及在公平人寿保险公司(Equitable Life)中,首席财务官积极参与了财务操纵,事实是公司已经无法维持经营。

因此,应该对处于公司治理核心的财务职能给予特别的关注。最近已增加了由非执行董事控制的审计委员会的任务,但关注点应该转移到防止而不是发现不法行为上。当经理人员为了个人的利益而不是公司的利益行使权力时,常常会出现不法行为,有缺陷的公司文化纵容不法行为和操纵行为。不断增多的事实表明,像古德公司那样具有健全价值观且行为与之一致,可以将内部混乱降至最低并增加利润(见第7章),古德公司帮助一些公司制定实用的标准,并根据这些标准对公司的业绩进行彻底检查。

国际财务报告标准的制定标志着强化财务职能的进展,这将给财务报告带来更大的透明度,而且使国际比较和跨国审计更加便利。使用新标准还会使信息披露更加全面,以满足财务分析师的要求。

2.10 公共关系

许多公司试图将公司治理和它的扩展——公司的社会责任作为公共关系方面的活动,安然有一个堪称典范的公司治理流程,结果却被看成是"生动的谎言"(living a lie)。太多的公司仍然在未测评组织所有层次的工作成效的情况下,便根据综合准则(Combined Code)完成报告程序。不利用准则进行全面的健康检查意味着公司的董事永远不能确定公司内部的制度是否健全，以及是否有一些腐败因素正在侵袭公司的根基（像在巴林银行发生的那样），特恩布尔准则报告的要求以及对公司声誉不断增长的关注——例如，由于一系列有缺陷的审计导致了阿瑟·安德森（Arthur Anderson）下台——正在鼓励董事会委托外部的"健康检查"（health checks），使他们恢复支持公司治理报告的信心。健康检查方法的一个实例是战略伙伴有限公司（Strategic Partnership Limited）的检查方法（见附录D）。

董事会应该全神贯注于确保其治理在公司的所有层面都是健全的，而不是用公共关系来"洗白"（whitewash）其公司治理。他们还应该让利益相关者参与公司的重要事务，大部分公司的董事都将每年的股东大会看成是一个难题，但是这提供了一个建立"开放日"气氛的机会，并且能够使利益相关者分享这一重要活动。然而，有哪家公司曾经邀请供应商出席股东年会并与董事会及股东共进午餐呢？

也有公司试图通过公司的社会责任（CSR）活动将公司治理引入公共领域，这应该是将公司治理的好处向社区传递的一条有效途径（见第7章，社区中的企业）。将公司的社会责任与公司治理目标相联系会非常有效，因为它把公司的社会责任活动视为从公司的长期利益出发，而不仅仅是为了慈善和短期的公共知名度。一些公司如壳牌公司，夸大了公司社会责任的重要性而忽略了企业的方向。公司的另一个危险领域是赞助，通常这是满足董事兴趣的一种方式——对艺术、高尔夫或其他与公司目的不相关的活动。公司治理的部分职责是对赞助活动的审查更加严密，赞助支出是为了建立公司的未来而不是满足即任领导人易变的愿望。

2.11 公司秘书/执行

我们已经看到需要被包含在公司治理日常工作中的一些领域的例子，但是，此外的领域也必须被纳入这一网络。经营领域——如制造和贸易——是所有公司的发动机，他们的需要——发展和保持与公司的目的和价值一致的行为——是同样令人信服的。现在，由于在培训和感召企业的核心职员成为公司形象方面的失败，许多企业受到了伤害。

在一个典型的公司里，这种网络的中心是公司的秘书或是与董事会相联系的执行部门——通常通过公司秘书。在帝亚吉欧的案例研究中，有这种职能工作的例子，其他的案例研究如欧洲最大的移动电话零售商（Carphone

第2章 公司治理的不同方法：公司治理是如何起作用的

Warehouse）也有类似的情况。为了完善报告，执行常常与风险管理相联系；为了使执行是有效率的，公司秘书和执行官员必须得到高层以及所有层次的支持。具体执行的过程必须是严格的、可测量的且触及组织的所有部分。报告的标准在任何情况下必须一致，即使是可以解释的微小变化都不行。如果没有一致的评分，就不可能对公司进行交叉比较；即使是一致的评分也有需要被消除和解释的异常，一致的评分对判断团队和个人业绩是必要的——如果证明过程是公平的，员工将会无条件地接受评判的结果。

公司治理的未来进展主要取决于组织内部所有员工以及利益相关者实现承诺的能力，以及将承诺变成现实。现在，大部分公司治理是象征性的和系统性的——虽然一些人有了这方面的意识但很少深入人心。需要每个人参与公司治理并自由地表达他们的观点，在必要的时候"吹哨子"（blow the whistle）以保护治理的完整性。

第3章

领导和公司治理

没有比领导这一概念更能引起混淆的概念了。当社会处于孤立状态中,而且关注点是生存时,最好的猎手很自然就成为群体的领导,其他人则被安排在一个等级体系中以提供支持。后来的领导被期望能展现智慧,年长成为领导的一个关键标准(它受到牧师等级的支持——今天的管理顾问的先驱)。在古埃及,人们期待法老能保证河水每年都涌进尼罗河谷,期望罗马皇帝征服战争并提供战利品。纵观历史,在领导和他们的追随者之间存在着某种形式的协议,反映了他们之间的互相依赖,即使是大流士(Darius)和路易十四(Louis XIV)这样的"绝对"独裁者也不得不通过操纵和慷慨来巩固他们的位置。

领导这一概念还会与英雄主义混淆,引发"纳尔逊综合征"(Nelson syndrome)的腓特烈大帝[1](Frederick the Great)亲自参与了大部分战役的战斗,像一个中世纪的君主,赢得了士兵们的爱戴。南极地区的斯科特(Scott)在因其计划不周而陷入的困境中是英勇的[2],英雄式的领导是一种使其他领导方式相形见绌的领导模式。

将领导划分为不同的类型是有益的。从个人动机到集体动机,领导至少有五种明显的表现形式:

---

[1] 译者注:腓特烈大帝(1712—1786)是普鲁士第三代国王(1740—1786)。在摧毁神圣罗马帝国和领导统一的新德意志方面起过主要作用。

[2] 译者注:斯科特(Robert Falcon Scott,1868—1912),英国海军军官、探险家,两次指挥南极探险队(1901—1904,1910—1912),比R. 阿蒙德森(R. Amundsen)晚1个月到达南极,死于归途暴风雪中。

- 英雄型领导（如纳尔逊①）（Nelson）
- 危机型领导（如公司医生）
- 学院型领导（如合伙企业、大学等）
- 仆人型领导——授权他人
- 变革型领导——影响主要的变革

3.1 英雄型领导

正如我们已经看到的那样，这是一种"好莱坞模式"的领导，肩负个人使命，在极度困难下取得胜利。英雄型领导具有超凡的魅力（Chrisma）且能够吸引他人遵从他们的使命。其结果通常是非常有影响的；在极端的情况下，可能是悲剧性的，例如阿道夫·希特勒（Adolf Hitler）。英雄型领导有追随者，但很少有伙伴。他们的日常工作是个人化的并常常集中于放大自我，比如维旺迪公司（Vivendi）的琼-玛丽·梅希尔。英雄型领导不喜欢考虑继承人的问题——迪斯尼内的哪一位实际上能够成为迈克尔·艾斯纳（Michael Eisner）的接班人？正如可口可乐公司的衰落所开始证明的，强势领导人通常无法建立能够保护其遗产的治理结构。

英雄型的领导不仅有华丽的风格，而且组织被领导人的绝对自我中心主义所俘获的特点也同样明显。温斯托克（Weinstock）爵士将英国通用电气公司②（GEC）变成个人的封地，只是为了对接管竞标的威胁做出反应才实施重大变革；约翰·里特布拉特（John Ritblat）帮助建立了英国房地产投资信托公司（British Land），并从那时起就彻底控制了它。

英雄型领导的本质是领导人无法替代。在短期内可能会成功，但是，它依靠个人的判断，这样就没有对它的目标进行"真实检查"或发展新领导人的程序。英雄型的领导不能容忍挑战，而挑战对应着真实的领导能力。英雄型领导很少能被有效地继承。

---

① 译者注：纳尔逊（Horatio Nelson，1758—1805），英国海军统帅，因作战负伤，右眼失明（1794）、失去右臂（1797），后任地中海舰队司令（1803—1805），在特拉法尔加角海战中大败法国—西班牙联合舰队（1805），本人受重伤阵亡。

② 译者注：英国通用电气公司（The General Electric Company，GEC）是英国最大的电器及电子工程公司，简称GEC公司。1886年创立，总部设在伦敦。最初为生产电话机、开关、接线盒的厂家。经过百余年的发展，合并了不列颠汤姆逊—豪斯顿公司、茂伟电气公司、英国电气工业公司（EEC）、马可尼公司、埃利奥特公司等，成为世界十大电气公司之一，在五大洲共设立138家工厂或销售机构。

3.2 危机型领导

危机型领导有很多英雄型领导的特征——权力集中、暂停其他替代领导的可能,以及关注忠诚。一些英雄型领导最初是作为危机型领导出现的,如克莱斯勒公司的李·艾科卡(Lee Iacocca)。但危机型领导的本质是其为短暂的英雄型领导。典型的危机型领导是由破产管理人任命来拯救失败业务的"公司医生"(company doctor)。此类"公司医生"需要快速地诊断问题,毫不耽搁地减少支出以及"淘汰"业绩不佳的员工。在这一过程中,领导要尽快地决策和行动,集中精力拯救公司,折现公司的未来。

危机型领导人需要的品质类似于战争领导人,最重要的是有着钢铁般的意志,还要尽量少地考虑行动的后果并对可供选择的策略进行粗略评估。由于危机型领导人也很少是业务开发者,因此,他们通常在进行干预之后就面临新的挑战。然而,许多危机型领导人在拯救公司之后却没有任命一位能使公司成长的继任者,因此,当汤姆·费希尔(Tom Fisher)1980年离任之后,通济隆公司①(Thomas Cook Group)就开始衰落。

3.3 学院型领导

在一个人身上很少能够拥有全部的领导品质(方向感、成功的意志、建立和维持联盟的能力、创建未来的远见),领导需要拥有以下的能力:远见卓识的能力、与坚定的决心相匹配的鼓动力和交涉能力、适应和控制能力。集中领导的组织,例如军队,可能会将不合适的领导者放到了领导位置上。第一次世界大战中,发生在战壕中的无意义的屠杀就是这种失败的证据。对一些组织来说,集中领导会适得其反,例如通过协调而不是等级制度运行的会员团体,这种团体包括合作社和互助社团,以及大部分慈

---

① 译者注:通济隆公司(The Thomas Cook Group Ltd.)原系英国米特兰银行全资所属的旅行支票公司,1992年6月,该公司归属于西德意志州银行和德国航空公司,成为其附属旅游公司。通济隆于1983年加入万事达卡国际组织,成为其正式会员;1994年收购了国际支付有限公司(Interpayment Services, Ltd),同时加入VISA国际组织。2001年英国的Tranvelex公司并购了通济隆公司,合并后的组合与全球4000多家金融机构具有业务关系,是世界最大的外币兑换商、非银行商务国际汇款公司和世界旅游货币的供应商,更是最大的旅行支票发行者之一。

善机构。许多专业公司仍然是合伙制结构，这样，高级合伙人只是同类中的第一人（primus inter pares），许多大学是按照学院的方式运行的，它要求在做出重大决定之前先进行咨询并取得一致意见。所有这些都是学院型领导的不同模式，学院型领导要与组织中各部门的负责人分享权力，以便商定行动的一致意见。

学院型领导有许多批评者，一些人担心会产生次优的决策，甚至是混乱的决策——"委员会的加工使原先的东西面目全非"（a camel is a horse designed by a committee）。对于名义领导人来说，学院型的领导过程是一种负担——格兰菲尔德商学院（Cranfield Business School）的前董事利奥·穆尔雷（Leo Murray）将这一过程比喻成"牧猫"。学院型领导是缓慢的、令人沮丧的并难以产生结论——就像民主，混乱但却是合法的。

3.4 仆人型领导

仆人型领导拥护一种在现代世界里重现的古老理念。领导要为他们的手下负责这一观念是部落制度的核心，后来的那些不能满足大家期望的领导人，例如尼罗河没有泛滥时的法老，不仅要丧失他们的权威，通常还要丧命。耶稣基督为门徒洗脚的姿态正是仆人型领导的表现，他通过这种方式显示领导者与下属之间是互相依靠的，并培养其门徒在他离开人世时承担责任。仆人型领导的一个关键属性是帮助下属成长和提高，自己成长为领导者。

在赫尔曼·赫西（Herman Hesse）的《通向东方的旅程》一书中，一群旅行者在一个仆人的引导下出发，仆人突然离开了，让他们自己寻找前方的路。只有当他们能够控制自己时，他们的旅途才开始变得顺利。最后，他们完成了旅程，学到了许多知识（特别是有关他们自己），并和他们的仆人重新会合。

罗伯特·格里利夫（Robert Greenleaf）发展了商业背景下的仆人型领导的概念，他在1964年创立了仆人型领导的格里利夫中心。将格里利夫的助手拉里·斯皮尔（Larry Spear）在《聚焦领导》（威利（Wiley），2002）中提出的仆人型领导的十个特征与沃伦·本尼斯（Warren Bennis）所确认的"明天的领导"的十个特征进行对比是非常有趣的（见表3.1）。

表 3.1　　　　　　　格里利夫型与本尼斯型比较

格里利夫型	本尼斯型
倾听	偏向行动
同情	女性的领导
治疗	
觉悟	自我意识和自尊
劝说	促进信任
观念	有意义的大视野
预见	目的和愿景
管家	举轻若重—举重若轻
支持下属成长	建立公司联盟
建立共同体	
	合适的技术
	具有渗透性的边界

尽管两者有许多共同之处，但与沃伦·本尼斯所列特征的果断基调相比，格里利夫列出的特征相对比较被动，这让人很感兴趣——为什么"信任"由前者而不是后者提出？

美国总统总是积极进取并充满"男子汉"气概。但有趣的是：在两者的目录中，都强调"女性"的特征。这是为了利用另一种模式，因为仆人型领导要求我们除了使用左脑（计算、分析）——传统的领导能力的来源之外，还要使用右脑（创造力、直觉、观念）。

鲁拜伊·霍华德·布雷（Rubye Howard Braye）博士将格里利夫的十个特征重新调整如表 3.2 所示。

表 3.2　　　　　　　格里利夫调整型

自我	关系	任务/资源
悟性	倾听	管家
预见	同情	
观念	治疗	
	劝说	
	支持下属成长	
	建立共同体	

这一框架恰好与达那·佐哈（Danah Zohar）的三种智力水平相匹配（Rewiring the Corporate Brain, 博雷特-凯勒（Berret-Koehler），1997）（见表 3.3）。

表 3.3 三种智力

精神智力	情感智力	知识智力

然而，大多数领导都将注意力主要集中于任务和资源上，利用关系去执行任务，几乎没有领导者精通自己的领域，专注做事而非人。仆人型领导的论点是：人是有效做事的基础，人会产生一种内在需求——"我不入地狱，谁入地狱"，这种需求可能会被某个机会或一场危机所触发，但这种强制力却来自心灵深处。它驱使伯纳德·帕利西（Bernard Palissay）为了发现珐琅的秘密使自己的生活落魄，以及斯科特船长在到达南极的尝试中被冻死。更为深远的是，反抗威廉·威尔伯福斯（William Wilberforce）的奴役以及圣雄甘地（Mahatma Gandhi）对英国在印度统治的非暴力抵抗运动。

正如我们所看到的，仆人型领导的现代概念似乎起源于赫尔曼·赫西的《通向东方的旅程》，在某一层面上是拜伦（Barrie）的"令人钦佩的克莱顿"（Admirable Crichton）的又一版本。它证明，成为你核心本性的"仆人"能够使你成为有效的领导者，按照圣马太（St Matthew）的话说："无论谁想成为你们中的大人物都必须要成为你们的仆人"，基督为他的门徒洗脚正是这一说法的经典。

一个被公认的仆人型领导模式是管家，这可以反映在慈善托管人和慈善机构的角色上，实际上它真正的角色是代表收益人行事的一个人或一群人。这也是公司董事的真正角色，他们是股东的管家，而不是公司实际上的所有者（尽管他们有太多的行为好像是公司的所有者）。有趣的是，关于公共部门治理的诺兰准则很好地反映了仆人型领导的概念，它由公开、诚实、负责、正直、无私、客观和领导组成；汉佩尔准则、卡得伯利准则和克里恩伯利准则强调的原则并不包括客观和无私！而仆人型领导则可以弥补这一缺失，将它们连接起来。

3.5 变革型领导

在大变革时期，变革型领导会发挥显著的作用。南非作为一个多民族国家的再生可以归结于纳尔逊·曼德拉（Nelson Mandela）和 F. W. 德·克勒克（F. W. de Klerk）的变革型领导，以及南非内外成千上万人的耐心工作。变革型领导常常要求一位有名无实的（figurehead）领导来整合和驱动变革过程，英雄型领导的焦点集中在领导人身上，对于变革型领导来说，领导人只不过是变革的一个工具而已。

20世纪90年代初期,IBM处于破产的边缘,它无法适应从集成计算到分布计算所带来的变化,并将业务集中于硬件而不是软件。更糟糕的是,它秉持一种技术优越文化,拒绝倾听客户的要求。1993年4月,前雷诺士-纳贝斯高集团(RJR Nabico)① 和更早前的美国捷运公司(America Expree)的首席执行官卢·格斯特纳(Lou Gerstner),作为新的董事会主席和首席执行官带来另类的"IBM之道",对之全然陌生的营销文化,通过客户交往优先,以及他自己在美国各地会见客户,格斯特纳开放了IBM。员工被"赶出"办公室,用便携式电脑在路上工作,如果是为了解决客户的问题,还可以在客户那里工作。格斯特纳终结了分拆IBM的计划,将重点从为客户提供产品转移到帮助客户解决问题,这样,系统集成(并不总是IBM的产品)成为业务的驱动力。为了使新的IBM能够成功,格斯特纳打破国界,在14个客户部门(零售、金融服务、政府等)的基础上建立了新的组织,员工的薪酬要与公司的整体业绩相匹配,而不是依据狭隘的部门单位业绩,这样就创立了一种整体对外的文化,致力于解决客户的问题。

格斯特纳的成功部分地归结于初到IBM就发觉了笼罩公司的危机气氛,而他并未像救世主那样受到欢迎,由于他缺乏信息和通讯技术知识(information and communication technology,ICT)甚至还受到怀疑。他成功的主要原因是打开了IBM的窗口,与客户建立联盟,向客户提供全新的业务。通过改变客户的期望并迫使IBM的文化转变以满足这一期望,他将一个垂死的公司转变成一股新的革新力量。

变革型领导的另一个例子是曼恩集团(MAN Group)② 的首席执行官斯坦利·芬克(Stanley Fink)。20世纪90年代,曼恩集团是有250年历史的

---

① 译者注:雷诺士-纳贝斯高集团(RJR Nabisco,Inc.)是雷诺工业公司1985年9月收购了当时全美最大的饼干食品制造商纳贝斯高(Nabisco)食品有限公司之后成立的。当时是全球最大的消费品公司。

② 译者注:曼恩集团(Man Group plc)前身为ED&F集团(ED&F Man Group plc),大约200年以前从事糖业经纪,随后发展成为全球最古老与最庞大的农产品交易商之一。在80年代,曼恩集团利用农产品期货所获取的专长发展经纪业务。1983年,集团成立200周年之际,曼恩集团已成为农产品和金融产品经纪服务供应商。1984年,曼恩集团在另类投资方面将金融服务的范围扩大至资产管理领域。1994年,曼恩集团在伦敦证券交易所上市。1999年,集团在全球11个国家雇用超过1500名员工。2000年年初,曼恩集团放弃了农产品部门业务(在一次管理层收购中),集团经由两大主要的金融体系——曼恩投资(Man Investments)和曼恩金融(Man Financial),开始集中向高度成功的金融服务业务发展。现今,曼恩是全球另类投资产品(alternative investment products)和解决方案的领导者,同时也是全球最大的期货经纪商。

糖业联合大企业，它将西印度种植园、糖加工及贸易一体化，围绕糖业还派生了保险经纪业务、股票经纪业务和为了支持交易而进行的衍生产品运作。那时，曼恩集团正在富时350指数（FTSE350）的底端煎熬，而且缺乏战略方向。斯坦利·芬克决定考验一下他的四个部门，他通过一项情景规划练习看看四个部门对未来20年设计的情景规划中哪一个最合适，结果，每个部门都选择了一个不同的情景，展现了对风险的不同偏好和不兼容的文化。这一发现使斯坦利·芬克决定对集团进行转型，出售了糖业务（现在作为E and F Man 交易）和两个经纪业务，将衍生业务作为集团业务的新核心，现在曼恩是欧洲最大的衍生业务公司并接近富时100指数（FTSE100）[①] 的顶端。

西南航空公司（South West Airlines）缓慢而耐心的成功使航空业发生了根本的变革。西南航空于1971年开业，致力于一种低成本、朴素、及时和友好的飞行方式。它的第一任首席执行官赫布·凯勒赫（Herb Kelleher）将业务看成家庭事务，由友好而富有奉献精神的员工与经常性乘客之间的不断密切的联系构成。他希望飞行成为一种享受而不是挑战，还要让大批以往乘坐不起飞机的人能坐上飞机。为了做到这一点，他需要设立新的效率标准，在工资比竞争对手低，而承担的工作任务却不断地增多的情况下吸引愿意为公司工作的新员工。凯勒赫完成了这一艰巨的任务，因为他建立了一种员工因提供规定范围之外的服务（一位女乘务员花了一整夜驾车送一名无依无靠的乘客回家后，又报名参加第二天早晨的飞行任务）而感到快乐的文化。幽默是建立客户关系的关键因素——员工会与乘客开玩笑，诸如躲在行李柜里并出其不意地跳出来。西南航空忠于它的员工，从来没有裁员和减薪；它也忠于其客户并鼓励经常搭乘飞机。结果，西南航空成为最具有持续赢利能力的美国航空公司，而且是世界范围内低成本航空公司的楷模。赫布·凯勒赫不仅改变了数百万人的飞行体验，而且也改变了所有航空乘客的期望。

另一个变革型领导人是卡福尼·韦尔豪斯（Carphone Warehouse）的首席执行官查尔斯·邓斯通（Charles Dunstone）。在第5章将详细介绍他在引领电话业务发展方向的贡献，他不仅为移动电话建立了开放的市场，而且开始固定电话市场的转型。

[①] 译者注：金融时报100指数，又称富时指数，英国主要的股票指数。金融时报指数的采样股票是根据英国伦敦国际证券交易所上市的主要100家大公司的股票选定的，并以每分钟一次的频率更新。该指数采用算术加权法计算。

变革型领导人在本质上是战略性的。它要求领导人对解决困难问题的较好办法有着清晰的认识，愿意说服他人做出转变，使用这一解决问题的办法，以及为了实现变革常常需要多年耐心工作。创新是变革型领导的一个关键工具，创新的持续驱动使诺基亚从一个不出名的机电公司转变成世界领先的移动电话制造商。

3.6　领导与公司治理

我们已经考察了领导的性质以及实施领导的不同方式，下面我们将探讨领导与公司治理之间的关系。一个简单的方法是将领导看成"动物精神"（animal spirits）的显示，而公司治理是对这种"动物精神"自由表现的一种抑制。在卡得伯利报告中就有许多产业专家持这一观点，并在每一波公司丑闻渐渐消失之后重现，《萨班斯-奥克斯利法案》正受到美国商业利益集团的攻击，因为它是对安然丑闻等"过度反应"的结果。管制与解除管制之间的博弈是维持平衡社会的一个必然因素，公司治理是自我管制，它要求领导使之有效，它在公司治理和领导处于共生状态时达到最佳。

不幸的是，公司治理与领导之间的关联并不强，部分原因是公司治理已成为一个自我生成的过程，而不仅限于最低要求，只是用报告"违例"这样的方法来鼓励良好行为。正是因为有如此多的由媒体支持的公司治理活动家通过公开挑战而不是悄悄地发挥影响力，许多商业领导人发现，他们在处理公司治理的有关问题上"处于落后"，他们的回应通常是被怨恨驱动，而不是承诺做得更好。来自于更广泛的社会活动家的压力已经使许多公司接受"社会责任（CSR）"，它是一种对社区和慈善工作的承诺，常常超出了公司治理的职责。诸如社区事务这样的运动（见第 7 章）是实施公司治理对利益相关者承诺的一个很有益的手段。然而，一些公司将公司的社会责任看成是公共关系的工具，并且发行精致的年报来报告它们在社会和生态方面的活动。而企业的领导却要求将企业的努力集中在企业的目标上，而不是集中在企业的利益相关者的目标上。但是，好的公司治理有助于在不忽略公司自身的重大利益的情况下引起利益相关者的兴趣。

领导提供了实现有效公司治理的积极性和动力。它的关键作用是在组织内创建一种文化，使组织利用有效的治理来实现其目标。这种文化鼓励那些将公司治理嵌入组织中所必需的行为，因此，确定治理的关键要素以及与之相应的领导方式是有益的（见表 3.4）。

表 3.4　　　　　治理的关键要素和与之对应的领导

治理	对应的领导
权力的分散	广泛地授权
责任	给出和履行承诺
公开	自由交流
正直	树立榜样
诚实	设立标准并严格监督
客观	建立组织内部的相互制衡
无私	使用仆人型领导方法
奖赏公平	通过机会而不仅靠金钱激励
长期视野	战略性的思考和行动

可以看出，大部分治理标准是诺兰原则，更为重要的是第七个诺兰原则是领导，它被转化为行动的原则，这样就完成了这一过程。

使治理更加有效所需要的领导从何而来？在许多组织中，由最高领导设立实施治理的议程和规则。在公司里，董事会应该履行这一职责——首先通过确立价值观作为公司运行的原则，然后确保他们自己及公司其他人的行为能够一致地反映这些价值观和原则。在确立价值观的时候，董事会应该让公司的各部门参与，以便未来实践这些价值观的员工也参与塑造并认可企业的价值观。这常常通过组织自上而下的"串联"（cascading）来完成，利用研讨会让相关的员工共同工作并反馈回应，这样就将价值观调整为对企业富有建设性的支持。

3.7　一个新方法

更为重要的是，将企业家融入公司治理之中，这要求将公司治理从"打对号"考核转向建立信任的开放流程。公司治理只是实现不同各方能够互相信任地一起工作这一目的的一个工具，真正的成功是企业能够可持续的成长，成长是企业家精神的核心。企业家只有在能够开放地与其他利益相关者一起工作，与他们一起分享发展业务的重担和成就，才能获得鼓励、支持和成功的奖赏。这样做，需要分享权利并认识到其他人对成功的贡献——当阿德里安·卡得伯利在他的准则中迫切要求董事长与首席执行官的角色分离的时候，他是否考虑到企业家？

3.8　如何在整个组织中产生领导力

我们已审视了领导的不同方式及其与公司治理的相互作用，也思考了家族公司及其长期领导和动态，以及企业家通常是缺乏耐心的领导。根据已有的分析，也许我们能够归纳出商业背景下（这可能会和军队显著不同）的领导本质，并初步懂得如何将之复制以便用一种显著而可持续的方式提高组织的业绩。

未来的领导模式可能会不同于以往。在40年前，麻省理工学院的道格拉斯·麦格雷戈（Douglas McGregor）写文章对"X理论"管理和"Y理论"管理进行了对比。"X理论"管理是基于从军队中形成的"命令和控制"技术，用现代术语来说，它反映了领导的"驱动"方法，而不是以"Y理论"为典型的"建设"方法。格布曼（Gubman）在《有魅力的领导者》（Dearborn Trade，2003）一书中将"驱动者"和"建设者"进行比较（见表3.5）：

表3.5　　　　驱动型领导与建设者领导的比较

驱动者	建设者
结果优先	员工和过程优先
强调经济价值至上	强调组织的能力
自己决策	让其他人参与
"甩鞭子"（集中在责任和纪律制裁上）	让方案显现出来
关注"什么"和"何时"	关注"谁"和"如何"
关注短期	关注长期
许多情况下亲临现场	更多停留在幕后
批评多于肯定	肯定多于批评

来自机构投资者的不断提高每一季度经营成果的压力鼓励了领导的"驱动"模式。在一个低利率而竞争不断加剧的时代，这使许多首席执行官为了获得比内部成长所容许的更快成果而进行有风险的兼并活动。这甚至导

致欺诈和半欺诈的行为,例如资产负债表外的借贷活动,在千禧年的繁荣破灭之后导致了一连串丑闻。像杰克·韦尔奇这样的驱动型领导现在已经不能从成熟行业中获得超额利润了,许多企业的领导人开始对他们的公司或是公司里的关键部门进行管理层收购,以避开令人厌倦的提高短期利润的压力,驱动型领导运用的一个关键激励是股票期权,由于公司的利润情况比较差,股票期权也没什么意义,而且员工行使股票期权时面临公司收费的可能性也使股票期权少了一些"免费的礼物"的色彩。

在一个可能有25%的美国工人是"自由职业者"而且赢得关键员工忠诚的代价越来越高的时代,领导人需要学习如何雇佣更加个性化的劳动力。企业有才华的员工正越来越短缺,"明星制度"已经从投资银行转入更广阔的经济领域。不应将人才与天才混淆,借用格布曼的话即"天才做必须做的事,人才做他能做的事"。在企业家中集中了商业天才,因为天才不愿受限于外部看法。企业常常会借用天才,但很少能拥有天才。领导人需要懂得天才与人才之间的差别,并用不同的方式雇用他们,一个由有才华的员工构成强有力核心的企业能够容纳少数天才的同事,并从中受益;但是,相反的配置将会带来彻底的混乱。

根据格布曼的说法,人才希望自由,能够自己控制其工作,负责并且关注与同事的关系。如果细心挑选符合公司文化的人才并鼓励他们冒险以及在竞争中成长,那么在动态的组织中,他们将成为关键的组成部分。未来的公司将看到员工的流动频率更快,因为越来越多的人将会为自己工作。领导需要建造一个由既有奉献精神又有才干的员工构成的核心,企业领导人的领导任务就是留住这一"兄弟连"。围绕这一核心的是不断流动的"自由职业者",他们在公司工作的这段时间里向公司借才干和知识,管理这种"候鸟"将成为领导工作的一个新领域。如果这些人的自我意识太强,就需要变得柔顺一些或者离开公司(自我意识太强会毁掉组织中的信任);如果他们中有天才,这些天才将会留下他们的印迹。其他人需要公司提供能将公司向前推进的挑战机会,并同时创造自己在这段时间的职业生涯纪录。

格布曼关注运动员型领导,把它作为一种商业模式。体育专业人士的运动寿命通常较短,需要迅速达到运动成绩的高峰,企业的首席执行官传统上有着更长的职业生涯,一般是"缓慢成材"。由"明星"制度(从体育中得到的借鉴)引发的"快速燃尽"和"自由职业"的增长,可能会使两种模型增加重叠。在博伊德·克拉克(Boyd Clarke)和罗恩·克罗斯兰(Ron Crossland)的《领导的声音》一书中也可以看到与之类似的有趣情况。这本书关注领导的沟通需求,他们以"马语者"成功为例,蒙蒂·罗伯茨

（Monty Roberts）（听马说话的人）赢得合作的方法是共享语言而不是"破坏"。他们发现，领导使用的劝说过程有三个阶段：首先，需要收集和拿出事实来激发下属的才华；其次，通过认同他们的关注所在吸引他们的感情并让他们为共同的任务而密切合作；最后，将整体关系压缩成共同认可的符号。符号是至关重要的，就像军旗之于一个团队和品牌之于一个受信任的产品。

这一领导模型与已提及的其他模型说明了仆人型领导正在替代已往占主导地位的层级制方法。现在的领导不得不成为教练，有时甚至成为追随者，例如当其他人拥有你所缺乏的知识和经验时。英国领先世界一级方程式赛车是因为它乐于从失败中学习（在一次比赛中只有一个冠军），而且执著于快速而激进的创新。普通汽车制造厂商从一级方程式赛车的经历中获益，但是他们要花3~5年的时间才能生产出一种新车型；而在一级方程式赛车中，生产一种新车型可能只需要几周的时间。要在一级方程式赛车中获胜，就要像重返赛场的失败者那样思考。

然而什么是未来领导的本质？根据我们的分析，未来的领导人应该是：

- 有魅力
- 创造性
- 适应性
- 教练和学习的技巧
- 能够驾驭风险（像一个冲浪板）
- 正直的典范
- 关注未来

3.9 领导与风险

战争中的领导是最具考验性的，因为领导和下属都将生命置于危险之中。在商业背景下，风险是对领导的关键考验，因为领导人的决策会使公司的未来以及相关人员的工作（还有声誉）处于风险之中。在1999年发布的特恩布尔报告中，将风险作为公司治理的一个关键部分。这导致许多大公司任命专门的主管人员来管理风险，而银行和其他被管制企业则常常由执行官员管理风险。

风险是任何交易活动的本质因素之一。对于公司来说，风险创造了高于储蓄存款利息的利润，但是，如果交易的假设不正确就会使公司受到损失。在交易中承受的风险越高，潜在的利润或损失就越大。领导应该如何应对风险？

领导的第一个任务是确保其组织明白那些形成本企业市场的力量以及这些力量是如何提供交易的机会或威胁。大部分风险评估是基于以往的经验，风险管理将寻求设定把组织暴露在交易风险面前的限制。然而，真正的领导人希望跳出经验看问题，并探索新的风险以及风险的其他表现形式。企业不会通过彼此的复制取得成功，而只能通过创新以及改变它们现有市场的边界获得成功。苏格兰银行一直在关注如何进入竞争者已经设立太多分支机构的英国市场，通过由圣·安德鲁斯管理研究所（St Andrews Management Institute）完成的愿景规划研究，决定发展电话银行业务——一种改变了它的市场态势的低成本、低风险的投资。当大多数公司只看到它们所经历的风险时，一些企业正开始利用情景规划察看在地平线之外的风险。圣·安德鲁斯管理研究所的一位远东客户在1997年初就能够发现东亚经济可能崩塌的微弱信号并预见了亚洲金融危机。

领导人需要对风险方式的可能变化以及可能相应产生的机会和威胁非常敏感，特恩布尔报告大部分集中在保护实物资产和控制交易风险，它只是顺便提及声誉风险，很快大部分商业人士发现，声誉风险成为风险管理中最大的问题。从那以后发生的如安然和帕玛拉特这样的大公司丑闻也强化了这种感觉，为什么声誉风险对公司如此重要？

大部分成功企业的股票价值要高于资产负债表上的净资产价值，它代表未来收益折现的市场价值，并反映品牌、专利等无形资产而不是实物资产的价值。声誉是对无形资产价值的巩固，但它受消费者变化无常的念头支配。如玛莎超市（Marks & Spencer）认为，它拥有无法攻破的市场地位但却失去了客户的信任。阿瑟·安德森作为一个早先不合格的审计单位受安然崩溃事件的牵连，在几个星期内它的业务部门被出售给竞争对手，然后就消失了。领导人需要不断地对那些可能影响公司声誉的问题保持警觉，这是一个每天都要关注的战略任务并要求不断保持警惕，好的声誉提供了领导成功的环境气氛。

第4章

实施公司治理

回顾公司治理的历史，引人注目的是推进公司治理的倡议几乎不变地来自于外部，而不是来自于组织自身。这一过程始于卡得伯利报告，并不断地推进，直到目前围绕着希格斯报告展开的论战，很少有公司对此欣然接受，对许多更小的企业更是根本没有影响。上述两点表明，大多数公司的领导是失败的，同时也是对从来没有被有效面对的利益（在短期和长期之间、个人利益和公司利益之间等）冲突的反映。这些失败进一步强化了来自公司外部的感觉——公司被那些侵占其资产的贪婪家伙所组成的小团体控制了。

公司治理的责任在哪里？很多像拉尔夫·沃德（Ralph Ward）（《挽救公司董事会》，威利（Wiley），2003）这样的批评家认为，尽管董事会的有效性已开始减弱，但它们仍然负有引导公司发展方向的法律责任，最应该接受实施有效公司治理的挑战。如果董事会要履行其法定责任的话，公司治理的领导应该来自董事会。在董事会不能承担领导责任时，将由其他人，通常是外部发起者强行实施。这些发起者可以是管制者，例如英国金融管理局（FSA）在养老金被错误地卖出的案例中，或者是在壳牌和桑斯博里公司（Sainsbury）[①] 案例中的机构持股人。尽管只有利益相关者才能采取这样的行动，但越来越多的新闻机构开始挑战领导真空状况，例如英国房地产投资信托公司。

---

① 译者注：桑斯博里公司（Sainsbury）是英国著名的连锁超市，创办于1869年。

第4章 实施公司治理

4.1 实施公司治理的基本模式

董事会如何才能启动建立有效治理的程序？第5章提出了一个应对这种挑战的方法，帝亚吉欧集团的新董事会视有效的公司治理是融合子公司的催化剂，健力士黑啤和英国饮品国际集团（Grand Metropolitan）把它作为解决公众不安于市场垄断以及酒精产生社会问题的手段[①]。无论是从案例研究还是一般原则着手，都可以提出实施公司治理的基本模型，这些模型的基本要素是：领导、文化、结构、流程和品牌。接下来，进一步详细地探讨这些关键要素。

4.1.1 领导

我们在第3章中已经讨论了领导在公司治理中的作用。它的重要性不应被夸大，但是，只有将治理复制到组织的各个部分，才能产生持续的效果，单凭领导个人很难持续下去。有效的领导能够在整个组织中复制，它与组织而不是个人连为一体。信仰的力量并非源于对耶稣、穆罕默德等人的忠诚，而是来源于对一个更广泛的无形概念的忠诚，"领导"是比他自己个人更伟大的事业的仆人。

同时，公司治理的领导需要来于自董事会才具有合法性和影响。在《战略变革》杂志（2002年6—7月）的一篇题为"董事会中的领导"的文章中，笔者和保罗·乔伊斯（Paul Joyce）、格雷厄姆·比弗（Graham Beaver）、阿德里安·伍兹（Adrian Woods）提出了公司董事会以更有挑战性的方法制定公司战略的案例。这包括董事会在制定战略时要更加积极，需要管理层的共同投入，而不是将战略规划单独留给管理层。1992年，贾奇（Judge）和蔡萨莫尔（Zeithamel）对42个组织进行的研究显示：董事会最大程度地参与战略制定与评估的公司有好的绩效。要有效地做到这点，需要明确执行董事和非执行董事的任务并改善他们之间的互动，还需要开发更好的流程以便与股东和其他外部利益相关者一起工作。在这一过程中，非执行董事可以起到领导作用，但要由执行董事领导公司的运作管理，同时执行董事和董事会之间有着适当的反馈和控制机制。这篇文章建议，公司法应该让

[①] 译者注：这两个企业1997年合并成立帝亚吉欧集团。

董事会为战略领导负责，这包括从战略的规划到确保战略的实施，再到对战略实施结果的评估。他们还建议董事会成立审查委员会，评估业绩和驱动业绩的战略计划的效果。

与拉尔夫·沃德一样，笔者认为董事会领导的第一步是任命一位有效的董事会主席。董事会主席的任务是建设、发展和管理董事会。这要求他们领导董事会的选举过程、每个董事的个人发展和任务，以及在适当的时候经过董事会的同意退休。在任命首席执行官（以及在必要时将之解雇）时，董事会主席要有主动性。太多的董事会主席被占据支配地位的首席执行官给遮蔽了，而在美国和其他国家，许多公司由一个人承担董事长和首席执行官的职位，混淆了这两个截然不同的角色。董事会主席领导的是董事会，首席执行官领导的是公司的管理层。董事会是公司的内部流程与外部关系（股东、利益相关者等）的连接，董事会成员的深厚背景可以为公司提供有益指导。要有效地领导这一关键组织，董事会主席必须要有坚强的性格、广泛的经历和智慧。一名合格的首席执行官会使他（或她）和其他董事在设计战略的工作中充满激情和能量，领导团队成功地实施战略。

公司治理的领导来自董事会。作为董事会的领导，董事会主席的关键任务是确保这样的领导可时刻存在并能持续下去，因为现在大部分董事会主席都是兼职的，他们致力于事先控制与监督公司的发展，而不是自己去驱动治理流程的实施。考虑到董事会主席在公司中的首要地位，他们有必要利用公私场合的每一个机会证明其对有效公司治理的承诺，通过榜样的领导胜过一千次演讲。在第5章会提供一个案例——董事会主席如何建立有效的董事会（英国苏格兰和南方能源公司（Scottish and Southern Energy plc））。

用开放而有效的方法运作董事会是为公司全体树立的最好的榜样之一。在董事会会议前应该做出周密安排，所有的董事都应该出席会议，除非发生了无法避免的、需要优先处理的事情。如果董事没有认真地出席董事会会议，员工就会认为他们出席董事会并不是一项需要承担的义务。旷工数据显示，私人公司因员工未经许可旷工而引起的损失每年超过10亿英镑，高层不能以身作则的代价是非常昂贵的。

董事会的领导还应该通过董事会成员之间的个人关系表现出来。太多的董事认为，对同事的攻击性行为会让他们显得强硬。实际上，这种行为会使董事会的议题转移，使董事会更难以在处理问题时达成一致。董事会主席的一个关键任务就是为涉及董事的会议确定基调——强调需要关注的议题；在讨论时，将个人感觉放在一边。这并不意味着董事会会议就没有争议，但争议应该是文明的，并集中在议题上，不是针对个人。

显然，董事会的领导需要建立和维持有效的公司治理所需要的体系，这一体系应该包含结构、流程、使它们有活力的文化以及建立长期的品牌价值。下面对这些要素做进一步地探索。

4.1.2 文化

文化是将人们联系在一起的共享的人生观。部落是按照共享的文化来划分的，它们的文化由共同遵守的价值观和信仰构成。在日常事务中，文化被认为是理所当然的，而且事实上是看不见的；在发生战争和竞争时，文化会很明显地表现出来。新西兰橄榄球队员跳的毛利族战舞就是有意用来震慑他们的对手的。

在一个公司，文化对确定公司特点的重要性犹如自豪感和军服之于军队。军队利用文化培养士兵对之无比的忠诚，这样，每个士兵都愿意为同伴献出生命。对于公司雇员就不能用这种无条件的忠诚来要求，然而这种忠诚在东印度公司及建立像壳牌和联合利华这样全球性的跨国公司时还会发挥作用的。在一个大多数雇员将自己看做是"自由职业者"，而将他们受雇于公司的服务看成是形成一份成功简历的必要阶段的时代，团队精神是很难建立和维持的。然而这类雇员在决定为哪家公司工作时是非常挑剔的，并且在选择时明显受到所关注公司的文化和声誉的影响。《财富》杂志每年都要调查最受雇员喜爱的公司。

公司如何形成其文化？从逻辑上看，一个公司的文化根植于其愿景、使命和价值观。"这就是我们想成为什么，我们打算如何实现它，以及这样做时我们共享的价值观是什么。"愿景说明公司最终想成为什么——"我们想成为世界旅行金融服务市场的领导者"。它的使命可能是到2050年占世界市场份额的X%，2030年占批发外汇交易市场份额的Y%，零售交易市场份额的Z%。因为愿景和使命都是长期规划，任何追求不可持续的快钱或者因为不择手段赢利而失去消费者信任的公司都注定会在不久的将来倒闭。只有公司的价值观才能帮助公司和消费者以及其他利益相关者建立信任关系，而且公司雇员的行为会强化这种信任，一个公司的文化在很大程度上可以用它的价值观与雇员行为之间的相互作用来定义。当公司文化嵌入公司的日常运作时，它可以创立巨大的商誉，就像西南航空公司那样。

如果愿景、使命和价值观是公司文化的根基，那么什么是它开出的花？公司的声誉就是公司的愿景、使命、价值观的互相作用之花。声誉的扩大是很慢的，但是，如果它的根能够不断地获得营养，就可以持久地开花。像任何植物一样，声誉也会受到疾病或外部的伤害。公司需要通过维持反映其价值观的行为，关注其使命和价值，坚持不懈地培育其声誉。这样就形成了一个公司的文化，而声誉是公司文化之花。

4.1.3 结构

结构是支撑公司运作的骨架或框架。它的基本体现就是公司的组织图，组织图列出了公司的各个组成部分，以及彼此之间的联系。传统的公司结构都表现为层级制，董事会在顶端，服务人员在底端。对文化的敏感使公司的组织图变成客户在顶端，为公司的服务所支持。不管组织图如何表现，每个公司都需要一个富有逻辑性且可理解的结构来支撑它的运作。

在治理中，结构是很重要的，因为它划分了组织的形状和边界，以及组织内部要素之间的联系。结构使个人能够找到自己在公司中的定位，确认他们之间的内部关系。借助岗位描述，结构使雇员知道自己要向谁负责，以及可以期望从谁那里获得支持。

一个公司有正式结构（部门、委员会等等）也有非正式结构（项目团队、特别委员会、支持小组等）。几乎没有公司能够熟练地绘出公司内部的非正式关系，它比组织图强加的正式关系要更有影响。就公司治理而言，这些关系不应该被忽略，公司有责任认识和监督它们。公司治理的挑战之一就是确认、监督非正式关系以及它对企业运作的影响模式。与非正式关系平行的还有"影子董事"，1985年的《公司法》已经覆盖了这些活动。在治理网络中，必须注意和限制那些没有权力却能够行使影响的人。

结构需要清晰、公开和一致，董事需要不断警惕"旧的西班牙习俗"或其他未经授权的扭曲责任的活动。另外需要关注的是互联网。正如全世界的独裁政府所知，互联网是不可能被有效控制的，而且它为所有的组织拓宽了广阔的新视野。公司治理不是一个支持独裁的程序，而互联网代表着对治理的一种新的、未经探索的挑战。有关这种危险的一个明显的例子是，职工为个人目的使用互联网，通常是色情，却忽略了他们的责任。从互联网下载的病毒可能使计算机系统瘫痪，还可能造成垃圾邮件泛滥。甚至更糟糕的是控制失误导致公司的系统被"黑"或者公司的文件被偷。有效的计算机系统是公司结构的关键部分，计算机系统的保护包括精确的操作协议以及使用者之间的责任文化。

一些人在管理公司时常常忽略了结构。结构好比铁路这样的基础设施，既规模庞大但又很平常，如同铁路可以让流动的车辆和行人放心使用一样。

在公司里，这种流动的车辆和行人主要是流程。

4.1.4 流程

流程驱动着公司并使之发挥作用，可以将流程看成是维持公司运行的生命线。大部分流程按照"稳定的状态"运行，这样按照运行的目的和方式可以使流程固定，直到修改和更新。然而流程可能会变形或退化，需要不断地保持警惕以避免这一危险。流程是公司采取行动达到目的的主要工具，因此，公司在运用流程时要给予它更多的重视和关注。

流程本质上是一系列步骤，它从收集与目的相关的数据开始，通过数据处理得出新的意义，最后得到一个与目的相关的结论。它更像几何学中的一个生成有用答案的过程——quod erat demonstrandum①（这需要予以证明），每个流程在形式、扩展和内容上可能大不相同，但它们都有明确的起点和得到结论的有效步骤。在原则上，流程通过合乎逻辑的运行得出结论，更像是科学方法。事实上，像科学方法一样，流程常常带有感情色彩——特别是当涉及拥护或者避免某个不合意的结果时。如果流程的基础——前提是有缺陷的，那么结果就可能是错的，希特勒就是一个扭曲逻辑的极端例子，通过选择性地歪曲相关的数据和获得数据的流程，使许多人在一种令人愉快的过程中被毁灭。流程是管理的基本工具，但公司治理需要警惕滥用流程的危险——尤其是在财务领域！

在管理企业中，流程的重要性反映在对管理流程过程的关注，外部管理者主要关注的是确保市场的稳定和竞争，内部管理主要关注确保控制。内部和外部管理都要求企业有着稳健的财务状况，而且它们的流程能够有效地使其保持这种稳健。大部分大公司通过内部审计和外部审计人员的评估监督流程。近年来的一系列的审计失败（世界通信公司、泰科国际等等），引发了对英国和美国相对放松管制的经济运行的关注。使用公司治理准则就是为了回应这种关注，尤其是要求保证风险管理控制（特恩布尔报告）。对大部分大公司来说，外部管制是随时都可能发生的——英国贸工部有检查权并在必要时行使，银行和其他金融服务公司要接受金融服务管理局（the Financial Services Authorty）的管制，大部分公用事业公司都要接受价格管制。

流程的无形压力之一是为业绩设立短期的目标。在极端的情况下，这可能导致流程被大规模颠覆，通常导致欺诈（择时交易、超出权限的交易等），

---

① 译者注：*quod erat demonstrandum* 是拉丁文，含义是："证毕"。

正如尼克·利森（Nick Leeson）毁灭巴林银行一样。英伦航空公司（British and Commonwealth）被销售人员摧毁——进行未授权出售或为得到佣金而重复交易。许多年来，这是普遍的做法：在年末向外部公司卖出多余的股票，然后当股票交割以及存货水平下降时再买回。诱导员工为了自己的绩效而改动流程的激励制度是弄巧成拙。如果目标基于长期结果，就较少纵容员工采取欺骗手段，员工也很难有时间进行欺骗；基于公司长期总体成果的激励，较少有破坏性和不公平，因为他们不鼓励个人去欺骗，使员工变得自律。

4.1.5 品牌

通过强有力的领导塑造一种以包容性价值观为基础的文化，并建立适合而稳定的结构和流程予以辅助，公司将会同时在其内部和外部建立自信和信任。自信和信任是声誉的构件，而声誉通常被概括为公司的品牌或一系列的产品品牌。

强有力的品牌需要多年的建设，品牌的基础是信任，建立信任需要持之以恒的公司治理。公司治理的关键任务即形成和维持能够反映公司信奉的价值观的行为。这种一致的行为是公司声誉的构件，而品牌只是公司声誉的外部符号。

在第 8 章将进一步讨论声誉。现在需要研究的是价值观与行为之间的相互作用，以及它对实施有效的公司治理的影响。正是在员工之间的互相影响中，公司实现了其目标；而员工之间的互相影响需要用共同的价值观引导，以便产生一致的行为和获得可持续的结果。为了达到目的，我们需要激活基本模型。

4.2 激活公司治理的基本模型

我们已经看到，董事会的基本责任是指导公司并确保公司能够不断地获得利润。这一过程的主要领导必须来自董事会，以平衡内部和外部责任，公司的所有部门都需要对董事会的领导做出回应，所有与公司相关的人员——无论是雇员还是利益相关者，都要为维护董事会的领导做贡献。激活和维持我们的基本模型需要做些什么？让我们用构造基本模型的事项来检验这一任务：领导、文化、结构、流程、品牌。

为了做到这一点，我们需要考虑公司的内部结构，以及在实现公司目的时外部利益相关者的作用。

4.2.1 领导

所有的雇员都有成为领导的潜力,因为每个人都有一些突出的才能。一些人是天生的组织者,领导特殊的利益集团;其他人是联络者并能影响他们的同僚。有意思的是,观察一群热心者,看到某人提出一个特殊问题,对这一问题他或者她是专家,然后在一个需要其他技巧的不同议题上让另一位同事来领略。大部分人在有资格和积极性被调动起来的情况下,喜欢采用这种领导方式——只是只有很少的公司愿意并能够利用这种智力财富。

一些年来,许多公司用多个专业团队来管理项目。当遇到必须解决的问题时,这种团队中的领导就由处理特定问题的特殊专家来承担,与此同时,整个项目仍然处于项目经理的控制之下。这一流程常被比喻成交响乐团的演奏,关键的独奏部分表现个人的技巧,而整体的表现由指挥整合。

互联网的发展为团队工作提供了很大的便利,特别是企业的内部网加速了知识的流动和交换,以及思想的交流,"聊天室"的使用成为建立团队协作和加快项目进度的有力工具,辉瑞(Pfizer)① 用这一方法加速新药的批准过程,"聊天室"还便于创意的交流,并有助于团队成员交替充当领导以推动项目的完成。

研讨班是另一种团队探索需要解决的问题、推动项目前进的有效工具,当研讨班有助于产生新思想和刺激开放式讨论时,它们能够鼓励团队"思考那些不可思议的问题"(think the unthinkable),并使参与者在其知识和经验所擅长的领域发挥领导作用。变革管理的成功方法之一是,通过一系列事先安排的专题讨论会将讨论的进程"串联"起来,并从上到下赢得组织对变革的支持,这种方法不仅能够推动自我变革,而且还能释放那些推动变革的人的领导潜力。

4.2.2 文化

我们已经看到,董事会负有塑造公司文化的基本责任。通过明确企业的使命以及为了完成使命而应该信奉的价值观去履行这一责任。人们时常发现,这些使命和价值观被定义在真空状态——它们只存在于纸上或墙上,并

---

① 译者注:辉瑞(Pfizer)是美国制药公司,世界著名的医药跨国公司。

没有形成公司的日常行为。价值观只能通过行为体现，如果要建立与众不同的文化，整个公司上下的行为都要一致。

检验信奉的价值观与实际行为之间是否一致的一种方法，是由一家伦理学顾问公司——杰勒德国际有限公司（Gerard International Limited）开发的。这一检验过程分成两个阶段：第一阶段，要求参与者对照一组由 14 种价值组构成的坐标和 7 种分级水平（在这样做的时候没有分类）描绘他们理想的行为模式；第二阶段，通过一种"两难选择"的游戏弄清他们对于一系列"现实生活"场景的反应。在附录 B 的案例研究中，我们将详细描述这一过程。

在第 3 章中，我们已经讨论了声誉的重要，以及如何形成和维护声誉。任何把好的公司治理嵌入到组织中的模式都必须满足建立可持续声誉的需要，并将之概括为客户偏好的品牌。声誉以一致因而可预测的行为为基础，通过调整行为与所信奉的价值观一致的工作，诸如使用与杰勒德国际有限公司类似的技术，通过组织文化的形式而强化。这要求所有的雇员，特别是董事以及其他可能的"模范角色"保持与组织的价值观一致，成功的主要标志是所有的雇员将自己看成是"公司治理良好"的员工，使自己认同所供职公司的独特文化，这更胜于穿一件制服（尽管这在某种情况下是有帮助的），就职于令外人羡慕的公司让人自豪，并意识到需要通过自己的行动维持公司的声誉。

在选择新员工时，有着卓著声誉的公司通常都比较挑剔。刚毕业的学生都愿意为英国石油或联合利华工作，而不愿为那些需要新员工但却不那么出名的公司工作。建立一种有深厚底蕴的文化并确保她会不断厚积、久远，将会使公司成为吸引最有才能的新人的吸铁石。有一些求职者比较唯利是图，只求高薪，只能做"雇工"；这种人不是能建设可持续声誉的员工，但是，如果控制得当，可以使他们在关注自己"口袋"的同时为公司增加价值。对公司声誉真正重要的是——伦敦城中的"明星"制度可能是非常有害的，特别是当内部邮件被披露的时候（亨利·布洛杰特（Henry Blodget）等[1]）。聪明的公司会招募各种个性类型的员工（像贝尔宾（Belbin）和迈尔斯-布里格斯（Myers-Briggs）），以便在新员工之间培养创造性互动。如果新员工只是现有领导人的复制品，那么只能永远地复制过去，会阻碍公司为了未来

---

[1] 译者注：亨利·布洛杰特（Henry Blodget）现任 Cherry Hill 研究组织和咨询公司的主席。在 1996—2001 年，他曾是 Oppenheimer & Company 和美林证券公司的主管和高级分析师，并被 Institutional Investor 和其他第三方组织聘为华尔街首席互联网分析师。

而变革。公司是微型社会，需要在招收新员工时培育多样性以检验和更新企业的文化。这并不意味着公司需要对社会的不正常予以反映——那些杰出公司的优异绩效会有助于政府处理这些社会问题。

组织中的文化必须反映组织的目的和重点。一支军队的体制要精确地反映其提供有效防卫的需要。大部分公司的目的是创造财富，重点是为了股东，但是同时也是为了支持成功的企业利益相关者。企业通过其使命（它所服务的市场以及它所提供的产品和服务）实现目的，但是，它的主要关注点是赢利。这意味着，成功公司的文化必须是管理得很好而且有效率的。聪明的公司建立一种开放而友好的文化，这种文化使业务往来中的各方能够互相尊重。与业务关联方建立这种关系是良好公司治理的一部分。

文化的核心作用是决定奖惩系统，激励员工。这一问题成为公司治理中众所周知的争论之一，这是由于那些明显贪婪而且不公平的董事薪酬的案例引起了公众的普遍关注。这一问题反映出某些执行董事操纵市场，而这种操纵行为常常获得其他公司执行董事的支持，因为他们作为非执行董事正坐在董事会的薪酬委员会中。希格斯委员会的一个关键议题就是如何应对执行董事在许多董事会中占据主导地位，希格斯委员会继续施压要求执行董事的薪酬与公司其他员工的薪酬相称。贪婪的文化是分裂性的且无法持久，因为它不会得到有效的支持。董事会需要对贪婪的腐败效应保持警觉，股东也需要积极阻止对公司的抢劫行为，就像最近在桑斯博里公司（Sainsbury）发生的那样。薪酬必须与公司目标的完成状况、股东和其他利益相关者的收益相称，必须能够持久。

文化反映了人类互相作用的方式，并为人类互相作用的目的所塑造。同样，市场是置身其中的所有成员发生的交易总和，公司在实现其目的的过程中所发生的内部和外部人际关系塑造了公司的文化。一种企业家文化能吸引有创造性而且是非传统的员工——广告行业就是一个很好的例子。"对冲基金"的经营者比传统的基金经理更加大胆、有特色。另一个极端是，公务员在一套由政治导师和前辈所设立的正式和非正式的限制下工作，这使他们的文化是防御性的，并且尊奉习俗。对大部分企业来说，文化是日常关系和决策的检验标准——你看不见它，但却能处处感受到它。

4.2.3 机构

人体的结构大部分是不活跃的，结构中的大部分是骨头，但人体的骨骼是支持器官和生命过程的基本平台。公司的机构同样是为了支持公司运作和流程，因此，也需要提供一张向导图。

一个组织的结构刚性和密度因组织的性质而异，为了符合政府职责的要求，政府服务在传统上有着严格而正规的机构。要求公务员对市民以一致且规范的方式执行政策。这要求设置正式且密集的机构以便在固定的基础上满足变化的需求。另外一个极端是虚拟组织，从组织图或建筑物的角度看，很少甚至没有机构，但是，一旦机遇出现，它就能够组建团队抓住机遇。网络的扩大便利了虚拟组织的建立和运行，例如 SAMI 咨询，与圣·安德鲁斯（St Andrews）大学联系的顾问公司，它由学院里一些有独立见解的研究员组成，这些研究员组成特别团队和客户一起工作。

对于大部分公司来说，机构包含一个或一组场所，在这些场所中，员工在其中的一个部门（处、部门、分支机构，等等）里工作。机构可以使公司的外部人员找到业务部门，业务部门也可以有效地与外部人员打交道。机构应该是有地址可以查找的，并能够回应客户和其他人员的需求。一些公司如旅行代理和保险经纪，通过电话和网络而不是实体分支机构开发业务，这种偏离分支机构的趋势似乎已经停止，因为企业发现，许多客户喜欢和真实的人做生意。大部分企业现在只是将电话和网络联系作为实体机构的替代渠道。

机构的含义对于公司治理来说是值得关注的。机构支撑公司的运行和流程，要做到这一点，机构必须足够强大。高度资本化和流程密集的公司通常比以知识为基础的企业需要更加稳健的机构，尽管后者依赖复杂的 IT 系统。公司治理的一个关键就是保护公司的基础设施不受欺诈和外部袭击，例如黑客。像帕玛拉特公司这样看上去机构很好的集团就是被内部的欺诈所摧毁的，由黑客造成的损害通常被公司隐瞒，因此可以肯定，对黑客的破坏是记录不足的。有效实施特恩布尔报告所提出的建议可能是保护机构的关键措施，但如果要很好地保护机构则要求比大多数承诺实现这一任务的公司有更大的想象力和远见。对任何组织来说，在本质上它是一个灾难恢复计划，犹如一场大火之后，这有助于弄清楚保护其机构的首要手段。

4.2.4 流程

如果说保护机构对组织来说非常重要，那么流程的形成和培育就是公司名副其实的生命线，即使是虚拟组织也需要流程的驱动。组织在流程方面面临着什么样的治理问题？

第一个关键问题是保证流程是"适合目的"的。太多的公司在没有对其目的进行基本的评估、在无法确定其能否实现目的的情况下，从其他地方复制流程。太多的咨询顾问提供一般化的流程，却不能改变这些流程以适应客户的需要。像计算机程序一样，流程可以被有目的的改动或者量身定做。量身定做的流程通常更昂贵，但如果设计得好，会更有效率，更便于使用，并更容易适应变化。流程的设计和控制对任何公司来说都是一项关键职责，但是，太多的公司却将这一职责留给咨询顾问，让咨询顾问设计公司的流程，因此无法做到"适合目的"。因为它们并没有彻底弄清楚流程的功能，也无法得到能够有效地对流程进行维护和修改所需要的知识。组织应该将流程作为执行特恩布尔报告的一个关键维度，并形成设计和维护流程的内部竞争力。

对于公司而言，流程维护是第二个关键的治理问题。流程是有生命力的，要求不断地对其关注和照顾。在20世纪早期，流程的重要性已经为泰勒（Taylor）和其他人所做的作业研究所认识，起初是研究工厂的流程，然后是研究职员的运作。工作研究不仅是为了提高生产率，而且还具有保护其所新开发流程的完整性的作用。随着计算机技术的更新和经营的分散，许多组织已经失去了早期工作研究所拥有的严谨气质，特恩布尔报告的要求再次提供了赢得控制内部流程的机会。

"开放式运行"（open computing）增加了计算机感染病毒和"蠕虫"的危险，还有不断增加的"黑客"活动，不论其目的是为了犯罪还是破坏，都增加了对流程进行培育和维护的需求。"黑客"活动不但会损害流程运行所依赖的业务记录，还会损害流程。大部分组织依靠内部审计发现和更正流程所受到的伤害。好的公司治理要求用一种更加前瞻性的方法建设稳健的流程，以防止出现类似的风险，并对流程进行改造以适应环境的变化，如果这一工作与持续提高生产率的研究相结合，就可以证明建立"组织和方法"职能新模式的合理性。在瞬息万变的现代背景下，重新回归泰勒原则，这一方法是对通过"瘦身"提高生产效率的显著改进，它还可以通过加强内部控制提高生产率。

4.2.5 品牌

建立品牌是长期的任务并要求持续地承诺。如果一个公司的治理系统既稳固又着眼长远，所有利益相关者之间的信任和信心就会不断成长，公司的声誉也会随之增长。然而，要将好的声誉转变为在市场上拥有优势地位的品牌，还需要采取更多的特殊行动。

品牌的培育和开发在传统上被视为营销的责任。因此将品牌宣传的注意力放在客户身上，无论是发展品牌认同，还是建立品牌偏好，都是如此。结果，许多公司只关注产品品牌，如利普顿①（Lipton），而不是公司的品牌，如联合利华。消费者也是如此，他们认同的是黑牌威士忌（又称尊尼获加，Johnny Walker）而不是帝亚吉欧集团公司。另一些公司则将它们的产品品牌融合于公司品牌，如雀巢（Nestle）。产品品牌与公司治理之间的联系常常是很脆弱的。为了某种程度上强化两者之间的联系，联合利华将它的产品品牌组合从1600种减少到400种，以期寻求消费者对公司品牌的更大认同。

不断增长的公共责任需求驱动着公司品牌的提升。消费者现在更加老于世故——能够识别鸽牌（Dove）肥皂与联合利华之间的联系，雀巢不断地将区域障碍与其婴儿奶粉联系起来。在竞争日趋激烈的市场上，消费者只承认世界级公司生产的产品品牌是优秀的。消费者对这些公司在世界市场上的行为也更加敏感，如对耐克（Nike）在第三世界雇佣童工的批评。

许多公司将品牌创造视为其治理活动的产出，而不是其实现更好治理的驱动力。少数公司——如英国石油——利用公司治理实现其与竞争者的差异化。英国石油把强调公司的社会责任作为区别于埃克森美孚②（Exxon Mobil）的一个关键特色。帝亚吉欧集团公司关注公司治理（见第5章），以便建立区别于酒精饮料行业里的其他企业的品牌价值。然而，大部分公司对成为4好富时指数中的著名企业的关注程度要低于为股东创造的价值。许多这样的公司将公司治理看成是公司实现跨越的外部障碍，而不是利用利益相关者之间的信任创造股东价值的经营方式，许多这样的公司都生存在对下一个伤害其品牌价值的意外事件的恐惧之中。在壳牌之后，下一个企业是谁？

公司如何利用品牌的净资产强化公司治理？英国石油给出了达到这一目的的方法：通过改变公司标识，突出"超出石油之外"的公司形象。与此同时，在新的背景下，巩固和强化品牌价值，更多地强调由"最先进"（state of the art）的公司治理所支撑的公司社会责任，设法使BP远超同类公

---

① 译者注：利普顿（Lipton，1850—1931），英国商人，经营小食品店起家，创办茶叶企业，在英国开办其他商店，在锡兰经营茶叶、咖啡和可可种植园，成立利普顿公司（1898）。"Lipton"现在是茶叶等饮料商品的品牌。

② 译者注：埃克森美孚（Exxon Mobil，NYSE：XOM）是全世界第一大石油企业，其总部设于德克萨斯州。该公司前身分别为埃克森和美孚，于1999年11月30日合并重组。该公司也是埃克森、美孚及埃索全球分公司的母公司。此外，埃克森美孚与壳牌、BP（英国石油）及道达尔同为全球四大原油公司。该企业在2007年度《财富》全球最大五百家公司排名中名列第二位。

司。英国石油试图建立一个特级品牌,并通过在与之交往的人们中间享有无可匹敌的声誉来维持这一品牌。在市场上,很少有公司能够形成超过英国石油的信任度,英国石油享有创建股东价值和社会责任的声誉。石油公司在环境问题上(还有一些公司在贸易伦理上)是非常脆弱的,但英国石油到目前为止一直保持着"特富龙"(teflon)的形象。① 在第5章中,我们将简单介绍英国石油从20世纪90年代开始的多元兼并活动。

普拉兰哈德(C. K. Pralahad)在其新书《金字塔底端的财富:通过赢利来根除贫困》(*The Fortune at the Bottom of the Pyramid*:*Eradicating Poverty through Profits*,Wharton School,2004)中提出了新奇的创立品牌资产的方法。他建议,企业不要集中在有限的富裕人口,而是将注意力集中在"金字塔底端"的大量潜在消费者。这要求一种全新的心态,待开发的产品要满足想消费的穷人的需求。许多年来,联合利华都是一袋一袋地出售洗发香波,"金字塔底端"的市场是由无穷大的小单位销量构成的(非常像第二次世界大战前的先驱伍尔沃思(Woolworth)开设的3d和6d商店),开发这种市场是一项艰巨的任务,不但要克服官僚主义和腐败,还要正视穷人消费者的怀疑。如果他们相信,作为消费者是被认真对待的,并且可以像企业家那样开始生活,他们不是社会的牺牲品,那么这种商誉的开发代表着规模上前所未有的品牌价值。

4.3 完善公司治理模式

我们已从一些关键方面审视了公司治理的实施。所有这些都必须服从公司治理的流程,需要对它们之间的相互作用进行严格整合以便产生整体的系统效果。系统还需要定期接受独立检查以确保符合或超过最佳水平。

许多公司为了能够根据综合准则报告公司业绩,以及在社会和环境责任上满足公共期望,做出了特殊的安排。一些公司,如帝亚吉欧集团公司,采取了"合规"方法,寻求先通过达到标准来改变态度和行为,并花时间有目的地建立能够培育信任和合作的文化,这种方法要求同时满足公司的内部支持者和与公司相互影响的外部方的要求(帝亚吉欧集团公司制度的具体细节见第5章)。

其他公司采取的方法是关注企业的所有利益相关者,并积极地与他们建

---

① 译者注:特富龙,即聚四氟乙烯,一种非粘性涂料。

立联系。这种方法的先驱是英国电话公司，它设立了公司治理董事一职，以便扫清前进的障碍（见拙著《公司治理的战略方法》，第169页），目前，这一创新已发展成为通过公司的社会责任建立利益相关者价值的项目。另一个利益相关者关注的方法是由BAA公司的董事会主席约翰·伊根爵士为了获得对希思罗机场（Heathrow Airport）扩张的支持而率先提出的，在他的著作（与德斯·威尔逊（Des Wilsonh）合作，《私人企业——公共的战场》，Palgrave，2002）中，详细描述了这一方法。利益相关者价值模式是由强生公司（Johnson & Johnson）[①]建立的，严格遵循1938—1963年由领导该公司的罗伯特·伍德·约翰逊（Robert Wood Johnson）制定的"信条"或价值判断。这种"信条"目前已经深入公司的日常运作中，成为公司所有决策大而分散的业务的检验标准，附录C是这一"信条"的副本。有趣的是，约翰·伊根爵士常常用公司的使命陈述检验他重大决策。两者都确保了一致性和可预测性。

4.3.1 分配权力

组织通过权力分配来运转。在许多小公司中，权力是集中的，常常在一人手中，只是在特定情形的要求下才进行授权。缺乏授权使这样的公司很难招募到有才干的新人。这样，公司的成长（甚至是生存）能力受到限制，并潜伏着危机。这一限制是许多家族企业缓慢衰落的原因之一，也是世界通信公司（WorldCom）和威望迪公司（Vivendi）这样被个人支配的大公司迅速失败的重要原因[②]。

在一个竞争日益加剧、不断变化的世界里，大部分公司发现，需要将权力下放到那些能够产生利润和增长的地方。大部分经营决策需要快速做出，而这些决策很少使公司面临风险。许多战略决策可以授权给非常熟悉公司战略的执行人员，并根据公司战略来检验他们。通过下放权力，并对授予的权力划出清晰的界线，大部分企业能够利用骨干员工的创意和技巧扩展市场份额，增加利润。这一过程需要共同的价值观予以支撑，以便确保行为的一致性，以及对企业福利的关注。

[①] 译者注：强生公司（Johnson & Johnson），美国企业，世界最大的综合性医药保健公司之一。成立于1886年。

[②] 译者注：世界通信公司（WorldCom），美国第二大长途电话公司、电信行业的"巨无霸"。在2001—2002年的5个季度中虚报了38亿美元的利润，成为当时美国历史上最大的公司财务欺诈案。威望迪（Vivendi）是法国媒体和电信集团，全球最大的音乐发行公司之一。

公司的董事要对公司的发展方向负责,因而需要掌握完成这一任务所必需的权力,他们主要对公司以及股东负责。现代观点认为,董事不是股东的简单代理人,否则他们的每一个行动都需要得到股东的批准——代理人是不能将权力委托给其他人的。他们有权做认为合适的事,但是对公司所有者负有责任;他们是为了公司的利益向其他人授权,除非制定了明确的条款,否则这一授权是没有限制的。这种除了特殊限制之外的行动能力有授权与许可的差别。授权可以释放许可所限制的创造性和动力,授权使现代经济的戏剧性增长成为可能;然而授权的效果取决于公正和接受权力者的个人品质。最近的商业丑闻提醒我们,需要小心地授权,并对我们授权的人予以支持。在第5章的一个关于卡锋·威尔豪斯(Carphone Warehouse)的案例研究就显示了通过授权实现的戏剧性结果[①]。

4.3.2 发展公司治理系统

太多的公司将公司治理看成是一项为了让股票交易所和股东满意而必须做的一件事,因为后者为了保护股票价值希望确保公司治理准则受到了尊重。还有许多公司将公司治理作为一种公共关系的工具,并对它们承担的社会和环境责任发表特别报告。安然的公司治理报告可谓是一个典范,但是正如我们已经知道的那样,它只是一个"伪君子"。

遵守综合准则只是实施公司治理的第一步。全面的实施要包括公司的所有部分,还有涉及面更广的外部利益相关者。要做到这点,要期望公司治理系统像管理系统那样无孔不入,还要辅之以全面的训练以确保一致性。公司治理系统应该是战略和运营的中心,而不是装饰以遮掩其缺陷,但是,很少有公司在这一实践上获得显著的进展。

公司如何才能建立一个公司治理系统——在董事会会议室以外、直至公司影响所及的整个区域?但是,即使是在公司范围内,也没有得到很好地服从。此外,与外部利益相关者的合作也有待改善。在某一层次上,遵守公司的治理体制可能会与为获得经济利益而付出代价的基本原则相冲突。即使合规产生财务上的收益,也无法超过既没有冲突而又获得经济上的成功的收益。就企业经营而言,做得好远不如赚钱重要。

---

① 译者注:卡锋·威尔豪斯集团公司,成立于1989年,已经发展成为在比利时、法国、爱尔兰、荷兰、西班牙、瑞典和英国等欧洲国家处于领先地位的移动电话零售商。它拥有的880多家零售商店遍布14个欧洲国家。以下简称CW集团公司。

企业经营包含为了取得成果而进行合作。合作的成果应该在一致同意的基础上分享，如果没有合作，就不可能有成果来分享，有时产生和维持合作的原因不仅仅是期望赢利。笔者相信，对大多数人来说，共享的价值观建立了合作所需要的信任。价值观是维持所有成功的公司治理系统的通货。

4.3.3 价值观

在前面的章节中，我们探讨了伦理和原则，也了解它们是如何处于人际关系和公司治理的核心位置，并知道公司是如何用使命陈述来规定其目的，且通常同时明确了他们所期望的员工在实现该使命陈述时所信奉的价值观。强生公司的"信条"（见附录C）是使命与价值观的结合。一些像威廉·莫里斯超市这样的公司有着朴实无华的价值观和直率的使命：

- 我们的宗旨是提供物超所值的商品、无与伦比的客户服务以及一次愉快的购物体验。
- 我们以实事求是的零售方式出名，喜欢坦率地推销而回避天花乱坠的广告促销手段，在奉献诚实、良好品质方面是一致的和可靠的。
- 威廉·莫里斯超市永远遵守的使命是——百分百最好。

其他公司有着更广泛的价值观。表4.1显示了通用汽车公司（Genral Motors）的价值观，它不像威廉·莫里斯超市的价值观那样明确。表4.2是明尼苏达矿业及制造公司（3M公司）的价值观[①]，它更像是销售说明书而不是一组价值观。表4.3是家得宝公司[②]（Home Depot）的一组价值观，它既考虑到社区方面又考虑到公司方面。表4.4是洛克希德·马丁公司（Lockheed Martin）[③]的价值陈述，"设立标准"，它的基调是抱负远大，并

[①] 译者注：3M（Minnesota Mining & Mfg.）公司，全称明尼苏达矿业及制造公司，成立于1902年，总部位于美国明尼苏达州首府圣保罗市，是世界著名的产品多元化跨国企业。素以产品种类繁多、锐意创新而著称于世。成立至今，它开发生产的优质产品多达5万种，服务于通信、交通、工业、汽车、航天、航空、电子、电气、医疗、建筑、文教办公及日用消费等诸多领域。3M公司为道·琼斯30种工业股之一。

[②] 译者注：家得宝公司（英语：The Home Depot；NYSE：HD）成立于1978年，是全球最大的家具建材零售商，美国第二大的零售商。家得宝销售各类建筑材料、家居用品和草坪花园产品，而且提供各类相关服务。

[③] 译者注：洛克希德·马丁是一家美国航空航天制造商，于1995年由洛克希德公司和马丁·玛丽埃塔公司合并而成。目前洛克希德·马丁的总部位于马里兰州蒙哥马利县的贝塞斯达。

关注使企业成功的人际关系。值得注意的是,最重要的价值是"伦理",它为其他价值设定了基调并使它们不像是"销售广告"。在检查了上述公司以及相当数量的其他公司的价值观陈述之后发现,强生公司的"信条"最令人信服。这一"信条"还经历了1982年泰诺①(Tylenol)危机,以及1986年产品被掺入了通常是谋杀武器的氢化物的严峻考验,通过不计成本地将所有的存货撤离货架,强生保住了未来的声誉。

表 4.1　　　　　　　　通用汽车公司的核心价值观

通用汽车公司为公司的行为定义了六个核心价值:

- 持续进步
- 热心对待客户
- 创新
- 正直
- 团队工作
- 尊重个人和责任感

这些价值观是所有通用汽车公司员工从事日常业务的行为基础,并且是通用汽车公司员工行为指南——《正直的赢,我们的价值观和员工的行为指南》(简称《正直的赢指南》)的基础,这些指南证实了通用汽车公司对正直的承诺:包括个人的正直,在工作场所的正直,在市场上的正直,以及在社会和社区中的正直。

1999年5月,通用汽车公司宣布支持全球苏利文准则(Global Sulivan Principles),因为它与通用汽车公司的包括《正直的赢指南》在内的内部政策和原则一致,全球苏利文准则由里维恩德·利昂·H. 苏利文(Reverend Leon H. Sullivan)提出,起源于1977年的南非苏利文准则,在诸如人权、工人权利、环境、社区关系、供应商关系和公平竞争等核心议题上为全球公司提供了指南。

---

① 译者注:泰诺(Tylenol)是美国强生公司旗下的麦克尼尔公司生产的一种镇痛剂。2006年7月,美国研究人员发表研究报告说,一组健康成年人连续两周服用最大剂量的畅销止痛药"泰诺"后,肝脏检查表现异常。美联社说,这引发了担忧:即使按照处方剂量服用"泰诺",也可能造成肝脏损伤。事后,麦克尼尔公司说,他们曾对大剂量服用者进行了长期跟踪观察,但研究对象在检查中出现肝脏异常的比例却低很多。"泰诺"的网站上称该药仍是安全可信的:"不要因为看了近期的新闻报道而停用止痛药。到目前为止,在医生指导下使用'泰诺'比使用其他任何缓解疼痛的药物都要安全。"据美联社报道,这项对"泰诺"的研究是由另一家制药公司Purdue Pharma资助的,该公司生产另一种止痛药氧可酮(OxyContin)。

表 4.2　明尼苏达矿业及制造公司的价值观

公司价值观和可持续性

明尼苏达矿业及制造公司的可持续性政策和实践直接与我们基本的公司价值相联系：

- 用出众的质量和价值使我们的客户满意
- 通过可持续的、高质量的增长向投资者提供有吸引力的回报
- 尊重我们的社会和物质环境
- 一个雇员乐于成为其中一员的公司

表 4.3　家得宝公司的价值观

家得宝公司的价值观

伙伴是家得宝公司成功的中心，我们的价值观是公司结构的一部分，价值观是不会随时间改变的信仰。它是我们所信仰、所做的，支配着我们的日常决策，它是家得宝公司所建立的框架原则和标准，家得宝公司独特的文化建立在合作、奉献和对"奥兰基血统"（orange-blooded）企业精神的信奉上。

1. 关心我们的员工：我们成功的关键是善待我们的员工。我们鼓励员工公开发表意见和承担风险，认同和奖励良好的业绩，对员工进行指导和培养，使他们成长。

2. 回报我们的社区：家得宝公司结构的重要部分是向我们的社区和社会上那些值得投入的事业贡献时间、人才、能量和资源。

3. 做正确的事：我们通过"做正确的事"而不是仅仅"将事情做好"来发挥良好的判断力，努力了解决策的影响，并为我们的行为承担责任。

4. 卓越的客户服务：除了向客户提供的合格产品、服务、价格和选择之外，我们还要给予客户关于商品的参考性知识以便他们能够从最大利益角度使用这些产品。

5. 创造股东价值：投资者提供了公司成长所必需的资本，希望他们的投资得到回报。我们承诺提供这份回报。

6. 建立有力的关系：有力的关系建立在信任、诚实和正直的基础上。我们聆听并回应客户、合作方、社区和卖主的需要，像伙伴一样对待他们。

7. 企业家精神：家得宝公司鼓励同仁通过用有创意的方法服务客户，改进业务，并在全公司范围内推广最佳实践。

8. 尊重所有人：为了保持成功，我们的员工必须在一种互相尊重、不受歧视和折磨的环境里工作，每个员工都应被认为是家得宝公司团队的一部分。

表 4.4　　　　　　洛克希德·马丁公司的价值陈述

公司价值陈述

　　我们的价值陈述——"设立标准"
　　这些标准引导、激励我们的所有行动，并使我们成为一个杰出的公司。

- 伦理
- 卓越
- 能做
- 正直
- 员工
- 团队

　　伦理：我们要熟知适用于我们的全球业务的那些管制、规则和合规问题，要将这些知识应用到作为洛克希德·马丁公司的负责任员工的行为上，对所有我们做的事都要坚持最高的伦理行为标准。

　　卓越：追求卓越业绩浸透了洛克希德·马丁公司的每个行动。即使客户完全满意，我们还要超越挑战性的承诺。通过先进的新工艺、创新性的制造技术、不断加强的客户服务、激励性的管理，以及在整个组织内部实施最佳实践活动来证明我们的领导力，我们每个人都通过对洛克希德·马丁的核心目标的贡献成为领导者。

　　能做：我们通过对每项任务的积极态度、"能做"（can-do）的精神以及永无止境地提高个人最佳水准的决心，证明个人的领导力；我们积极追求新的业务，决心用一种创新、果断和积极的态度为我们的客户增加价值；用我们的能力、力量和速度热情地回应每一个新的机会和新的挑战。

　　正直：我们每个人都会将个人价值带到工作场所。它会引导我们实现对客户、供应商、同事和其他与我们打交道的人的承诺。我们拥抱真诚和信任，并用尊严和尊重对待每一个人——就像我们希望他人如何对待自己一样。

　　员工：杰出的员工让洛克希德·马丁公司独一无二，在快速变化的市场上获得成功要求我们无论是作为个人还是作为组织都要不断地学习和成长。我们要通过个人主动和组织资助的教育和培训项目，以及挑战性的工作和不断增长的机会实现终身学习。

　　团队：通过关注团队目标，个人和企业都增加了创造性、才能和贡献。我们的团队对行动集体负责，分享信任和领导力，欣然接受多样性，并为谨慎的冒险行为承担责任。当我们作为一个团队获胜时，每个人都获得了成功。

4.3.4 利益相关者

公司与许多利益相关者在商业上有着密切的关系，对于关键的利益相关者，它们需要建立人际关系。公司治理的一个关键任务是识别利益相关者，并根据它们对公司业务的重要性进行排序。较为有用的是绘制利益相关者和公司的关系图，并捕捉彼此之间以及与非利益相关者如竞争者、媒体等之间的所有相互关系。这有助于了解每个利益相关者与公司之间的关系强度。这张图还可以识别潜在的关系——例如，在市场上的竞争者有可能在另一种情形下成为理想的合作伙伴；又如，BAE系统公司和泰雷兹公司（Thales）[①]是激烈的竞争者，但在为皇家海军建造新型航空母舰时，又变成了合作伙伴。

现代生活的复杂性正产生更加富有弹性的关系，为了获得规模经济和最大的效益，公司对共享供应链的需求不断增长。物流公司不得不处理多个竞争者每天的交易秘密，公平地与客户交易。商业关系不仅变得越来越复杂，而且越来越不稳定。结果是，公司需要对关系予以更大的、持续的关注，营销部门设立客户经理已经好多年了，其他关键的关系需要同样个性化的处理，一个供应链不仅是一系列重要的连接，而且是不断变化以适应改变了的环境的生命体，供应链的所有参与者都要比过去更加努力地工作和合作，以使之更有竞争力。

产业间自愿商业标准协会（Voluntary Interindustry Commerce Standards Association）将"协作"这一概念引入整个系统，这一系统以"协作性计划、预测和补充"为题，并涉及诸如沃尔玛、朗讯科技（Lucent Technologies）、莎莉集团（Sara Lee）、华纳－兰伯特（Warner Lambert）和SAP这样的公司[②]，它开发了许多有特点的流程模型：

- 是开放的，但是保证稳固的交流。
- 对整个产业都有弹性。

---

① 译者注：泰雷兹公司（Thales）是一家全球性的电子公司，同时也是欧洲最大的军事电子厂商，一个多世纪前创建于法国。

② 译者注：朗讯科技（Lucent Technologies），世界最大的电信设备制造商。莎莉集团（Sara Lee），美国企业，创办于1939年，主营食品、饮料及杂货、个人消费品及家庭和个人护理用品，是世界500强之一。华纳－勃兰特（Warner Lambert），美国著名制药企业，世界500强之一。SAP公司成立于1972年，总部位于德国沃尔多夫市，是全球最大的企业管理软件及协同商务解决方案供应商、全球第三大独立软件供应商。

- 对所有的供应链流程都可以扩充。
- 支持一系列广泛的要求（内部运作能力、新的数据类型等）。

在食品杂货之类的特殊零售行业，类似的供应链合作已经形成并覆盖全球。大部分参与者将这一工具用于普通类型的业务，更加特别的产品可能不适合合作供应链，关键业务进入合作供应链之前，则需要培育信任关系。

企业合作还以其他方式展开。制造扩展伙伴（Manufacturing Extension Partnership）是一个咨询中心网络，它以非营利的方式与美国的小型制造企业合作，解决范围广泛的问题。英国的贸工部（DTI）也提供一些类似的服务。合作便利了学习，并建立了未来的联系。在互联网上有无数的服务提供者，它们没有质量控制，因而对许多公司来说并不适用。通过合作或"俱乐部"在一起工作，而不是外部顾问提出解决问题的模式来形成伙伴关系。

探索诸如上述提到的新方法，对于扩展公司的利益相关者网络以及建立公司的知识银行来说都是非常有益的。利益相关者关系是非常宝贵的，为了维持和发展与它们的业务关系，公司需要持续关注它们，引入新的关系，放弃过时的关系。

4.3.5 声誉管理

在第3章中，我们已经了解了建立和维护公司声誉的重要性，在本章的前一部分我们还审视了品牌管理。由于建立和维护公司的声誉涉及公司所有的雇员和利益相关者，因此声誉管理流程需要整合到公司的治理体系中，这可以通过以下几种方式做到：

（1）在根据特恩布尔报告的要求进行报告时关注声誉风险问题。
（2）建立一套可用于公司内外部关系的共同价值观，并对之进行监督（见前文）。
（3）将全部薪酬体系首先与团体目标的完成情况、其次与个人业绩相联系（见前文的文化）。
（4）从声誉管理的所有工作中提取能够像品牌那样被设计和培养的精华（见前文）。

董事会承担声誉管理的责任，这个问题必须予以经常性检查。大部分董事会会任命一位官员，通常是公司秘书或公司治理董事（如果有的话），授权他们处理具体的工作。但是，这种授权并不能免除董事们对保护和建立公司声誉的个人责任。

声誉管理可能被当成合规问题（满足特恩布尔报告的要求）来处理，重点放在防止或处理危机、诉讼、投诉和媒体批评上。这种方法应对了不利局势，但对形成积极影响则无所作为。声誉管理应该集中于建立和维持一个较好的声誉并用最好的榜样作为公司的基准。许多公司追随《财富》评定的"全球最令人敬佩的公司"、"100家最适合工作的公司"、"美国最令人敬佩的公司"（www.fortune.com），这类排名还有很多来源，包括"声誉协会"（Reputation Institute）（www.reputationinstitute.com）、MORI研究所（MORI Research）（www.mori.com）、哈里斯互动（Harris Interactive）（www.harrisinteractive.com）和曼彻斯特商学院公司声誉研究所（Manchester Business School Corporate Reputation Institute）（www.mbs.ac.uk），其他来源包括主要的顾问公司和保险经纪人，如怡安保险集团①（Aon）、怡和保险顾问集团有限公司②（Jardine Lloyd Thompson）。为了确立一种排名的方法，必须识别公司所服务的部门声誉的要素（质量、服务、创新、员工态度，等等），以及各要素的相对关系，这就为公司的排名设立了基准，并据此评出最佳公司。排名应该由一个像MORI这样的独立机构来完成以保证它们是一致的和无偏的。另外，比较有用的是对客户或潜在客户进行独立调查，以增加新的声誉要素，这将有助于使公司的行为符合公众的要求，并使排名更有竞争性。笔者怀疑客户是否会投票给那些影响和毁灭公司声誉的呼叫中心？

2000年，福布伦（Fombrun）、加德伯格（Gardberg）和塞弗（Sever）在《品牌管理杂志》上发表了一篇文章，指出了声誉的几个关键特征（通过关注一组样本）：

(1) 熟悉：对公司或它的产品非常了解。
(2) 创造价值：生产高质量的产品，物有所值。
(3) 经营能力：经营良好，有效率和生产力。
(4) 企业公民：关心员工/社区。

---

① 译者注：怡安保险（集团）公司（Aon Corporation）是总部位于美国芝加哥的综合性保险集团，业务集保险经纪、咨询和承保于一体，在全球占有30%左右的市场份额，为世界第二大保险集团。

② 译者注：怡和保险顾问集团有限公司（Jardine Lloyd Thompson Group PLC.）是英国及欧洲最大的保险经纪公司，亦是世界前六大的保险经纪人公司之一。

（5）业绩：有着确凿的、连续的记录，资产利用情况良好。

（6）领导/管理：有一位视野开阔、传播价值观的首席执行官。

（7）吸引力：受利益相关者欢迎，是值得工作的好公司。

（8）信用：值得信任，说到做到。

有趣的是，"易于打交道"没有被重点强调——也许对呼叫中心的幻灭就是从 2000 年开始的！尽管这些特点并不令人惊奇，但它们可以为公司排序提供基础，如果能够找到一些还没提到或没想到的特征会更有用。培育其中诸如创新之类的新特征，可以使公司增加竞争优势。像明尼苏达矿业及制造公司和利洁时这样的公司就是由创新驱动的。在"声誉管理是非常重要"的前提下，还将探索这一领域的开拓者——MORI 公司声誉中心的领导人斯图尔特·刘易斯（Stewart Lewis）的观点（见第 7 章）。

4.4 总 结

我们已经讨论了如何建立公司治理体系，以及如何管理它，将之落实到公司运作的各个部分以及利益相关者上，这一体系有几个关键要点：

● 得到董事会及其相关委员会（特别是审计委员会）的充分而持续的支持。

● 任命一位高级管理人员（公司秘书、公司治理董事、执行董事等）来驱动和控制这一系统。

● 对最优实践的独立咨询，如果能定期对系统的工作情况进行独立检查就更为理想。

● 建立报告制度。目前大部分公司通过审计委员会报告治理事务（这更像是防卫姿势）。在董事会建立公司治理委员会可能是强调运用公司治理获得竞争优势的一个更好方法（见前文）。

● 公司治理职能部门以及它的领导人应处于公司内外部联系的中心，以便获得全面的反馈信息。

● 公司治理职能部门的职责主要是与公司所有的利益相关者联络，整合所有针对利益相关者的政策，实现利益相关者与公司之间的互动。这并不会妨碍正常的商业关系，但从整体上能够确保利益相关者与公司之间的全面关系，并让它们感到是大家庭的一部分。

● 人力资源部门的一个关键职能是训练员工，按照治理系统的要求挑选利益相关者；新员工需要迅速了解公司对他们的期望；公司治理系统需要妥善地处理兼职和临时员工以及外包合同等问题。

● 公司的价值观需要被认同、监督和定期的考察，所有的薪酬系统要适应价值观，而不仅仅是短期的个人业绩。

● 公司治理成功的根本是其能够得到所涉及或影响到的各方的全面支持。所有人都可以对公司治理的运作情况进行批评，当公司治理系统受到玩忽职守现象的威胁时能及时"吹哨"（blow the whistle）。

● 最后，公司治理系统应该为促进公司的长期成功服务，而不是建立一个为自己服务的官僚集团。

4.5 报告／反馈

公司治理模式需要不断调整以适应新的环境。为了引导这一调整，公司治理系统需要提供稳定流量的商业情报，既包括定期的报告，也包括从员工和利益相关者那里得到的及时反馈。这种情报大部分来自原已为经营部门准备的销售报告、市场分析、供应商评估、经济报告和其他外部资源。通过公司的内部网络，这些情报可以被整合用于优化公司治理系统。这些情报有很大的潜在重要性，需要综合成为定期报告送交执行管理层和董事会。董事会负责建立和维护公司治理系统，系统的任何变化都需要得到董事会的正式同意。

第二篇
公司治理的不同模式

前面我们重点讨论了公司治理要素的综合影响,并考察了如何将组织最高层次的、执行导向的公司治理固化为组织的日常规则,也介绍了大量的公司治理理论。但是,除了公司例行的报告之外,就如何贯彻理论等方面则还少有涉及。很少有公司认真探究过专家咨询报告和会议文告背后的那一片"未知的土地"(terra incognita)。不过,已经有少数组织在如何提升公司治理及如何将公司治理理论应用到实际经营活动中做了努力。下面的案例研究或许会对读者提高其所在公司的治理效率有所帮助,同时,我们也期望能借此激发读者探索提高公司治理效率的新路径。

为了方便理解和比较,我们将有关案例研究按以下章节分门别类:

- 公司模式(第5章)。
- 企业家和家族企业(第6章)。
- 声誉、社会与生态责任(第7章)。
- 风险与投资(第8章)。

对这些案例研究的分析和讨论也构成了本书的主要内容。

第5章

公 司 模 式

本章所讨论的公司模式既包括大型企业，也包括规模较小的创业企业。这些案例研究的共同核心特点是强调人的作用甚于强调程序的作用。有赖于开放式的沟通、充分的授权和受托责任，这些企业的经营都很成功。我们希望通过案例分析揭示它们如何利用公司治理构筑公司的未来。

5.1 CW 集团公司（Carphone Warehouse）

2003 年 11 月 12 日，《金融时报》增刊发表的一篇题为"理解企业家"的文章，对连续创业家（serial entrepreneurs）和创业经理（founder managers）作了比较：都是企业家，因为他们都创建了新的企业并使自己及投资人涉足风险；但连续创业家具有承受不断重复创业的大悲大喜的强制力，而创业经理则满足于对单一企业的培育和发展。许多连续创业家，如理查得·布兰森（Richard Branson）[1] 和斯特里奥斯·哈吉-约安努（Stelios Haji-Ioannou）[2] 发现，他们所开创的大部分事业并没有为他们创造财富，只有其中少数几个关键的成功个案成为满足他们创业野心的资金来源；而其他创业家，如艾伦·莱顿（Alan Leighton）[3]，则通过担任非执行董事并不断拷贝（going plural）的做法扩张他们的事业版图。

要界定 CW 集团公司的创始人兼首席执行官查尔斯·邓斯通（Charles Dunstone）的角色并不是件容易的事。查尔斯更愿意人们把他看做是一位创

---

[1] 译者注：理查得·布兰森是维京（Vingin）集团的老板，企业家、冒险家、旅行家。
[2] 译者注：斯特里奥斯·哈吉·约安努是英国著名创业家，他创办了廉价航空公司 EasyJet。
[3] 译者注：艾伦·莱顿是英国连锁店 ASDA 的副执行长。

业经理而非一位创业家。查尔斯的 IT 背景使他清楚地认识到，IT 和电信业务的实质都是声音和数据的传输，两者存在结合的必然趋势。他从中看到手机业务的长期发展潜力，同时敏锐地洞察到对于潜在用户而言，手机是既新奇又充满迷惑性的。手机生产厂商和服务商为了操控市场，提供了大量互相矛盾的信息，查尔斯由此注意到潜在手机用户对独立的、可靠的建议的需求。从这个意义上看，CW 集团公司不像是一家纯粹的销售商，而更像是为顾客提供最大选择空间并为他们提供选购决策参谋的回音板（sounding board）。CW 集团公司的商业模式类似于财务领域理想的独立财务顾问（IFA），但是，绝大部分的财务顾问并没有能够做到在长达数年的时间内保持始终如一的正直和诚实。

正直诚实（integrity）是 CW 集团公司经营的核心理念。要超越一般意义上的"中间人"角色，公司不但要在潜在消费者中——这是主要的，而且还要在供应商和服务商中建立起信任关系。为了达到这个目的，公司就需要培养一批骨干员工：他们不但是手机发展前景和手机交易的专家，同时还要向客户传达公司的核心价值观。CW 集团公司将驻店员工的身份定位为销售顾问，而不是推销员。他们在交易中扮演的角色是提供了解和咨询——CW 集团公司的产品和服务的知识及建议，而不是卖东西。

为了确保企业在英国及海外的扩张过程中仍可以保持正直诚实的经营模式，CW 集团公司开发了培养骨干员工的三阶段步骤法。

招聘是其中关键的第一个步骤，公司注重从社会各界招聘具备高素质、积极性高的人才加入公司。就公司本身的发展和顾客的多样性而言，招聘多元化的员工是十分必要的。由于提供了高于平均水平的工资和清晰的职业生涯规划，CW 集团公司吸引到了既有事业心又聪明能干的应聘者。公司员工中大学生比例要高于其他零售类企业。在招聘过程中还充分考虑各门店的利益，门店的员工直接参与招聘的面试工作，这样做的目的是为了保持各门店工作团队的团结。

第二个关键步骤是培训。培训的内容包括对业务流程的全面介绍，目的是使他们理解 CW 集团公司的经营哲学和核心业务。查尔斯·邓斯通列出了五项基本原则，它们是公司业务的核心：

(1) 如果我们不关注客户，其他商家就会关注他们。
(2) 赢得订单而失去客户，我们将一无所得。
(3) 言出必行。没把握的事，多做少说。
(4) 对待客户要始终犹如我们自己就是客户。

（5）公司整体的声誉掌握在每个员工手中。

培训既集中又将应聘者分散到其即将就职的各家门店中进行。培训遵从"引领新员工加入大家庭"观念，重点培养他/她认同 CW 集团公司的价值观并转化为行动。公司的这些价值观强调顾客是企业所有活动的中心。查尔斯·邓斯通狂热地强调顾客的重要性，如何让顾客满意始终是 CW 集团公司关注的焦点。让顾客满意，一方面可以让他们成为回头客，另一方面顾客会推介他们的朋友来体验"CW 效应"，这终将成为公司的利润源泉。

CW 集团公司的培训同时兼顾情商和知识。由于顾客总是希望获得最好的建议，因此公司的销售顾问都将接受培训，并要求有针对性地掌握最新的信息技术、通信设备以及如何使用这些技术和设备的各种复杂的知识。许多员工在服务品质和知识更新方面取得了长足的进步，公司也给予他们相应的鼓励。相当一部分的销售顾问已经得到广泛的社会认可，他们被看做是独立而有价值的信息来源。销售顾问接受的培训帮助他们得以维系广泛的顾客群，尽管这些顾客的技能和年龄背景各不相同，但是通过公司的业务流程，销售顾问总可以一贯地、很好地帮助顾客解决问题，很好地满足顾客提出的各种需求。

第三个核心步骤是授权。销售顾问的知识及行为使顾客深感信任，对销售顾问授权有助于顾客一旦做出决定就可以达成交易。顾客需要感受到获得了最好的服务并做成了最好的买卖。和约翰·路易斯百货公司①（John Lewis）一样，CW 集团公司在经营过程中也遵循"绝不故意低价销售"（never knowingly undersold）的原则。顾客可以确信他们在 CW 集团公司得到了最优惠的价格，而销售顾问也被授权向顾客传达同样的信息。公司鼓励门店经理根据当地的竞争格局制订灵活的价格战术；销售顾问有权与顾客达成交易，但不享有与供应商的酌处权，也不能介入潜在的交易，否则就将危及公司的独立性和客观性。CW 集团公司在供应商管理上做了大量工作，尽力规避供应商对某个或某些销售顾问施加不正当的影响。公司为所有的销售顾问都设定了相当好的底薪，以避免他们有意偏袒任何一个供应商。

对顾客而言，1200 家门店就是 CW 集团公司与他们直接接触的友好而可信赖的面孔。"支持中心"直接管理并支持门店的工作，公司的组织结构

---

① 译者注：约翰·路易斯百货公司（John Lewis）是英国最受欢迎的百货公司之一，位于伦敦

是"倒金字塔"形的，总部处于整体架构的底部，这也体现了公司强化顾客至上并向一线部门授权的理念。这种重视客户服务部门的做法，在CW集团公司的批发和直销业务中同样得到应用，并因此确立了明确的竞争边界。公司所有的后勤部门都遵循精简高效（lean and mean）的原则运转，从而确保资源分配向客户服务部门倾斜。CW集团公司的主支持中心设在伦敦北阿克顿（North Acton）商业广场，中心并不以赢利为目的，它的工作主要是帮助公司提高效率。公司所有的任务都列示在一个公开的计划中，公司实行开门办公，主管们就像在透明的金鱼缸中工作。不拘小节之风在CW集团公司内随处可见，所有的员工都可以直接发电子邮件给查尔斯·邓斯通。当公司的股票在交易所挂牌时，所有员工都得到了股份，许多人长期持有它。此外，所有经理人员通过购股期权计划，雇员们通过一个名为"储蓄等于赚钱"的计划，将自己的个人财富与公司的股票期权联系起来。

  有部分投资者认为，CW集团公司所关注的手机细分市场过于狭窄。事实上，正是由于公司先入为主而获得的市场仲裁者的地位，帮助公司在手机变得越来越复杂化、市场因时尚变化而不断发展的形势下，不断地拓展了业务。CW集团公司已经成为沟通用户需求与制造商研发方向的重要渠道。它可以确定新的市场需求，例如，个性化铃声、照片转换等手机新功能。手机上网、照相和文件下载等都丰富了顾客对手机的使用，也促使手机增加了附加功能。现在我们看到顾客像更换样品一样频繁地更换手机！

  CW集团公司认识到顾客是喜欢炫耀的，也迫切需要新鲜事物和新产品来满足他们对生活方式的追求，而所有这些因素无疑都直接推动了手机市场的发展。现如今只有很少的几个市场的发展受到技术的限制——创新依赖于创造需求并快速、便宜地满足这些需求。查尔斯·邓斯通认识到顾客是经营的第一要素，因此尽力与顾客进行沟通。焦点小组（focus group）是CW集团公司的基本研究手段，并辅以市场调查和库存每日变动报告。必要时，客户可以直接找到查尔斯·邓斯通，不过他对员工的授权政策使这种情况很少发生。他为王子信托基金[①]（Prince's Trust）及其他慈善团体所做的工作比其他高姿态的行动或公共关系活动更好地提升了公众对公司的信任感。虽然只有少数人知道他在公司的呼叫中心为无家可归的人和退役军人安排了工作，但类似的做法实际上也构成了支持CW集团公司信任网络的一个小小的组成部分。

  [①] 译者注：王子信托基金（Prince's Trust）由英国王储查尔斯王子发起设立，意在改善不能在普通中学教育文凭考试（GCSE）中取得任何成绩的年轻人找到工作的前景。

第5章 公司模式

CW集团公司遵从公司治理的《联合准则》（Combined Code）和特恩布尔报告的要求，对董事会做了调整。公司的董事会包括5位执行董事和6位非执行董事，非执行董事汉斯·斯努克（Hans Snook）先生担任董事会主席。5位非执行董事中有4位是完全独立的，汉斯·斯努克享有100万股股票的认购期权，马丁·道斯（Martin Dawes）享有奥宝电信（Opal）部分受未来业绩影响的不确定性收益。为满足希格斯报告的要求，董事会大部分成员应是完全独立的非执行董事。公司根据史密斯报告的要求实行审计师轮换制。CW集团公司的高级非执行董事布赖恩·皮特曼（Brian Pitman）爵士可以从形式上和实质上满足政府的要求。

未来会怎样？查尔斯·邓斯通通过收购固话增值服务商——奥宝电信公共有限公司，更深地介入了电信产业。目前，公司已经拥有一套完善的批发商系统，可以从批量采购、旧手机处置、配送保障等对零售业务给予支持。目前CW集团公司已经发展成为一家跨国公司，它在法国、德国、西班牙、荷兰及大部分欧洲国家从事零售业务，在马恩岛（the Isle of Man）和瑞士从事保险业务。由于移动通信设备变得越来越复杂、越来越昂贵，这也为公司提供从事金融业务的发展机会，如同多年来通用汽车和通用电气所做的那样。与桑斯博里零售业务合作或许会成为未来其他类似销售协议的样板。通过在成熟产业中拥有并控制客户关系，CW集团公司将自己定位于产业发展的先锋。就像一位经验丰富的帆船运动员，查尔斯·邓斯通已经占据上风，现在需要应对的是未来发展的不确定性。

附 言

查尔斯·邓斯通和他的创业伙伴戴维·罗斯（David Ross）在成功创办CW集团公司的同时，将公司治理的边界延伸至一个新的领域。他们共同决定，将一大笔公司股份分送给董事级别以下的大约40位重要的经理人员，加上另一位创始人盖伊·约翰斯顿（Guy Johnstone）的捐赠，这份礼物总数达到500万股股票。同时，公司还宣布给予500位驻店经理为期3年的股票期权计划（当然只有那些在2006年10月1日还服务于公司的人才有资格获得股份）。这两类奖励计划都有助于公司3G业务的发展及因此而引发的市场变化，这样的计划也为公司的团队合作建立了稳固的基础，而这正是良好治理结构的基石。

5.2 眼镜蛇（Cobra）啤酒公司

公司治理的关键要素是要有清晰的目标和公司架构，并有相应的程序和文化使之得以实现。卡兰·比利莫利亚（Karan Bilimoria）专注于开发和改进其独特的啤酒配方，并且他利用在安永会计师事务所（Ernst & Young）所学到的方法推进项目的实现。与此同时，卡兰意识到"办公室政治"的存在，他认为这将有助于把既定的企业目标转化为员工的日常工作。作为一名企业家，卡兰在创建眼镜蛇（Cobra）品牌的知名度上投入了极大的热情，但经验告诉他，要想取得最终的成功，还必须把这种热情传递给他的同事并加以保持。为了做到这一点，他在眼镜蛇啤酒公司内部建构了一系列的价值观，并通过一系列不断发生的行为和事例体现和强化这些价值观。

眼镜蛇啤酒公司的价值观源于卡兰曾祖父的座右铭——"先有热情而后有所得"（aspire and achieve），卡兰在此基础上又加上了"不计成败"（against all odds）。公司的核心价值观是热情，专注于产品，并以对相关利益群体（顾客、雇员、供应商、地方社区）的承诺和诚实经营为支柱。一旦没有了使他人深信不疑地驱使你的那份热情，成功将是不可想象的。

当卡兰开创眼镜蛇啤酒事业时，他的目标是生产一种含气量较少的窖藏啤酒，以便更好地搭配印度食品，同时也可以更好地迎合散装啤酒消费者的需求。为此，他成立了一家企业挑战既有的大型啤酒制造商。在卡兰最终说服迈索尔酿酒厂（Mysore）的卡里阿帕（Cariapa）博士之前，没有一家酿酒厂愿意按照他的配方生产，当然也就更谈不上实现他的目标——生产市场上最好的印度啤酒了。虽然一开始曾遭到迈索尔酿酒厂12名主管的当面嘲笑，但是凭着一股热情，卡兰最终说服了他们。在管理层和酿酒师的支持下，开始试产卡兰所设想的、外人难以理解的、"清凉提神可口"的啤酒，当第一批产品一生产出来就运往英格兰。酿酒厂抵押的是时间和技术，卡兰及其商业伙伴则承担了全部的商业风险。由于建立了风险分担机制，迈索尔酿酒厂和眼镜蛇啤酒公司之间形成了高度的信任关系，这种信任一直延续至今。

在眼镜蛇啤酒公司发展的最初阶段，卡兰及其商业伙伴没有时间认真思考公司治理问题，生存是主要的行为目标。但是，他们很快就意识到，要想求得生存就必须得到顾客和供应商的支持。建立信任关系是企业生存的关键要素，而且必须在供应链上建立信任关系。财务是公司面临的严峻

第5章 公司模式

问题,而问题的解决要依靠股东和银行的信任,为获得商业信用也同样需要信任。眼镜蛇啤酒公司能够生存下来靠的是卡兰提出的核心价值观——诚实正直(integrity),他坚持从不走捷径。例如,为了确定公司产品是否真正满足了市场需求,他们采用了六种主要的评价方法。

诚实正直有助于建立信任关系,但是,要得到利益相关者的长久支持就必须依靠创意和创新。为了保持企业的冲劲,发生的问题需要依靠智慧加以解决。公司的业务以向印度餐馆直销为起点,但要取得进一步的发展就必须依靠分销商的介入。在授予甘地东方食品公司(Gandhi Oriental Foods)独家特许权并换得10万英镑的信贷后,眼镜蛇啤酒公司开始构建以印度为起点的、完整的供应链,与此同时也克服了分销商问题。巴克莱银行①(Barclays)为公司提供担保,国民西敏寺银行②(NatWest)提供汇票贴现。这些成功的做法确保了公司的产品生产可以与销售的增长相适应。

由于有着明确的愿景和目标,卡兰满怀信心推动眼镜蛇啤酒公司的不断发展。这种信心使他能够应对"不过是另一种啤酒"的阻力。顾客一旦品尝过就会接受它,因此获得后续订单就变得很容易。为了让餐馆促销眼镜蛇啤酒,他们要求初始订单至少要达到5箱(如果试销真的失败,卡兰愿意接受退货)。设定最低订购规模的做法激发了餐馆的促销热情,也开辟了一条建立客户忠诚度的途径。

卡兰想尽一切办法维持那些帮助推销眼镜蛇啤酒的人的忠诚度。这些人中就包括那些货栈的经理人员,尽管有些经理人员的上司并不那么热心于此。在多年的经营过程中,通过相互支持、利益和风险共担、运作透明化等做法,公司与客户之间的关系得到不断发展。尽管相比初期眼镜蛇啤酒公司的业务量要大得多,但他们仍坚持使用原货栈。

孟加拉人拥有2/3的印度餐馆,因此控制了对印度餐馆的交易。在另1/3的印度餐馆中,巴基斯坦人占有一半,剩余的分别由尼泊尔人、斯里兰卡人和印度人所有。这意味着卡兰在建立营销关系过程中必须运用一定的外

---

① 译者注:巴克莱银行(Barclays Capital)是英国四大私营银行之一,也是世界上最大的银行之一。1896年由巴克莱·贝文·特里顿·兰萨·布尔弗里公司等银行合并成立巴克莱公司股份银行。以后不断兼并其他银行,规模越来越大,1917年改为现名。经营广泛的金融业务,包括票据交换、投资、保险、租赁、出口信贷、财产管理等。是伦敦六家票据交换银行之一,1966年在英国首先发行信用卡。拥有巴克莱国际银行、巴克莱金融公司等多家子公司,在国际上设有多家分支机构。

② 译者注:国民西敏寺银行集团(NatWext Group)是目前全球最大的银行集团之一。国民西敏寺银行集团的历史可以追溯到17世纪,现今的银行集团于1968年3月18日由三家著名的英国银行合并而成,并于1970年1月1日正式营业。集团总部设于英国伦敦,集团的71 000多名雇员分布于全球35个国家。

交手段。其中为了确保双方利益，信任再一次显示了其重要性。

随着眼镜蛇啤酒公司的扩张，公司必须关注新员工的招聘问题。从一开始，公司就视员工为商业上的利益相关者。在公司内部，把员工培训成为独当一面的、多技能的、能够全面了解公司各个领域与外部关系的人才。被招聘的员工与公司一起成长，分享公司的成功。他们的工资高于社会平均工资，当眼镜蛇啤酒公司在股票交易所上市时，雇员们还将获得购股优先权。

有关员工个人发展的一个实例是公司的销售主管萨姆森·索海尔（Samson Sohail）。眼镜蛇啤酒公司从2位销售人员开始起步，1993年又招聘了2位。在应聘者中，有一个年轻的巴基斯坦移民——萨姆森，他的英语很差但却迫切希望得到一份工作。当他落选之后，恳请公司给他一个机会，他提出即使仅按销售佣金计算报酬也无所谓。公司给了他1个月的试用期，要求在1个月内销售业绩达到每周100箱。他全身心投入工作，结果仅用了2个星期就做到了，并且承诺今后将做得更好。萨姆森现在是眼镜蛇啤酒公司的董事会成员。有一段时间，他曾想离职创业，但是对眼镜蛇啤酒公司的忠诚使他最终留了下来。

另一位主管，克里斯托夫·伦德尔（Christopher Rendle）是在印度长大的，说着一口流利的北印度语。他在眼镜蛇啤酒公司干得非常成功，但另一家公司通过赠与大量股份的手段把他挖走了。带着卡兰·比利莫利亚的祝福，他离开了，但是不到6个月又回来了。他怀念眼镜蛇啤酒公司的热情与干劲，以及重视人的价值的公司文化。

虽然卡兰在眼镜蛇啤酒公司内部强化信任和相互鼓励的企业文化，但同时他清醒地认识到存在"烂苹果"的风险。不诚实是绝不可容忍的，破坏纪律将被警告并要求纠正。眼镜蛇啤酒公司内部不存在"办公室政治"。这有两个原因：一是没有偷懒的时间来制造矛盾，二是所有与员工的沟通和员工之间的沟通都是完全开放的。卡兰实施开门办公政策，普通员工都可以直接与卡兰沟通。

当卡兰在安永会计师事务所（Ernst & Young）开始他的职业生涯时，其父亲鼓励他把从基层干起看做是一种机遇，并劝卡兰接受被分派的任何任务，干的比要求的更多。这种"多一英里"的哲学也是眼镜蛇啤酒公司文化的一部分，它培养了公司的高效而合作愉快的团队。在眼镜蛇啤酒公司，约束员工的规则很少，没有规定办公时间，没有着装要求，也没有条文限制饮酒。企业文化使规则变得没有必要，员工们的行为都很得当。同样的，卡兰从不要求他的客户专营眼镜蛇啤酒（他倾向让顾客有所选择），他也从不试图约束公司员工。他们做出的承诺使这些都变得没有必要。

可持续性是公司治理的一个重要方面。卡兰·比利莫利亚相信对于持续的成功而言，流动性和远见是关键。眼镜蛇啤酒公司有一个直至2010年的战略规划和一个为期3年的详细的经营计划。公司按年设置了一系列的个人目标，并与团队成员分享。这种做法确保经营中不会出现过度储存或安排混乱。卡兰认为，首席执行官（CEO）应当是多面手，训练和鼓励团队，团队成员则用专家的技能做专业的事。尽管他在不同方面都具有丰富的知识，并可以与每一个团队成员沟通互动，他还是应当承认团队中的每个人在其专业领域内都比他做得要好。公司通过角色转换和合作鼓励团队成员培养多样化能力。通常，团队成员会注意到一些被外部咨询师忽略的问题。提出在美国注册莫卧儿（Mogul）商标建议的不是商标专家，而是公司的财务主管。公司正在寻找一个合适的商标以供在北美市场的发展之用。

除5位执行董事之外，眼镜蛇啤酒公司还有2位外部董事。卡兰是劳拉·泰森（Laura Tyson, 2003）特别工作组成员，该工作组致力于在社会上物色独立董事。眼镜蛇啤酒公司目前已经发展成为一家国际性企业，需要认真考虑构建一个具有广泛影响力的董事会。公司员工的组成就像微缩版的联合国，董事会成员包括1位肯尼亚人、2位英国人、1位巴基斯坦人和1位印度人；1位英国人和1位美国、荷兰双国籍人士担任非执行董事，他们都是卡兰在剑桥认识的。他意识到公司还没有完全满足希格斯标准的要求，因此又聘任了1位肯尼亚人为非执行董事。眼镜蛇啤酒公司上市后发现，公司需要1位独立的董事会主席，公司目前虽然有1位非执行董事担任年度股东大会（AGM）主席，但是卡兰却同时扮演着董事会主席和CEO的双重角色。

年度股东大会是眼镜蛇啤酒公司的一件大事。由于卡兰·比利莫利亚持有公司72%的原始股，公司的股东人数不过20人，但却有多达50位人士参加年度股东大会。所有的80位优先股股东都被邀出席（但不投票），公司的各种顾问也都会列席。会后还举行酒会并在一家印度餐馆用餐。

即使是在早期的奋斗阶段，眼镜蛇啤酒公司也尽力选聘最好的顾问指导公司的各项工作。就在他1993年结婚之前，卡兰·比利莫利亚聘请格兰特·托伦顿会计师事务所[①]（Grant Thornton）作为公司的财务顾问，尽管该所的报价要比其他许多候选人高。当政府的小额贷款担保方案启动之时，银

[①] 译者注：格兰特·托伦顿会计师事务所成立于1924年，公司专注于为中型企业提供审计、税务和业务咨询方面的服务，目前是美国第五、世界第七大的会计师事务所。

行提供了最高限额250 000英镑的贷款；格兰特·托伦顿会计师事务所促成对公司高达1 000 000英镑的价值评估并帮助公司寻找到50 000英镑的"天使基金"投资，显示了社会对公司的信心。此后，银行又同意提供200 000英镑的贷款。当有更多的风险投资希望投资眼镜蛇啤酒公司时，格兰特·托伦顿会计师事务所则建议公司更多依靠政府计划的支持。眼镜蛇啤酒公司期望所有的公司顾问与公司紧密合作。

眼镜蛇啤酒公司是一家由企业家拥有的公司，只有少数家族成员加入公司。公司没有明文规定，家族成员可以应聘空缺并依据他们的业绩公开评判。当眼镜蛇啤酒公司招聘时，卡兰的一个外甥辞去了一家上市公司的财务主管的职位前来应聘。格兰特·托伦顿会计师事务所在面试他和其他应聘者之后，推荐了他。卡兰清醒地认识到，如果眼镜蛇啤酒公司计划在股票交易所挂牌，就必须把公司业务和家务区分开来。他在考虑阿德里安·卡得伯利爵士建议的"家庭议会"模式，在公司之外讨论家庭事务，避免产生误解。

虽然眼镜蛇啤酒公司最初是一家由两个合伙人创办的合伙企业。卡兰声明50:50的企业很难持久。每家企业都需要一个无可争议的领导者，只有如此，才能避免公司在压力之下解体。这样的公司领导者扮演的关键角色之一是制定政策并使企业拧成一体，专注于企业的生存和成功。

经过20年的发展，眼镜蛇啤酒已经成为一个全球品牌，多年来通过销售啤酒和其他水果实现了多元化经营。眼镜蛇啤酒公司面临的一项十分重要的挑战是如何在企业成长的同时保持创业精神。卡兰·比利莫利亚有一套通过激励他人创新带动公司成长的心理模式。这要求公司内部有一个高效的系统和控制，而这又是建立在授权和信任基础之上的。它需要避免亚瑟王的圆桌骑士[①]（King Arthur's Round Table）似的理想主义（或宿命论），以开明的自利为基础，鼓励自由、灵活性并保证资源的公平分配。

卡兰·比利莫利亚对潜在的威胁和新技术的利用非常敏感，他运用诸如优势、劣势、机遇和威胁分析（SWOT分析）的方法检查眼镜蛇啤酒的市场定位。通过与竞争对手交谈，了解他们所关心的问题。卡兰关注的问题之一是随着公司的成长对现金需求越来越饥渴，因此需要强化公司的资产负债平衡状况以应对可能出现的风险。

---

① 译者注："亚瑟王传说"大致发生在4-5世纪左右，授命于天的亚瑟拔出了石砧中的剑而成为王，率领麾下的骑士经过多次战争统一了英伦，征战欧陆。圆桌骑士，是亚瑟王身边著名骑士的统称，因他们聚会在圆桌边而得名。圆桌骑士来自不同国家，有不同信仰。圆桌的含义是平等和世界，所有围坐圆桌的骑士彼此平等，并且互为伙伴。

公司的远景也在发生变化。除了销售配合印度食品的啤酒之外，它现在也关注顾客的全面体验。人们可以在任何时候、几乎任何场所饮用啤酒，眼镜蛇啤酒应该满足这样的消费者需求。眼镜蛇啤酒是瓶装销售的，目前通过5000家的印度餐馆、主要的超级市场和外卖方式销售，甚至在贵族板球场（Lord's Cricket Ground）也有销售。人们的旅行越来越频繁，他们希望随时随地可以找到他们喜欢的啤酒。消费者的期望值随着可选择性的增加而提高了，产品的品质需要顺应变化才能满足消费者的期望。

眼镜蛇啤酒公司在履行公司的社会责任方面下了大力气。它们参与慈善活动，资助体育运动及其他促进公众利益的活动。公司的社会责任不是一时的风尚或是公关活动，而是公司建立公众关系的一种途径，可以增加公众的福利，强化公司的事业。

13年来，卡兰·比利莫利亚将他所创立的业务发展成一番事业，并在日趋成长的印度食品和生活风尚的潮流中抓住了一个利基市场。他紧紧把握住生产并销售独一无二的啤酒这一使命，着眼长远而非投机取巧。他的成功既取决于他的创业精神，也取决于与企业所有相关利益者建立良好关系的能力。他驾驭他的大船稳步前进，他的罗盘指向"先有热情而后有所得，不计成败"。

5.3　帝亚吉欧集团公司：开创有灵魂的事业，可能吗

2003年12月，帝亚吉欧集团公司的首席执行官保罗·沃尔什（Paul Walsh）在商业伦理协会（Institute of Business Ethics）演讲时，如此介绍他的公司及其使命：在敏感的酒精饮品市场中拓展并赋予它灵魂。随着英国饮品国际集团（Grand Metropolitan）和健力士黑啤的合并，公司出售了在非饮品市场的权益，余下的两项业务都需要进行整合并加以合理化。公司收购了西格拉姆公司（Seagrams）的烈酒部门，作为重组的成果之一——帝亚吉欧集团公司成为全球最大的、涉及全部酒精业务的公司。

为了赋予帝亚吉欧集团公司灵魂，保罗·沃尔什需要变革公司文化，创立一套新的价值观以引导企业，开发一套行为准则以指导拥有25 000名员工，且是在全球180个国家从事经营活动的组织的各个层面的活动。帝亚吉欧集团公司拥有一系列成功运作的饮品品牌（公司拥有全球20个顶级酒精类品牌中的9个），但是，为了取得持续的成功，公司需要一种精神。

保罗·沃尔什所谓的"灵魂"是什么？从广义上说，它由公司的无形

资产构成，就像将有形资产等同于"躯体"一样。要想取得全面成功，公司需要同时做好有形资产和无形资产的管理。有形资产比无形资产容易估价，但它们通常会随着企业的经营而发生损耗；无形资产的价值难以计量但容易识别，如商标和声誉。这种资产需要投入，一旦投入后可以为企业带来长期的、可持续的发展，并且生命力很强。保罗·沃尔什利用平衡计分卡（balanced scorecard）对公司业务进行全面管理。

为了开发出与经营成功并赢利的企业实体相称的企业精神，帝亚吉欧集团公司从两个方面入手。尽管除美国之外的大部分市场都还缺乏规范管制，但他们首先在公司内部培育按章办事的企业文化。保罗·沃尔什的理由是，只有先假设公司是在一个规范管制的环境中运作，才能最大限度地降低来自规范管制的潜在威胁。为此，他任命彼得·科维普（Peter Cowap）担任公司的全球规范主管，彼得曾在高度规范管制的银行业工作，他的职责就是在帝亚吉欧集团公司遍及全球的各个分支机构以及各个层级之间建立适当而类似的工作程序。企业文化的实质是培育诚实正直的作风，而不仅仅是服从。彼得·科维普向公司执行委员会的大律师蒂姆·普罗克特（Tim Proctor）报告。他同时还要向保罗·沃尔什任主席的审计与风险委员会报告。为了应对管理上的发展，美国通过《萨班斯－奥克斯利法案》之后而产生的各种问题，以及由于这个法案而引发的全球反响，他还需要与集团总裁保持经常的联系。

其次是文化。帝亚吉欧集团公司需要发展与其躯体（有形资产）相适应的灵魂，以维持和发展其成功的经营。同样的，依靠全球一致的品质行为，公司的品牌价值得到了发展，这些品牌的价值需要依靠高品质的行为才能得以维持。这两者之间的相互关系形成了一个自我强化的过程，推动企业进一步成长。保罗·沃尔什着手改造帝亚吉欧集团公司，使它变得更全面。他创立了一个"战略框架"，将所有利益相关者与公司的发展紧紧地捆在一起。由于全面化过程不仅包括合作伙伴还包括批评者，企业的利益相关者包括了媒体、非政府组织（NGOs）以及被大部分公司排除在外的对象。在美国发生的大量集体诉讼，使帝亚吉欧集团公司认识到需要从烟草和食品行业所遇到的问题中学习经验。与上述以及其他问题产业（如化学工业）不同，酒精饮品业有许多支持者，其中不乏医学界专家。尽管如此，帝亚吉欧集团公司还是清醒地认识到，需要通过可论证的、负责任的行动消除潜在批评的伤害。为此，集团支持诸如波特曼小组（Portman Group）那样的标准化组织，资助酒保培训等一系列项目，以帮助限制滥饮及过量饮酒行为。

帝亚吉欧在公司内部还建立了提高行为质量的架构和过程。有大量的规

第5章 公司模式

范指导雇员的行动，其中最重要的是公司行为规范（Code of Business Conduct），它涵盖了其他规范。公司行为规范的内容包括责任、问题解决、对顾客、公民的权利和义务、公共场合（包括政治、宗教、慈善活动以及其他等等）应承担的义务、销售和商业交易、股东义务、个人忠诚、保护竞争性资产（例如商标）及代理关系。每个员工都会收到一份书面的契约以全面了解公司规范，这份书面契约构成员工聘用合同的一部分。每个高层经理每年都要就履行情况提交一份说明，并与他们的直接报告对象进行详细的商谈。全球范围的员工都可以使用公司内部的"畅所欲言咨询电话"（Speak up Helpline），这让他们能够就所关注的日常报告渠道是否不当或反应迟钝提出见解。咨询电话直通彼得·科维普、公司秘书或证券主管。法律部门和人力资源管理部门不介入这个报告过程。

帝亚吉欧集团公司已经形成了一系列的价值理念，并以之作为指导日常行动的灯塔。这些价值理念包括：

- 为我们所做的事感到骄傲（全球领导人以它们作为挑战的标准）。
- 做到最好（持续优异的业绩）。
- 热情面对顾客（建立长期关系）。
- 自由承继（投资可靠的业务）。

与很多公司不同，帝亚吉欧集团公司将其价值理念限制在四条。价值理念体系的有效性依赖其规范行为的能力，这要求人们能够记住这些价值理念并在业务过程中加以实施。帝亚吉欧集团公司在这两个方面都做得很好。

帝亚吉欧集团公司的第四项价值理念是"自由承继"，帝亚吉欧集团公司以之作为达到前三条理念的驱动因素。很少有公司以这种方式向员工授权，而这或许是一种重要的战略——需要将保罗·沃尔什所设定的"按全世界最领先的方式经营"目标嵌入员工行为。对于帝亚吉欧集团公司的人力资源主管加雷思·威廉姆斯（Gareth Williams）而言，"释放员工的潜能"是公司最紧迫的核心战略之一。帝亚吉欧集团公司的发展集中在"人"和"品牌"两个方面。帝亚吉欧集团公司以一个为期两天的高效能训练项目为先导，促进释放公司近25 000名员工的潜能。迄今为止，已经有大约4000名员工接受过该项培训，并因此播下了同事之间互相提高的种子。公司鼓励在各个层面上开展指导，最初的指导是通过经理人员与个别员工常规性谈话开始的。首创精神带动了企业的进步，而培训活动使各位员工可以"自由承继"。配合帝亚吉欧集团公司在各个主要市场的发展，公司推进了一个项目，将公司的10%也就是300名经理人员短期外派，并计划在接下来的4年内将该比例再提高10个百分点。公司面向全球招聘，这样做的目的是丰富帝亚吉欧集团公司各个经营中心员工的种族搭配。公司鼓励员工积极参与当地的社区活动，平衡好工作与家庭的关系。为了开拓激发员工潜能的渠道，帝亚吉欧集团公司集中了一系列品牌建设的个案，这些案例包括来自各个方面的成功案例，以及公司在实现价值、最优化等方面值得骄傲的事例。

目前，公司有意向增加第五项价值理念："相互尊重"。该理念将有助于平顺内部过程并有望将公司的价值理念根植于公司内部。帝亚吉欧集团公司在过去的5年内，每年都针对雇员有关价值理念的反映进行测评。迄今为止结果都不尽如人意，主要原因在于行动与价值观不匹配。不过，满意度还是逐年上升的，对"时间价值观"的必要性的认同度也在提高。基于框架化管理模式和严密的监管，每年照章办事的过程也越来越成功。诸如童工、血汗工、贿赂等有关公众利益的议题被列在执行报告的最前面，在帝亚吉欧集团公司，这些报告将报送到公司的最高层。

帝亚吉欧集团公司的董事会结构以非执行董事为主，10位董事中有8位是非执行董事，他们积极参与审计委员会、提名委员会和薪酬委员会的工作。保罗·沃尔什担任董事会主席，并具体负责董事会与管理层、公众关系和品牌委员会的联系。由于后两者在战略上的重要性，非执行董事参与了这两个委员会。审计委员会审查公司的执行报告，并将他们认为重要的问题提交董事会。

帝亚吉欧集团公司把自己视为"娱乐产业"。它所选定的角色是促进社会交往，使消费者能够自我享受，有助于社会顺利运行。他选择的雇员善于社交，有助于使消费者从中得到乐趣，生活充实。公司对于酒精的负面影响也很清楚，过量的消费将导致独自沉溺于饮酒和情绪的不可控变化。帝亚吉欧集团公司帮助创建波特曼小组并将"营销规范"列入公司行为规范，该规范明确指出了酒精饮品的营销方式要符合当地法律和风俗要求。

酒精类饮品的营销操作规范明确，详尽地列示了在主要推广地区"什么可以做，什么不可以做"。它包括：符合法律法规要求，禁止未成年人饮酒，理性饮酒条款，尊重戒酒或禁酒做法，禁止攻击性广告，不提高酒精含量，从医学角度或治疗学角度评价酒精价值，饮酒与驾车的关系，不宣传酒精在社交及性生活方面的作用，避免有害于社会公众利益的活动，推广负责任饮酒的习惯。帝亚吉欧集团公司的所有员工和代理商都必须遵守这一规范，并辅之以对那些相关服务业人士和饮酒人的教育项目。帝亚吉欧集团公司非常关心协调其广告与传递公司规范之间的关系，关心不同市场中的地域敏感性因素。类似错将波谱甜酒①（alcopops）卖给儿童的事件表明实践规范的难度，因此，仍需要不断强化规范以防止玩忽职守的事情发生。

目前公司已经有了行为规范，但需要严格执行。最重要的是高层管理者必须以身作则，做员工的典范，以更高标准约束自己。购并后的重组使公司有机会挑选一支可以执行更高标准的高层管理团队。由于经理们必须提交详细的执行情况报告告知履行职责情况，因此，提交执行报告项目保障了公司行为规范得以维持。随着项目的展开，一些人违反了纪律，小部分因为不遵守行为规范而被开除。平均每个月接到2个"畅所欲言咨询电话"，在越来越多的个案中，公司行为规范得到支持。最初，在营销领域"营销规范"曾遇到一些抵制，营销人员认为规范会阻碍业务的发展。但是通过人员流动和持续的培训，这些抵制已经逐步消除了。保罗·沃尔什本人也为了在营销领域执行行为规范做了不少工作，并取得了越来越多的成果。同样，广告部门也曾遇到过问题，例如伦敦地铁的司木露②（Smirnoff Ice）广告，它涉嫌嘲笑台湾人，并在台北引发了议会争执。现在，广告代理商明白了帝亚吉欧集团公司有别于饮料产业中的其他厂商。过去，营销部门的态度是比较"孩子气"的，认为过多的女性进入高层会限制公司发展。企业的进步是以员工的行为从简单服从转向价值认同为基础的。

保罗·沃尔什试图发展如同可口可乐一样偶像化的品牌。帝亚吉欧集团公司现有数十个品牌，其中像黑牌威士忌（尊尼获加）已经成为其领域内的偶像品牌，但是，还没有开发出一个像联合利华那样的统御性品牌。帝亚吉欧集团公司需要像雀巢那样开发一个单一品牌吗？如果这样做，帝亚吉欧集团公司需要先出售其非饮品事业，并将一批忠诚度不高的品种整合在一起。帝亚吉欧集团公司倾向于做高毛利的业务，公司产品的平均毛利率超过25%，而啤酒和红酒行业通常只有10%。为了开发更多的饮品市场，帝亚吉欧集团公司必须从市场份额和品牌忠诚度两个方面捕捉并整合高端市场。保罗·沃尔什把灵魂看做是连接帝亚吉欧集团公司与它遍及全球的各个年龄段顾客的纽带。良好的公民品德是维系这一纽带的关键，而公司行为规范是公司长期成功的根基。规范已经确立，而其有效性取决于（1）能否使其员工以及关键团队的行为与公司的5项核心价值理念保持一致；（2）外部利益相关者对其价值理念合理性的判断。

---

① 译者注：一种味似软饮料的酒，虽然含有酒精，但因为带有甜味而且富含泡沫，所以尝起来觉察不到其中的酒精含量。

② 译者注：司木露（Smirnoff Ice）是一种伏特加酒的商标名。

5.4 苏格兰&南方能源

布鲁斯·弗雷默博士（Dr. Bruce Framer）担任苏格兰&南方能源公共有限公司（Scottish and Southern Energy plc）董事会主席有4年时间了。该公司于1998年12月经由苏格兰海德鲁公共有限公司（Scottish Hydro plc）和南方电力公共有限公司（Southern Electric plc）合并而成，合并公司之后又陆续收购了诸如SWALE等多家企业。目前，苏格兰&南方能源公共有限公司是《金融时报》全球100指数中排名第41位的公司，也是欧洲重要的能源集团之一。

布鲁斯·弗雷默确信，建设一家成功的企业既需要时间也需要耐心。在私有化过程中，有许多公用事业公司脱离原有的管制领域，一窝蜂地进行多元化，而现在又开始追悔莫及。比法（Biffa）带领塞文纯水务公司（Severn Trent）最终成功的案例是一个例外，现在看来，其收购整合过程耗时过长而且代价高昂。苏格兰&南方能源公司明确定位于能源领域（甚至放弃了收购水务公司的机会），收购电力和煤气公司的价格也比较合理。公司拒绝高价收购中部地区电力局（MEB，Midlans Electricity Board）和东南地区电力管理局（S.E.E.B.，Southeastern Electricity Board）①，而把工作重点先放在组织结构建设上。苏格兰&南方能源公司的经营目标高度集中，以高效经营和客户满意为目标，几年来，公司在这两个方面都荣获了国家奖项，其中还包括JD Power客户满意度赞誉奖②。

苏格兰&南方能源公共有限公司的公司治理是高效率的。它以符合汉佩尔和希格斯标准的要求为目标，并与公司的管制部门——英国能源监管机构（Ofgen）、英国金融监管机构（FSA）保持良好的伙伴关系。除了保护经营所在地的森林资源外，公司还积极支持环境保护工作。2004年3月的议会前期动议（Early Day Motion）对公司的政策做出了赞扬，公司并且两次

---

① 译者注：从上下文看，应该是MEB和S.E.E.B.。SEEBORD当是S.E.E.B.之误。

② 译者注：JD Power客户满意度赞誉奖是J.D. Power and Associates公司针对企业对用户的重视情况设立的一个奖（杯）。J.D. Power and Associates公司（简称J.D. Power）由J.D. Power III 1968年创立于美国加利福尼亚，是一家全球性的市场资讯公司，主要就顾客满意度、产品质量和消费者行为等方面进行独立公正的调研。公司以其创始人J.D. Power III名字命名。现在，公司业务包括行业范围的联合调研、定制（授权）跟踪调研、媒体调研、预测服务、培训服务以及在用户满意度和质量方面的商业运行分析和咨询。2005年4月1日，J.D. Power and Associates加盟McGraw-Hill公司，成为McGraw-Hill旗下的一个独立品牌。

得到公司环境保护协会（Corporate Environment Engagement）颁发的"行业最佳"环保奖项。在苏格兰&南方能源公共有限公司看来，要创建一个成功的企业就必须重视公司的外部责任，并把它看做是工作的重要组成部分。

布鲁斯·弗雷默认为，建设一个强有力的董事会是促进有效治理的关键。董事会对整个公司起领导作用，它决定公司的战略方向，塑造公司的文化。布鲁斯将自己定位为董事会的建筑师和建设以及维持董事会运转的现场监督员。为了平衡权力、权衡长短期利益冲突以保障企业做到最好，董事会主席和首席执行官职位必须分离。布鲁斯坚持认为，董事会主席要在公司内部和外部为企业发展定下基调，因此董事会主席应该与他的同事有所不同。有声誉、正直的企业赢家需要得到所有利益相关者的支持，并维持这种关系以服务于股东的长期价值。

布鲁斯·弗雷默相信董事会人数多一些将有助于从他们身上吸收更为广泛的专业知识和经验，可以从更多不同的角度提出有建设性意见的议题并增加讨论的深度。他认为10~12名的董事会规模可以达到上述的目的，并可以对公司决策的合理性做出判断和检验。他相信，独立董事略占多数的希格斯平衡委员会是最佳模式。作为董事会主席，很警觉地避免对执行董事（通常具备精深的、与公司经营有关的专业知识）的过度依赖，他关注非执行董事（独立董事），促使他们提出有挑战性的议题。

苏格兰&南方能源公共有限公司非常关注董事的选聘工作。出于对严格选聘程序必要性的认识，布鲁斯亲自担任提名委员会主席。所有的委任都通过猎头公司，这样可以确保上报到提名委员会的名单都经过先期的质量筛选，也可以规避任何董事事先知道候选人的嫌疑。所有列入最后候选人名单的候选人都需要经过全面的面试和心理鉴定。董事会的全体成员出席与最后候选人的见面会，因此，最后的遴选是由董事会全体成员做出的。公司非常关注董事会成员技能与经验之间的平衡。布鲁斯注意到，他近期任命了太多的会计师为董事，因此，紧接着他就任命了吉凯恩公司（GKN）的工程师卡文·史密斯（Keivn Smith）为新任董事，这个任命帮助运营总监（COO）加强了日常的管理工作。

布鲁斯·弗雷默相信，积极开发董事会新成员的能力将有助于董事会的工作。他参加新董事就职的所有环节，包括访问关键部门和参加管理部门的会议。新任董事可以选择其他的方式来满足其工作需要，这种工作便利在其任期内一直有效。

根据要求，所有的董事都进行年度述职。这是一个严格的一对一的个人面谈，述职的焦点是："在过去的一年中你为董事会和公司做了哪些贡献"。

布鲁斯·弗雷默相信所有的董事都有一个"过期日",而回顾年度工作可以揭示出现任何自满或倦怠的征兆。大部分的非执行董事会连任两个三年期的任期,很少出现更长的连任。在汲取摩根坩埚公司(Morgan Crucible)因病失去一位CEO的教训之后,布鲁斯敏感地意识到有必要对继任问题和突发事件做出适当的规划。所有的董事会成员都要考虑这一问题,在接受任命时都要考虑诸如"遇到车祸怎么办"的问题。

目前,苏格兰&南方能源公共有限公司的董事会有11名成员,6名为独立董事(其中包括一名兼职的董事长)。董事会下设六个委员会:

(1) 审计委员会,独立董事勒内·梅多里(Rene Medori)任委员会主席。
(2) 薪酬委员会,独立董事戴维·佩恩(David Payne)任委员会主席。
(3) 提名委员会,独立董事、董事长布鲁斯·弗雷默博士兼任委员会主席。
(4) 风险委员会,运营总监科林·胡德(Colin Hood)任委员会主席。
(5) 执行委员会,首席执行官伊恩·马钱特(Ian Marchant)任委员会主席。
(6) 安全与环境咨询委员会。

董事会风险委员会在英国金融监管机构(FSA)的监管下监督公司的交易行为。同时,该委员会根据特恩布尔报告对董事会职责的履行情况进行监督。安全与环境咨询委员会对集团员工在健康、安全与环境保护等方面的责任提供支持。公司董事会对这些问题予以密切关注。

布鲁斯·弗雷默强调,公司要严格遵守FSA列举的规则和他们详细指明的公司治理规范。他曾亲自推动集团公司的改革以满足希格斯报告的要求,并且根据希格斯报告的要求任命了3位独立董事:罗伯特·史密斯爵士(Sir Robert Smith)、勒内·梅多里和苏珊·赖斯(Susan Rice)。副董事长罗伯特·史密斯爵士是根据希格斯报告要求设立的高级独立董事。董事会关注对外部审计师提供非审计业务的限制,并制定了明确的政策控制对外部顾问机构的使用。

董事会的工作遵循五项基本伦理标准:

(1) 以一种可靠、安全和物有所值的方式向所服务的消费者及其社区提供能源,满足需求并增加他们的福利。
(2) 满足健康和安全的高标准要求,并敦促公司雇员和工程承包方按照最安全的方式经营,公司从不因为商业利益或经营压力而背离安全原则。
(3) 优先考虑环保问题,持续不断地改善公司经营活动的环境绩效,积极地向现代及后代负责。

（4）在事务性参与、鼓励分享所有权、机会公平等方面实行有效政策，使雇员得到尽可能多的利益。

（5）合理考虑苏格兰&南方能源公共有限公司经营过程中涉及的公众的利益，支持符合标准的一些项目，如年轻人利益、健康与安全的环境、能源效率等。

集团通过评估工程承包商和供应商在健康、安全及环境等方面的政策，积极推动他们的最佳实践。他们的活动必须符合集团的标准，否则将被除名。

苏格兰&南方能源公共有限公司有一个"告密"程序，该程序授权雇员对可能引起危害的行动提出警示。与此相关，公司设置了一部直通审计委员会的"热线电话"，审计委员会主席可以对所接到的任何电话做出评估并采取适当的措施。不过，这部电话至今尚未被正式使用过。

在布鲁斯·弗雷默看来，董事会主席扮演两个角色，一是董事会领导，二是巡回大使。对外，他积极开展与股东的会谈，积极参与伦敦城①（City）及产业论坛的活动；对内，每个月他至少会在集团内待一天，举行坦诚无所顾忌（"no holds barred"②）的问答会。工作中，他特别留意让他的工作员工可看到、可接触到，但又无损管理团队的权威。集团公司实行公开化运作，并有效地在全体员工及关键的外部利益相关者之间建立信任关系。董事会避免自身成为养尊处优之所，自1999年首次披露集团经营结果报告以来，公司的实际红利水平提高了30%。通过交易和明智而审慎的采购及取消公司股份，公司股票价值自购并以来一直持续增加。苏格兰&南方能源公司的资产负债情况是全球公用事业企业中最优秀的公司之一。布鲁斯·弗雷默在通过建设强有力的董事会帮助一家世界级公司的发展方面做得非常成功。

5.5 英国石油阿莫科（BP Amoco）：回归原点

本案例的写作时间是在20世纪90年代后期英国石油（BP）重大收购事件结束后的一段时间，通过该收购，英国石油站在了全球性公司的领先位置。它强调了在融合英国和美国两种公司治理结构模式过程中所需的步骤，

---

① 译者注：伦敦城，伦敦的市中心，是全国的金融商业中心。

② 译者注：no holds barred这个说法来自摔跤运动。但用在人们争论的时候，No holds barred 是指不顾对方的面子和情绪，毫不迟疑地把自己的想法说出来。

这两种治理模式在董事会结构、报告模式上存在差异。当然，由于案例研究写于英国石油的董事会更多朝着英国模式发展（包括5位执行董事、12位非执行董事）的时期，我们的研究并未遇到太大的难题。

5.5.1 介绍

合股公司（joint stock company）的发展及后续的投资者有限责任的立法，都出于吸引和保留资本的需要。合股公司的治理通过授权董事会进行，董事会负责组织企业并按照股东利益经营。与股东不同，董事没有得到有限责任的保护，这样做的目的是为了确保他们能更好地服务于股东利益。

随着公司的成长、业务的复杂化，董事会发现，进行有效监管的难度越来越大。董事会要求重要的经理人向董事会报告，在需要时，有些经理人员被邀请加入董事会，以帮助在企业与其所有人代表之间建立联系。许多欧洲企业形成了一种"双板块"（two-tier）董事会结构，其中监事会（Supervisory Board）代表所有者（后来又加入了银行及工会）利益，执行委员会（Executive Board）负责管理公司。典型的美国公司董事会主要由非执行董事构成，这造成权力通常集中于董事会之外的情况。很有趣的是，彼得·德鲁克从未将董事会视为管理的要素！

经过逐步演化，英国公司董事会的构成以执行董事为主体。部分英国公司的董事会没有非执行董事，非执行董事较深地介入于大公司中，许多规模较小的公司甚至没有设置非执行董事。传统上，英国公司的非执行董事来自"卓越和优秀人士排行榜"（the ranks of 'the great and the good'），每个人都有诸多的头衔和社会联系，他们需要在任职的几家公司之间分配工作时间。长此以往，使得权力向执行董事转移，因为要让每个董事会成员都明白董事会要讨论的决策的所有内涵已经变得很困难。罗尔斯·罗伊斯公司的失败及英国米兰银行（Midland Bank）滑坡的案例清醒地揭示了这种发展趋势的结果。英伦航空公司和卡勒Ⅱ（ColoroⅡ）公司是众多丑闻中的两个，这些都促使伦敦城加紧对公司治理的讨论，目前的工作集中表现在卡得伯利、克里恩伯利和汉佩尔三份报告中。

5.5.2 危机

在经济强盛、财富持续增长的情况下，治理不足只是次要性问题。在19世纪，公司失败的事情经常发生，但是，知识的缺乏使企业易于摆脱经济责任。投资南美铁路是一个高风险高收益的项目，缺乏对经营详情的了解使股东常常将其投资置于险地。投资理所当然被视为风险性行为，而赢得竞争优势的最好做法就是保守秘密。那些希望投资安全的人只能去买 Consols[①]！

更多人将1929年的崩盘及其后的经济衰退归咎于治理而非经营。随着罗斯福新政的实施及备战，信心得到稳步提升。第二次世界大战后，经济的迅猛发展又埋葬了许多投资者对1929年崩盘的记忆。除几个关键产业遇到日本人的挑战外，美国企业引领全球树立了美国企业界的信心。在英国，国有化运动及落后的管理水平致使其丧失了在国际市场的相对领先地位，并导致了公司经营过度关注短期收益。在欧洲大陆，通过"社会契约"（social contract）将劳动力和企业经营紧密联系在一起，更好地实现了产业协调化，社会契约使就业受到保护，工会的压力也得到缓和。这种做法延缓了竞争力的影响及随之而来的对公司治理模式的挑战。

公司治理危机最初从美国开始，随着世界范围竞争的加剧，包括福特汽车、通用汽车、IBM在内的几家重要美国企业连续遭受重创。1987年的股市崩盘严重挫伤了投资人的信心。机构投资者自20世纪60年代以来一直期望着收益持续增长；当竞争加剧，企业则沉迷于通过收购兼并迅速提升利润，但是，这种收益的质量无法得到维持。投资者的最初反应是快速变换投资组合。它增加了交易成本，但获益甚微。投资者渐渐地转而更积极地谋求控股权，在美国，它以伯克希尔·哈撒韦公司（Berkshire Hathway）[②]为代表。在英国，机构投资者如赫米斯（Hermes）由于需要更经常地向其投资者报告，而投资者不断地要求他们解释其不具竞争力的投资结果，以致机构投资者对公司的差劲表现变得越来越没有耐心。

5.5.3 新责任

经济合作与开发组织（OECD）在1998年4月发表的公司治理报告第1章第27节这样写到："董事会——或在部分国家的审计师委员会——是企业仅有的保证管理当局承担完成对股东信托责任的内部机制"。艾拉·米尔斯坦（Ira Millstein）在其署名文章"称职的董事会"（*The Business Lawyer*，Nov. 1995）中列出使董事会更有责任心、更为称职的基本原则。就"称职"而言，他认为董事们应该更有效率，而不是作为一个将自己的唯一职

---

① 译者注：一种无限期付息公债。
② 译者注：股神巴菲特的旗舰投资公司。

责定位于列席尽可能多的董事会的社会精英。米尔斯坦注意到：在美国，由于需要对公司经营的失败承担责任，由于来自机构投资者的压力，由于全球化的影响，以及对更高治理水平的要求，公司董事会的活力因此增长了。董事会变得主动而且独立，不再对事件做出被动反应或不加讨论地制订教条的管理决策。

董事会首先要为股东负责，与此同时，为了得到其他群体——例如顾客、员工、供应商和政府的支持，需要更多地面对他们的需要。在英国，曾以"明天的公司"为名就董事会责任扩展进行了讨论，讨论涉及企业为了获得"经营许可证"所需要考虑的一系列相关利益集团。公司现在要为绿色和平组织负责，在意大利要为黑手党负责，公司需要服务于多少人的要求呢？英国石油反对这种"滑坡谬误"[1]，而强调自我审视：作为一家私营企业，只需要对股东负责。当然，它也对自身经营对其他集团产生的影响很敏感。

5.5.4 新（旧）模型

根特大学（University of Ghent）的埃迪·怀米尔斯奇教授（Prof. Eddy Wymeersch）在一篇题为"西欧公司治理：结构与比较"（欧洲银行重建与发展（EBRD），"Law in Transition"，1999年秋）的报告中揭示，在大部分欧洲大陆国家中，公司的股权相当集中，而在英国则相当分散。他因此推论，在欧洲大陆，控制权主要掌握在银行和大投资者手中，而英国公司的经理们可以更好地控制董事会，在行使权力时所受到的限制也更有限。美国公司的董事会受到的限制也比较少，这或许造成了他们对侵略性购并和极度削减成本的盎格鲁·撒克逊人式的嗜好。近期的证据显示，欧洲大陆国家开始学习盎格鲁—撒克逊模式，例如法国巴黎银行（BNP）竞购百利银行（Paribas）[2]。

英国石油和阿莫科石油（Amoco）的购并是一个非常典型的善意购并案。购并后，公司成为全球第十五大企业，在全球范围内经营，股东来源于多个国家。购并在1998年12月最终完成，原英国石油股东持有60%的新公司股

---

[1] 译者注：滑坡谬误（Slippery Slope），在此类谬误中，论证的结论是由于假定了某些事件会发生，而这些事件似乎又会引致一串连锁反应，最终将导致某些大家害怕的结果，因而迫使人接受此结论。但事实上，我们没有足够理由相信该事件及假想的连锁反应确实会发生。

[2] 译者注：购并后的 BNP Paribas 成为法国最大的上市银行集团，主要从事合作银行、资本市场、国际私人银行业务和资产管理等。1999年该集团资产规模达到7019亿美元。为当年全球第三大银行。

份，原阿莫科石油股东持有其余的40%。英国石油公司在伦敦股票交易所挂牌，由于考虑到美国业务的比重，公司以美元为报告货币。在购并完成后，英国石油公司又先后兼并了阿科石油（Atlantic Richfield，Arco）和英国润滑油集团嘉实多公司（Burmah Castrol）。收购阿科石油之初，美国股东获得了多数股权地位，但目前美国股东持有的英国石油公司股份已经不足33%。

英国石油现在的董事会是原英国石油和阿莫科公司董事会的组合。17名董事中有12名非执行董事。董事会主席是彼得·萨瑟兰（Peter Sutherland），他之前与拉里·富勒（Larry Fuller）一起担任联合主席；伊恩·普罗瑟爵士（Sir Ian Prosser）担任董事会副主席。拉瑞·富勒在2000年4月退休之前依旧担任执行董事，目的是支持购并的进行（他之前是阿莫科公司的董事会主席及首席执行官）。英国石油现在的首席执行官是洛德·布朗（Lord Browne），副首席执行官是罗德尼·蔡斯（Rodney Chase）。

除了一些临时性让步以及在整合过程中因需要对有关群体予以报酬而产生了一些困难之外，英国石油阿莫科公司的董事会看起来是在遵循一种典型的英国模式。实际上是以美国非营利组织和公共部门治理权威约翰·卡弗（John Carver）提出的一种模式为基础，他建议，明确划分董事会和管理当局的权力界限，这种做法明显有别于英国公司多年形成的传统。卡弗相信，他的模型"只需要进行细微的改动，就可以完全适用于盈利性企业"。这意味着一个董事会应该：

- 理解股东对公司经营目标的看法。
- 向股东报告公司实现股东目标的完成情况。
- 寻找、指导、监督首席执行官，并为其制订薪酬标准。

5.5.5　目的

英国石油阿莫科公司在其董事会治理政策中这样陈述："英国石油阿莫科公司的目的是经营，并通过销售商品和提供劳务实现股东长期价值的最大化"。这段话明确了公司经营要从长远出发，要求董事会顶住来自伦敦城和关键员工追求短期利益的压力。董事会与股东的关系只能按照股东对董事会的授权予以发展。

5.5.6　业绩报告

一家拥有超过50万名的股东且93%是个人投资者的公司，如何向股东报告公司经营业绩是非常具有挑战性的。从法律上讲，必须公平对待每一名股东，但是，许多股东是不积极的，而且大约90%的股份集中在那些持股超过10万股的少数股东手里。向股东报告经营业绩的传统方式（年报、半年报及股东大会）的不足已经越来越明显。英国石油阿莫科公司向股东提供了一系列辅助性报告，并在互联网上建立了一个经常更新的网站。大型的机构投资者可以经常会见董事们，以减少意外事件引发的风险，对公司事务动向保持信任。在公司财务报告中，也经常可以看到公司对于那些积极关注其股份权益的小投资者给予的及时答复。相对于所有根据投票结果做出的决定而言，小股东始终认为大股东的投票代理是一个有争议的问题，通常认为大股东会支持董事会提出的那些——例如，在股份回购还是股利派发问题上——可能保守的议案。小股东可以通过中介机构合并他们的投票权，但这种做法并不多见。由于股东分布面很广，英国石油现在需要就重大议案进行民意调查，据此对代理投票赋予应有的权重，只有那些程序性事务才提请与会股东进行表决。

5.5.7　首席执行官

英国石油公司遵从卡得伯利报告的建议，对董事会主席和首席执行官的职位作了区分。这种做法与美国的通行做法不同。在美国，最高级的职员通常就是总裁或首席运营官。英国石油阿莫科公司所采用的卡弗模型有三个关键要素：股东、董事会和首席执行官。首席执行官是公司最高级的雇员，是联系董事会与管理当局的桥梁；首席执行官就整个管理团队的活动向董事会（而非个别董事）负责；董事会只能通过首席执行官才能对公司的其他雇员采取行动。

公司要求董事会负责寻找、指导、监管首席执行官并为其定薪，在必要的时候还要开除他/她。由于首席执行官掌控了公司的所有资源，这就要求他/她掌握处理和协调与董事会关系的高度技巧。英国石油阿莫科公司的董事会与首席执行官之间有明晰的合约，合约明确规定了公司的目标及判断公司业绩是否实现其目标的指标。约翰·卡弗将此定义为董事会—经理关系，它包含了公司目标和经营管理范围的政策。同时，英国石油阿莫科公司还有限制经理人员的政策，该政策界定了首席执行官在达成企业目标过程中选择方法手段的范围。这些政策侧重于相互信任，通常归纳表述为"CEO不得从事或允许任何有违商业惯例、职业伦理及董事会授权于CEO范围之外的活动、行为或决策"。政策的具体内容涵盖了健康、安全、环境、财务困境、内部控制、风险、员工待遇和政治等议题。首席执行官拥有相当大的处理权，一旦他/她觉得有必要，甚至还可能超越限制。当然，他们要对自己的行为负责。

所有的报告都与公司目标、公司计划、反映公司目标短期和中期进展的预算相联系。董事会并不盯着首席执行官的活动，这些活动被视为她/他为之负责的公司整体活动的一个附属部分。

5.5.8　董事会下设的委员会

英国石油阿莫科公司董事会的工作依靠不多的职能委员会的支持，这些委员会的职能是：

- 董事会主席委员会（董事会主席及所有的非执行董事）
  负责制定有关组织、后续计划以及对 CEO 业绩评价的政策。
- 审计委员会（6 位非执行董事）
  监管所有的报告、会计、控制等与财务相关的公司活动，包括贯彻执行特恩布尔报告。
- 伦理与环境保护委员会（6 位非执行董事）
  监管除财务之外的所有公司业务。
- 薪酬委员会（6 位非执行董事）
  负责制订业绩合约及业绩目标政策，负责制订针对首席执行官和其他执行董事的薪酬。
- 提名委员会（非执行董事的联席主席、首席执行官及其他 3 位非执行董事）
  帮助企业寻找并任命新的董事。

所有这些主要委员会的成员都包括非执行董事，在实际执行过程中特别关注确保非执行董事能够独立行使权力。非执行董事与任一位管理当局成员之间不得存在外部社会关系，否则就可能会因利益冲突或责任冲突招致指控。公司没有为非执行董事订立服务合同，他们每 3 年选聘一次，连任时间不得超过 10 年。

5.5.9　公司秘书处

与其他公司不同，英国石油阿莫科公司的董事会不介入企业经营。这就要求公司秘书处置身于公司管理结构之外，公司秘书只向董事会主席直接报告①。像英国石油阿莫科这样的公司需要处理繁杂的全球关系，公司已经明确董事会将集中处理股东关系；其他的关系，如顾客与雇员关系，则委托首席执行官处理。董事会在对股东负责的过程中也需要掌握其他关系，公司秘书处受理股东的询问，满足董事会处理与股东关系而产生的信息要求。

英国石油阿莫科公司的公司秘书有一个小的工作团队，其工作重心是服务董事会和满足股东要求。这是比正常的公司秘书更为专门的工作。公司秘书处的工作内容之一是保持公司治理的最优思路与董事会工作过程的最优思路并行，这由主管公司治理的副总裁罗德尼·英索尔（Rodney Insall）负责。在任命这一高级职位的同时，英国电信（British Telecom）任命了一名公司治理董事——或许会带动大型公司在最高层面加强对公司治理问题的重视。就其特殊角色和工作范围而言，英国石油阿莫科公司的秘书处更接近于法国的总秘书（secrteaire general），而非英国模式。为履行职责，公司秘书处要与诸如公共事务、投资者关系管理和股权管理（股票登记）等部门团队进行合作。一旦董事会对某一问题确定了管辖权，那么公司秘书处就必须保障这个管辖权，保证其运用与规范董事会——管理当局关系的政策一致。

5.5.10　英国石油阿莫科公司面临的治理问题

英国石油阿莫科公司面临着需要整合两种不同治理模式的问题。1997年，英国石油阿莫科的董事会采用了一套治理政策，形成其政策基础的具体内容如本章所述。英国石油阿莫科公司的董事会包括11位非执行董事和2位执行董事，在必要时管理人员可以出席董事会。董事会由董事会主席和首席执行官（拉里·富勒）领导，但董事会下设委员会的成员则几乎是清一色的非执行董事。必要的话，在董事会会议间歇期间，还将设立执行委员会。不过，阿莫科公司的非执行董事们认为，新董事会的执行董事成员仍然偏多。

公司面临的一个主要难题是协调报酬问题。来自阿莫科的董事的薪水高于来自英国石油的董事，而且他们还享有不考虑其任职表现的股票期权计划；来自英国石油的董事所获得的股票期权数量要少一些，并受英国石油的

---

① 译者注：英国和部分其他国家的公司会聘用一位"公司秘书"，该职位负责处理公司的法律、会计及管理事务。它是公司内部的一个高级职位，而非传统意义上负责打字、接听电话、处理文件档案的"秘书"，其职责部分类似于中国企业的董事会秘书。

长期业绩影响。公司解决该问题的原则是：设立较高的报酬水平，但是，以实现具有挑战性的目标为前提。

英国石油阿莫科公司显现出的一个问题是，随着对阿莫科公司的兼并，美国投资者取得了优势，而它扩大了在美国的业务基础。要求在美国召开股东大会的压力已经出现，这也许还会引发在纽约股票交易所挂牌交易的压力（避免使用笨拙的会计存托凭证（ADRs）模式）。所有的全球性公司都面临着日趋严重的公司正式地址问题，英国石油阿莫科公司也不例外。

随着公司业务的全面全球化，英国石油阿莫科公司的社会关系变得越来越复杂。它在经营所在地国家积极发展与利益相关者的关系，在成为财富提供者的同时，更试图成为当地的好公民。与大多数大型跨国公司一样，英国石油阿莫科公司日益成为非政府组织（NGOs）的目标，许多非政府组织通过持股方式推行他们自己的议程，例如，阿拉斯加的环境问题。在非政府组织寻求保护的社会问题得到令人满意的答复之前，这一挑战将更为严峻。

董事会面临的另一个难题是战略发展。这是首席执行官的职责，通常他向董事会简要地报告进展，随后再用些时间把它进一步具体化。由于董事会的首要角色是联系股东和公司管理层，以及监管公司目标达成情况，除了要他们决定目标之外，还要决定实现目标的手段，这使他们有所犹豫。在战略问题上，董事会更愿意扮演裁判的角色而不是运动员，虽然他们有时发现自己却成了教练！

一个非常重要的难题是机构投资者不愿意与非执行董事接触。他们希望获得强有力的信息，因此认为首席执行官才是适当的信息源。在英国，非执行董事被视为摆设，而不是运动员。投资者发现他们的回答通常空洞无物；在面临重大决策压力时，部分非执行董事倾向于指责专业顾问。

5.5.11 董事会未来角色的含义

英国石油阿莫科公司的董事会面临承担股东受托责任的压力。在英国，曾有一个时期，首席执行官们拥有太多决定公司命运的权力，这导致他们错误理解风险，建立不稳定结构，对股东价值造成了破坏。现在，我们或许需要重新向英国公司的股东授权，在公司管理中重新复苏管理工作的概念。现在，购并带来的狂欢和喧闹已经过去，董事会将如何发展呢？

在范围广泛的公司领域中，目前出现了一股反对交叉持股的强大趋势，它曾经是日本、德国和其他非盎格鲁·撒克逊资本主义的特色。在这个变化的世界中，股东们为追求价值可以自主地投资，但却无法控制他们所投资的企业的政策。尽管不记名股票减少了,但是我们仍将看到股权变得越来越开放。股票交易越来越公开,内线交易和股票操纵的难度越来越大。随着大量的交叉持股被清偿,市场流动性大大加强,股票交易越来越容易——这增加了股东的主动权,使公司管理层对股票换手变得越发敏感。在所持有的股票可以与股指进行比较的地方,股东将更为积极地管理他们的投资组合并更多地要求管理部门提供有竞争力的绩效。

大部分英国公司使它们的董事会看上去是一个统一的团队(至少从外表看是如此),因此他们和首席执行官一起面对机构投资者。由于机构投资者不愿意接触非执行董事(即使是兼职的董事会主席),英国石油阿莫科公司也遵从这一惯例。汉佩尔规则视董事会为统一体,并关注它的平衡:"董事会需要维持执行董事与非执行董事(包括独立非执行董事)的平衡,这样才不会发生某个个人或少数几个人操控董事会决策的情况(规则A3)"。一个执行董事占多数、董事会主席与首席执行官相分离的英国公司董事会,显然无法像美国公司一样运作;在美国公司的董事会中,非执行董事占多数,董事会主席和首席执行官合而为一。由于所有的董事对公司成功承担相同的责任,在面对媒体和分析家所要求的"明星"式接触的压力下,维持同僚权力平等的结构就变得越来越困难。在不列颠航空总裁鲍勃·艾林(Bob Ayling)所做出的非同寻常的以及公司因此而垮台的问题上,"明星"地位到底起了什么作用,显然是值得思考的。

董事会还需要计划和管理公司与所在社区或利益相关者的关系、与内部员工的关系。这些关系变得越来越复杂,越来越难以自主选择,如与非政府组织(NGOs)的关系。壳牌石油公司和埃克森石油公司在处理这些关系时就出了问题。需要适当地向股东告知公司在确定和处理这些关系时所涉及的问题和风险。在这些方面做得不好,就可能像微软一样招致毁灭性的后果。

全球化给机构投资者及其所投资的企业都带来了压力。以往,媒体倾向于追捧个人商业领袖,就像波利皮克公司(Polly Peck)的阿希尔·纳迪尔(Asil Nadir),纵容了他们傲慢的态度及对股东价值的摧毁。在一个愈发复杂而危险的世界中,领导人需要更大胆、更谨慎。"英雄式领导"可能在短期内激励企业,但是企业的长期发展,要靠多数人的聪明才智,要经历持续地自我更新的过程。在资本主义初期,董事会成员都是非专职的,而且仅仅向股东负责。但是,现在需要的是职业的董事会,既对股东负责,也对更复杂、具有更高要求的世界范围的社会负责。

第6章

企业家和家族企业

本章研究了创业企业和有关的家族企业案例。在各个国家中，这两类企业的数量都是最多的，它们当中的最优者的活力推动着社会经济。目前出现的一个不良趋势是家族企业的发展减缓，原因包括两个方面：一是家庭内部忠诚度下降，二是大集团的收购压力。幸运的是，新企业的诞生率并未显著下降，然而它们的独立存续期可能会因为贪得无厌的并购而缩短。

6.1 企业家的治理

认为企业家不会在公司治理上耗费时间的想法与直觉相反。它有点像要把水和油混合在一起——一种徒劳无益的行为。实践中，它也许更像是制造蛋黄酱，具有非凡吸引力的鲜美、不稳定的混合物。

企业家并不都像海盗一样。《牛津英语辞典》对企业家所下的定义是："一个对商业企业实施有效控制的人"。这一定义同样适用于经理和董事。而企业家精神的根本是承担风险、追求更大的回报。将企业家比作海盗，源于美国19世纪的托拉斯联盟及像理查得·布兰森和斯特里奥斯·哈吉-约安努这样的现代类型的企业家。乔纳森·格思里（Jonathan Guthrie）在《金融时报》（2003年11月12日）发表题为"理解企业家"的文章中，区分了这样几类不同的企业家：

> 有一些企业家有条不紊地经营着他们的企业，他们对整个大企业的各个部门都实施监管；有一些企业家则专注于提升对顾客的服务或产品水平，而将那些烦人的日常经营交给职业经理人；有一些企业家很害羞，他们回避媒体的主动采访，而另外有一些个性外向的企业家则主动寻求媒体的宣传。

除了爱冒险之外，企业家的主要特点是具有控制企业命运的欲望。这也是许多企业家，例如本特里兄弟公司（Bentley Brothers），为了规避经营限制而回避上市、选择非上市经营或关系人持股的主要原因。在全球相互依赖、入侵性媒体受到鼓励的"利益相关人"经济下，这些企业家应该如何适应呢？

6.1.1 关系

从事商业经营，不搞好各种关系显然是不可能的。即使是简单的交易也需要动用顾客和其他关系，企业发展壮大，日趋复杂，需要进一步考虑员工、供应商、顾问等的关系。一些商人采用"分而治之"的方法减少了利益相关者聚在一起向他挑战的可能。罗伯特·马克斯韦尔（Robert Maxwell）擅长操纵和迷惑，因此他不需要向任何人清楚地解释，但也没有人信任他。没有基本的信任，关系将变得不牢靠，也难以为企业创造价值。

建立信任通常需要一定的时间，在处理个人与企业关系时要运用一些原则。这些原则正是诺兰勋爵（Lord Nalan）提出的"公众生活原则"——无私、正直、客观、负责、坦诚、诚实、领导力。尽管在任何关系中无私都是非常重要的，但是，"无私"在公众生活中可能要比建立商业关系更合适一些。正直、客观、负责、坦诚和诚实是构筑信任关系的元素，也是公司治理的核心。领导力赋予这些原则以目标，并取得结果。对一个企业家而言，"自我"是其一切行动的出发点，他们经常需要证明其行动的正当性。企业家以所取得的成就证明自己，为此也就特别需要外部监督。

只有少数企业家是在没有强烈外部限制条件下经营的。那些试图为所欲为的企业家通常发现其行动受到限制。俄罗斯的经济寡头们现在受到政治方面的限制，就像一个世纪以前美国的托拉斯被分拆一样。社会要求企业家为了社会的繁荣昌盛而建立企业、创造财富，但不允许他们游离于社会规则之外。公司治理是这些规则的重要组成部分。

6.1.2 融资

对大多数创业企业家而言，融资是一个主要的限制。少数创业企业家，例如斯特里奥斯·哈吉-约安努，有家族的财源资助其创业。但是，大多数创业企业家缺乏创业所需的起步资金。信贷资金倾向于规避风险，因此，银行融资不适用于起步阶段的企业。创业企业家主要依靠风险资本或天使资金,这些资本通过与企业分担风险并希望通过企业的成长性获益。

除非拥有良好的成功创新的记录,否则筹措权益资本对创业企业家来说是个难题。连续的创业企业家经常会在复制以前的成功经验时遇到困难,技术创新型企业尤其如此;当然也存在一些例外的个案,如剑桥大学的霍珀教授(Prof. Hopper),自从1986年他创立奥利维蒂研发公司(Olivetti Research)以来获得了持续的成功。尽管如此,霍珀教授还是抱怨他在后续项目的融资时遇到了困难。看来,也许需要成立一个国家机构记录经营业绩并便利新企业筹资。硅谷的创立有赖于创业企业家与风险资本家之间形成的紧密联系,在20世纪90年代后期的"因特网爆炸"中,也正是这种紧密联系延续了许多公司的寿命。

6.1.3　团队合作

创业企业家面临的另一个限制是需要和其他人一起工作。要强制一个人对相关的人开放并公正地对待他人,不是一件容易的事。许多创业企业家没有耐心听取批评或与他人共同讨论,也不寻求那些他们希望获得的忠告。当他们为了企业的扩展而组建团队时,许多企业家会试图寻找和自己类似的人或聘用那些他们觉得顺眼的人。CW集团公司的查尔斯·邓斯通(见第5章)组建团队时,他选择了一批有主见的人,通过这种方式,确保所做的每一个决策都经过充分地讨论。创业企业家还要面对死亡的风险并要安排好继任顺序,英国置地公司(British Land)①的约翰·里特布拉特(John Ritblat)和卡尔顿公司(Carlton)②的迈克尔·格林(Michael Green)在这方面做得都不是很成功。

创业企业家通常更善于处理客户关系,而不是同事关系。彼得·德鲁克认为,经营的目的就是赢得客户,只有少部分创业企业家会觉得这是个难题。对他们而言,与他人分享企业的控制权要难得多。我们注意到,许多家族企业的创始人为了加强对企业的控制力而将家族成员安插到企业的关键岗位上。凭借创业家的冲劲,媒体大亨鲁珀特·默多克(Rupert Murdoch)在

---

① 译者注:英国置地公司是一家有150多年历史的企业,公司自1969年约翰·里特布拉特入主以来取得了极大发展,2000年公司市值超过110亿英镑。由于约翰在公司无可置疑的地位,人们一直认为其子尼古拉斯将成为公司理所当然的继承人,但是1987年加入公司的尼古拉斯突然在2004年9月从公司离职。

② 译者注:卡尔顿公司(Carlton)是英国媒体巨头。

这方面做得相当充分，并在很大程度上获得了成功。而至于他与同事的关系是否成功则就不太清楚了。

创业企业家和强势首席执行官共同面临如何对待非执行董事的问题。廷尼·罗兰（Tiny Rowland）选择听话的非执行董事组成伦敦和罗得西亚矿业和土地有限公司（Lonrho, London and Rhodesian Mining and Land Company Limited）的董事会；肯·莫里森（Ken Morrison）在竞购安全百货公司（Safeway）①之前甚至拒绝在威廉·莫里斯超市连锁公司（Morrison Supermarkets）内设置任何非执行董事。在规模较小的公司中，一方面非执行董事的相对数量较少，另一方面非执行董事多由家族成员或专业顾问担任。随着希格斯报告的出台，要求非执行董事应占公司董事会的多数席位，任命非执行董事的压力越来越大。不幸的是，只有少部分公司懂得如何有效地利用非执行董事，也只有少部分公司认识到应该在董事会内部保持和谐而不是鼓励挑战。

6.1.4 权力与名声

公司治理的基本原则之一是分权。就像阿克顿勋爵（Lord Acton）所说的，集权导致腐败。卡得伯利准则的一个关键特色是区分董事会主席和首席执行官。这样就可以保证董事会不受公司管理层的影响，从公司顶端开始分权也就推动了在公司内需要分权的地方分权。在欧盟建设准则中，它被称为"辅助"原则，确保权力可以尽可能地向下分配。对许多企业家而言，分权与他们强烈的个性和使命感相冲突，委托需要对他人的信任。绝大部分企业家把自己看做是企业内风险的主要承担者，并在企业发展过程中寻求个人控制。从保罗·赖克曼（Paul Reichman）在金丝雀码头公司（Canary Wharf）推行防御性控制的手腕中就可以清楚地看到这一点。

一些企业家在经营过程中热衷于树立个人名声。早先，他们通常用自己的名字为企业冠名，这种做法现在少多了（或许因为现今他们需要融资，要涉及他人）。投资家克莱夫·辛克莱爵士②（Sir Clive Sinclair）以其名字命名了一系列产品，随着C5个人助动车的失败，他的事业和声誉受到双重损失。现今大部分杰出企业家关注的是品牌，这些品牌与他们有一定联系但

---

① 译者注：安全百货为英国第四大零售集团。
② 译者注：英国微电子学奠基人，他所发明的辛克莱C5是一款可以用脚踏骑行和电池助动轻型折叠自行车，总重不超过5.5公斤，折叠和打开时间不超过15秒。

又可以独立存在。虽然我们将微软公司与比尔·盖茨（Bill Gates）视为一体，但他也只是以其名字命名了他的慈善事业。品牌可以在企业的变更及失败之中得到延续——又有谁会关心伊丽莎白·阿登（Elizabeth Arden）或路易·威登（Louis Vuitton）的历史呢？

还有一些企业家倾向于分享他们的名声。利奥·基许（Leo Kirch）① 秘密地建立了他的媒体王国又在秘密交易中失去了它。布朗夫曼（Bronfman）家族在众人视线之外建立了他们的王国——年轻的小埃德加·布朗夫曼（Edgar Bronfman Junior）却丧失了家族低调处事的传统。名声意味着责任，但是，对于许多创业企业家而言，责任纯属他与上帝之间的事。

6.1.5 领导力

企业家的成功在很大程度靠的是领导力。创业家的天性是活跃的，这很容易让人们误以为领导力是他们与生俱来的。从根本上说，野心是取得成功的基础，但无论如何，不能仅以野心来定义领导力。

许多企业家显示出了相当的野心——受拿破仑式野心的驱使，琼-马里·梅西尔（Jean-Marie Messier）试图在法国通用水务公司（Compagnie Generale des Eaux）之外建立一个全球性商业王国。但是由于无法正确地引导他的同事们积极参与，再加上以自我为中心的领导方式最终导致了野心的破灭。没有追随者的领导人往往无果而终。

企业家如何展现他们的领导力？几乎没有一个企业家能够单枪匹马地实现他的目标；前进的每一步都需要与他人讨论，在不放弃自己的目标的前提下得到他人的支持是成功的重要因素。领导力要求对企业的前进方向有着清醒的认识，并与他人共同承担责任朝着既定目标前进。在实践中，要就目标达成一致意见通常比通过何种方法实现目标达成一致意见要容易得多。领导力就是建立过程控制的权威，以此实现目标，与他人分享目标要比就目标做出妥协更容易也更有建设性。真正的企业家是不会就目标做出妥协的。

6.1.6 风险

企业家热爱风险。他们总喜欢追求那些常人以为不可能实现的目标——为此他们就必须涉足那些未知的领域，并因此承担那些事先无法预知性质和

---

① 译者注：利奥·基许（Leo Kirch），德国传媒巨头。

范围的风险。企业家和探险家有相同的动机——他们追寻新的挑战,虽然要因此面对困难和风险,但希望以此证明自己。风险会激励企业家的行为,但需要加以控制才能维持良好的治理。许多企业家试图冒险一搏——帕玛拉特公司①的卡利斯托·坦济(Calisto Tanzi)就是在保护其家族利益时雄心过度而弄巧成拙的。

有许许多多企业家的赌博天性过于强烈,这说明维持良好的治理需要相应的抵消手段。平衡是良好治理的一个重要特点,因此,企业家必须明白他们不能过度冲动。拥有一批具有不同思维模式并具有不同技能的同事,有助于使企业家变得更为现实一些。通常设想,如果将企业家们集中在一个智力温室中,将会刺激他们的创造性并引发他们之间的竞争。这种做法会引发过度的创新,以致无法适当地评价和开发这些新的创新,进而招致财务和声誉上的损失。虽然有许多企业家依靠外部竞争来激励,但是天生的企业家主要是与自己竞争。

6.1.7 企业家与治理

企业家在多大程度上支持或反对公司治理呢?一种极端是,企业家的行为就像海盗一样,不顾一切地推行他/她的意见或观点。英国商人从巴西盗取了橡胶工厂创建了自己的橡胶产业;另一些英国商人在中国强行扩大了鸦片市场。绝大多数企业家的行为并非这般可耻,并非一味追求金钱;他们当中有许多人更像约翰·哈里森(John Harrison)②——一个多年致力于完善经度测量法,仅得到很少金钱回报的钟表匠。弗兰克·瓦特(Frank Whittle)经过炼狱般的磨难才最终证实喷气发动机的实际可能性。在这两个例子中,尽管传统势力反对,但是他们最终都成功了——传统势力决定了那个时代的治理规则!

公司治理规则不可避免地要反映确定这些规则的社会的价值观。由于需要鼓励企业家创造财富,发展经济,因此在新兴社会或转型社会中解除管制

---

① 译者注:帕玛拉特公司是一家乳品生产商。
② 译者注:哈里森是一个乡村木匠的儿子,通过自学掌握了钟表的制造原理和技能,成为英国钟表制造家,发明第一座实用的航海天文钟。他从1728年开始致力于研制精密时计。1735年完成了第一座航海天文钟。1762年他的著名的第四座航海天文钟在一次开往牙买加的航行中误差仅5秒(经度 $1\frac{1}{4}$),误差率远小于英国经度委员会制定的最大限度,本可获得英国政府宣布的2万英镑的奖金。但是,由于经度委员会委员、出版《航海历》(也是测算经度的工具之一,但计算过于繁杂)的皇家天文台台长内维尔·马斯克林内(Nevil Maskelyne)出于私心不断刁难,哈里森迟迟无法获奖。最后在英王乔治三世的过问下,哈里森在1773年拿到了全额奖金,时年80岁。3年后哈里森去世。

是正常现象。管制始于企业家开始谋求垄断势力和/或寻求政治影响的阶段。这一点在美国20世纪初期的解散托拉斯中得到反映；近期，俄罗斯的寡头们开始受到某种形式的管制。企业家的"动物天性"对经济发展具有十分重要的意义，但社会的其他部分则希望他们"驯化"一些。

6.1.8 企业家与诺兰原则（Nolan Principles）

用诺兰原则比较在商业镇网站（BusinessTown.com）所展示的企业家形象中具有的企业家特征，使如何将企业家置身于公司治理框架中的问题变得很突出（见表6.1）。

表6.1　　　　　　　基于诺兰原则比较企业家特征

企业家特征	诺兰原则
自制	负责任
自信	领导力
紧迫感	
综合理解能力	诚实正直
现实主义	客观
概念能力	
状态要求	无私
人际关系	坦诚
情绪稳定性	
	诚实

公司治理已经发展到裁判团队博弈，而企业家则更偏好个人项目，尤其是和自己竞赛。负责任和坦诚的要求与企业家只关注自己的做法是背道而驰的。甚至诚实也不符合企业家的特性——企业家在实现自我目标过程中可曾考虑过与其他群体的利益可能产生矛盾？引导企业家的动机成为社会可以接受的行动的主要期望——是发展尚不规范但是关注坦诚和负责任的公司治理原则。企业家是社会的一分子，他们必须遵守社会规范。

以"服从或解释"（comply or explain）的方式进行管理，符合企业家的合理要求。威廉·莫里斯超市连锁公司的肯·莫里森爵士不能遵守综合准则的多项要求，但在公司年报中他解释了不这样做的理由。如果企业家——例如那些从事克隆研究或其他敏感的医疗技术研究的企业家——想藏匿他们的行径,那么在一个关系变得越来越复杂的社会中,将会越来越困难了。企业家需要资本、劳工和专家的服务,而这些服务的提供者对其利益相关者承担着越来越大的责任。近期关于支持举报机制(whistle-blowing)的规定使得密谋更加困难。

6.1.9 一种新方法

比使企业家适应公司治理要求更为重要的是需要改变公司治理"逐项核查(box-ticking)"的做法,代之以建立信任关系的开放过程。公司治理不仅仅是一种最终可以促使不同集团相互信任、一起工作的手段,企业成功的真正证据是它的可持续增长。增长是企业家主义(entrepreneurialism)的核心。为了成功,企业家需要得到鼓励、支持和报酬,但他们只有与其他利益相关者进行开放式的合作,与他们分享、分担、共同经营才有可能获得成功。而要这样做意味着权力分享,并承认他人的贡献——阿德里安·卡得伯利在制订规范时要求分离董事会主席与首席执行官职位,他是否想过企业家的处境呢?

6.2 家族企业协会(the Institute of Family Business,IFB)

家族企业协会是一个成立于 2001 年的非营利性组织,它的使命是在英国维持一个成功家族企业群体,并对国民经济做出举足轻重的贡献。它的角色模式之一是德国的"中小企业协会"(Mittelstand),中小规模的企业群构成了德国经济的核心。赫尔曼·西蒙(Hermann Simon)的著作《隐形冠军》(*Hidden Champions*)关注了 500 家并不著名的成功企业,并分析它们成功的秘密。这些企业成功的关键在于经营的长期化。家族公司的管理层任期很长,虽不必由家族成员实施管理,但是家族精神会得到体现。家族公司象征着财富的集中并世代相传。

IFB 的理事长格兰特·戈登(Grant Gordon)解释了 IFB 如何加强家族企业在经济中的地位。IFB 运营着一个为会员企业所拥有并指导它们活动的网络,它为成员建立正常的网络关系并提供一系列的教育培训项目,同时资助有关家族企业的研究项目,运营世界性的"家族企业网络"(Family Business Network)的英国分部。IFB 的研究和教育项目得到伦敦商学院(London Business School）的支持，并与德豪会计师事务所家族企业中心（BDO Center for Family Business）合作。

就像威娜公司（Wella）出售给宝洁公司（P&G）一样，在德国有越来越多的中小企业被出售。在过去的20年中，英国家族企业的数量也呈现下降趋势。日益激烈的竞争和官僚政治打破了家族信念与实现家族企业价值诱惑之间的平衡。类似维他麦（Weetabix）那样的公司已经被出售，在家族内部区分家族事务与公司事务、维持合理的治理结构的重要性已凸显。IFB发现，由JP摩根私人银行（JP Morgan Private Bank）资助颁发的"家族企业奖"（Family Business Honours），在帮助人们关注追求卓越的企业方面发挥了积极作用。有效的公司治理是企业追求并维持卓越的关键手段。

家族认识到，只有通过区分管理权和所有权才可能继续拥有它们的企业。继承问题正日益成为家族企业棘手的问题，企业竞争需要人才，而越来越多的家族后裔对人生有着独立的规划。管理经验并非都能遗传，现代技术也与企业创始人的遗传不一样。

IFB近期的一项调查发现，有25%的人认为他们的企业将来不会继续保持家族式管理。如今只有较少的家族成员愿意献身于家族企业；有小部分成员甚至认为，这不是一种他们希望使之成功的生活方式。

有家庭议会机制的家族公司在公司治理方面做得比较好。这些企业对于所有家族成员有着清晰的规则和程序，以及公开性和责任的要求。目前，家族公司越来越多地聘用外部人担任重要岗位，甚至包括CEO职位，家族希望家族成员能够学习管理技能并在家族以外企业拥有成功的事业发展记录之后再加入家族公司。即使是最优人选也不提供照顾。IFB举行了一个名为"董事职业化"的讨论，论证的是董事长，而非家族，在拓展、引导公司董事会服务于公司利益方面具有更大的重要性。虽然现在只有大公司才会选聘非执行董事，但是必须更多地强调非执行董事对家族企业的积极意义。在大多数企业中，非执行董事的独立性尚未得到检验；在斯塔克斯酒店（Stakis），非执行董事迫使老板的儿子辞职，但是，这不过是个案而并非通行的做法。在太多的家族企业中，家族成员是以股东而非董事的身份加入董事会的。非执行董事扮演的重要角色之一，是在董事长无能为力时，使公司董事会与家族事务相分离。幸运的是，绝大部分的IFB成员企业都有非执行董事，IFB同时为他们提供培训。

目前，较好的家族企业都有家族成员如何加入企业的规定，以及如何实现企业世代交替的规定。同时，这些企业有家族成员向非家族成员董事报告的规定（这通常有助于他们的个人发展）。现在，萨姆沃斯兄弟公司（Samworth Brothers）和制鞋商科拉克公司（C&J Clark）由非家族成员经营，这将成为发展趋势。目前还存在着削弱家族股权控制比例的趋势。这种趋势通常导致更严格的规范管理，在有机构投资者加入的情况下更是如此。股权的削弱是敏感的话题——毕竟与家族无关的小股东的过度干预很可能会妨碍企业的经营成效。

家族企业的公司治理正在转变之中。最好的公司，像科拉克（Clark）公司和威廉·杰克逊公司（William Jackson）有着良好的公司治理，并有强有力的非执行董事辅助家族成员。SC 杰克逊公司（SC Johnson）荣获了公司治理的 FBN 奖。即使家族企业的生命周期缩短了，对于良好治理的需求也在扩大。许多家族企业都是由创业企业家创立的，他们注重创新，但却较少关心企业发展成熟以及如何转化他们的创造。这也造成了这类企业不稳定、权力过度集中在个人手中的情况。为使企业经营更具稳定性，企业需要通过分权、竞争建立更稳定的组织结构。通过世代延续，创业企业可以转变为家族企业，但在这个过程中，创立企业之初所依靠的"动物天性"通常已经被大大弱化。IFB 面对的挑战之一是如何维持和重构企业家技能，家族企业和机构投资者控制的企业对企业家的技能需求存在明显的不同。

基于对家族企业前景的分析，格兰特·戈登认识到，家族企业生命周期存在缩短的趋势。一方面是由于在竞争压迫之下，家族企业对外部资本需求的增加导致了家族参与度的下降；另一方面也由于为满足企业经营之外生活方式的需要而提前实现利润的诱惑。家族利益和外部利益相关者利益的冲突加剧，使许多家族公司变为股权分散化的企业。尽管出现了这些变化，格兰特还是注意到：出于"把握自己的机会"的创业精神，以及使家族分享利益的目的，仍有新企业不断诞生。在未来，家族企业将不会成就先前那么大的规模；但在英国，家族培养在成就世界级企业的过程中变得越来越重要，现在仍有许多企业家选择保留家族企业以成就他们的家族梦想。对许多消费者而言，家族品牌则象征着诚信和品质。

6.3　家族企业

家族企业是英国经济的重要支柱之一。绝大多数的企业是由创业家或具有自己使命的人创立的。在几年时间里，这当中的许多企业由于不幸、管理不当或缺乏资金等原因而失败。在得以幸存的企业中，相当大部分随着创始人的结婚或野心的扩张而发展成为家族企业。根据阿德里安·卡得伯利爵士的估计（《家族公司及其治理》，亿康先达国际（Egon Zehnder International，2000），在英国，家族公司约占注册公司总数的75%；在印度等新兴市场该比例更高达95%以上。可以确信，家族公司雇用的人数超过英国私营部门雇用总人数的50%。虽然大型的家族企业是以注册公司的形式存在，但绝大部分的家族企业采取合伙制或非法人企业形式。家族企业对国民生产总值（GDP）的贡献十分显著，并且有证据表明，在面对内部和外部震荡的情况下，家族企业比一般企业更容易恢复。

家族企业与其他企业有什么区别？它们之间存在太多个性化差异，很难给出一般范式，概括起来有以下特点：(1) 家族企业被视为一种拥有，而非一项投资；(2) 家族长期拥有企业并作为遗产向后代传承；(3) 家族倾向于自创，而非通过收购获得企业；(4) 为了维持控制权，家族企业的融资政策和经营方式都比较保守。

在家族100%地拥有的企业中，这些特点更为显著。而一旦家族控制权由于部分流通或通过购并而被稀释，那么，家族就丧失了对企业的完全控制，必须适应其他股东的需要。

6.3.1 所有权

创办一家属于自己的企业的吸引力在于：摆脱雇主的监管获得独立，按照自己的意志生活和工作。许多创业者惊讶地发现，其事业实际上耗费了他们的一生，并限制了他们的自由。夫妻店（mom and pop）[①]的日常生活无法松懈、几乎没有假日和个人爱好，为了拥有所有权，你就必须将自己推向一种艰苦、努力工作的人生。结果他们自己成为企业的一部分，事业的人生也就是他们的人生。即使家族企业成长起来了，基于家族固守所有权的责任，家族会根据对企业的影响做出决策（就像地主为了他的产业而活一样）。当家族企业成熟了，家族成员就有了日常生活的自由，但是，企业仍旧是家庭关注的中心问题并影响到家庭的重大决策。

所有权是一种纽带，将家族成员与其企业捆绑在一起。一旦有家族成员加入企业的工作，这种关系就得到加强。但如果家族成员的志向不在于此，或者只是将家族成员视为廉价劳动力而迫使他们加入家族企业，那么家族企业很容易面临失败。作为一个家庭，生活和工作在一起的结果是可能导致幽闭恐惧症，企业事务会占据了家庭生活。家族企业要延续两代人以上是相当

---

① 译者注："mom and pop"指家庭式或夫妻店。

困难的，企业的健康发展取决于家族成员的素质。创业者的精神和技能或许无法得到遗传。俗语说"三十年河东，三十年河西"，第一代人创立了企业，第二代人发展，第三代人挥霍，这在许多家族企业中都是事实，尤其是当他们无法将所有权与管理权进行区分并从外部吸收优秀人才管理企业时，这种情况就更为严重。

6.3.2 长期视野

家族企业由于无需对外部投资者负责，因此易于以长期视野看待经营获利问题。许多上市公司认为，季度报告是非常有害的，它使得长期投资失去吸引力。较之需要向机构投资者负责的企业，家族公司由于考虑继承和续任问题，而可以在较长时间内接受较低的回报率。在收购安全百货公司之前，威廉·莫里斯超市连锁公司通过持续的低价实现了组织成长；而桑斯博里公司（家族仍有少量持股）则试图在怀特罗斯超市（Waitrose）之外的高端食品零售市场获取高额利润和红利。威廉·莫里斯超市连锁公司已经成功经营了大约60年；而桑斯博里超市在与特易购（Tesco）①、阿斯达（Asda）②的竞争中丧失了市场份额，被迫退出英国的零售业。

在创建家族企业中，一个重要的特殊事物是德国的"中小企业"（Mittelstand）模式。它们是大量的中型企业群，大多数是在1945年之后、在马歇尔计划（Marshall Plan）的支持下建立起来的，直至近年，它们一直是主导德国经济的重要力量。它们以德国为基地，大多数企业的业务遍及全球。这些公司中有小部分成为上市公司，但绝大部分至今仍是家族控制的企业。它们所具备的根据长远利益进行投资的能力，使其可以坚忍不拔地开拓市场。一些企业扩张所需资金源自银行的支持，德国银行始终给予这些企业支持，一直到最近的经济衰退。这些公司在过去50年内始终坚持不被购并，但现在也开始出售了。对许多个案的分析显示，这主要是因为家族的忠诚度下降，以及本土制造成本的上升，海外廉价竞争对德国许多企业产生了影响。一个典型的案例是，一家护发品生产企业威娜被卖给了宝洁公司（P&G），但是，目前小股东仍在提请诉讼。

50年的长远视野足以支撑企业的发展——但是在第三代人身上又应验了"三十年河东，三十年河西"的诅咒。

---

① 译者注：特易购为英国最大连锁超市集团。
② 译者注：阿斯达为英国大型连锁超市，系沃尔玛的英国子公司。

6.3.3　组织成长

家族企业具有很强的所有权气质，这意味着公司有着众所周知的文化和有效控制。像斯特里奥斯·哈吉－约安努和理查得·布兰森等创业家更多依靠的是理念驱动而非控制，他们的方法与绝大多数的家族企业有着本质的不同——企业家为自己工作；家族公司为后代工作。两者都注重组织成长甚于获利——创业家希望兑现自己的理念；家族重视所有权。

对商人而言，购并来得太快。购并为企业提供了瞬间成长的机会，并为企业带来 CEO。购并会给企业带来外来文化，通常也带来潜在风险——这对创业家和家族企业都没有吸引力（威廉·莫里斯超市连锁公司到底是不自量力还是蜕变为非家族性企业，我们将拭目以待）。

6.3.4　保守的融资行为

近年来，低成本的借贷资金促使许多大公司大量投资国债和公司债券，以至于负债额超过所有者权益。这些公司中有不少纷纷通过削减股利来推动企业增长，它们背离了股东但承诺未来的资本增长。但是，家族公司并未放纵自己从事类似行为，因为他们追求的是可控的组织成长，也因为他们是所有者。

家族企业大多选择股权融资。他们筹集足够数量的股权资金以满足企业组织发展的需求，他们可能连续几年不发放股利直至公司经营安全为止。一方面为了满足家族需要，另一方面为了避免超额利润税，他们在随后的年份将会派发红利。经营过程中所需的现金通常来源于利润留存，如果现金不足则动用短期汇票融资。近年来，有些家族企业开始运用债务融资工具，但其融资额相对股权而言比重很小。

6.3.5　对家族企业日益增长的关注

尽管家族企业在英国经济中发挥着举足轻重的作用，但是至今仍经常被政府和学者们所忽视。家族企业给人的印象比较差，除非出了麻烦，它们的行为总是缺乏良好的监管。上市公司正在集中成为不同的企业集团（通常有着容易令人糊涂的名称），这引发了对较小规模公司的关注，也开始有更多的分析家开始研究它们的增长潜力。与此同时，有越来越多的上市公司通过买断而转变成为非上市公司——DFS 家具公司（DFS Furniture）最近又回归家族控制——因此证券交易所不再仅仅盯住那些大企业。为了激发更大的兴趣和对家族企业价值更多的关注，JP 摩根私人银行的副总裁马克·伊文思（Mark Evans）构想了一个项目，以期吸引对家族企业的关注。2003 年，该银行发起了"英国家族企业荣誉奖项目"。该项目得到家族企业协会（IFB）和伦敦商学院（LBS）的支持，项目奖面向那些至少经过三代人的家族企业。2003 年，该项目得到贸易工业部大臣帕特里夏·休伊特（Patricia Hewitt）的支持。

评奖标准包括三个独立的方面：家族治理、事业成功和社会声誉。其中特别关注了家族治理问题，要求做到：

(1) 具有清晰明确的使命和价值观，并以之指导家族和家族事业。
(2) 建立家庭议会、家庭宪章或其他机制以实施家族治理。
(3) 在所有权和领导权移交方面有着成功的计划或程序。
(4) 存在有效的沟通程序和冲突处理机制。
(5) 在进行家族与非家族事务管理方面有着成功的政策和经验。

在事业成功和社会声誉两个方面的标准也各有不同。

2003 年，18 家公司分别荣获了家族治理、事业成功和社会声誉三个方面的奖项，名单如下：

- 家族治理奖

  典范企业
  - C & J Clark Ltd （制鞋业）
  - C Hoare & Co （银行业）
  - Thomas Crosbie Holdings Ltd （出版社）
  - William Jackson and Son Ltd （食品）
  - J W Lees & Co（Brewers）Ltd （啤酒）
  - Perfecta Ltd （香料与调味品）
  - Speymalt Whisky Distributors （威士忌批发商）

- 事业成功奖

  典范企业
  - Samworth Brothers （食品）
  - Altro Group plc （墙体与顶篷系统）
  - Big Pictures （图片出版商）
  - Grosvenor Group Holdings Ltd （国际资产）
  - Lornamead International （家居与个人护理产品）
  - The Musgrove Group （食品分销商）
  - Thomas Crosbie Holdings Ltd （出版商）
  - Timpson （鞋子及其他产品维修）

- 社会声誉奖

典范企业	—Betty's and Taylors of Harrogate	（食品及食品零售）
	—Bruntwood Estates	（商业资产）
	—C Hoare and Co	（银行）
	—IMO Precision Controls Ltd	（自动化与电子元器件）
	—Pentland Group plc	（运动时尚产品）
	—Samworth Brothers	（食品）

这份名单中的家族公司，行业分布广泛，说明了这些家族公司通过自我定位在不同市场开发了有趣又赢利的利基市场。在2003年该项目的会议上，伦敦商学院的报告揭示了不同获奖者所从事的事业之间存在着莫大的区别，这种区别并不仅仅包括市场导向，而且还包括经营风格和特性。评奖委员为被提名公司的质量及其提交报告所显示的经营范围和深度所打动。被提名公司也只是英国家族公司的一些样板，该项目未来还需要考虑更多的候选公司（2004年确实做到了这一点）。

6.3.6　家族公司治理

家族公司引发了一系列公司治理的问题，有一些问题我们在前面已经讨论过，其中部分问题涉及如何通过平衡权力来提高治理效率。为了奠定良好的治理基础，家族企业需要区分家族与事业。它们包括以下一些基本要素：（1）家族治理；（2）对外开放其公司，接受更多的外部影响；（3）成长与控制；（4）确保连续性。

下面就这些问题做进一步地讨论和分析。

1. 家族治理

阿德里安·卡得伯利爵士认为："所有问题的关键在于，在公司治理和家族商讨之间提出一个清晰的、可接受的、结构上的区分"。他所倡导的管理家族的方法就是建立家族议会，在会议上讨论有关家族和公司的事务。需要确定成员标准，它可以与股权挂钩，达到适当年龄的年轻家族成员也可以参与。由于涉及所有家庭议会成员的讨论，做出的决定都有条不紊且会被记录下来。阿德里安·卡得伯利爵士甚至建议，由家族内未介入企业经营的人士主导家庭议会，他认为只有通过家庭议会才可以将所讨论的意见与公司进行沟通。

多数控制企业的家庭都有为年轻家族成员设定职业规划的机制。他们让年轻人了解家族企业事务，但同时也允许他们做出其他选择，因此年轻人可以按照自己的意愿做出选择并告知家族。有时，家族成员的兴趣在家族企业之外，如泰特里家族（Tate and Lyle）的杰弗里·泰特（Geoffrey Tate）成为了一位著名的指挥（使人联想起比彻姆①）。无论采取什么方法，其目的都是为了提升公司治理水平，并减少家庭冲突对公司的影响或避免家族对公司的过度影响。

一旦家族掌握了公司的所有股权，那么比较合适的方法是设立一个信托基金，由信托基金持有公司股权。这样可以避免股权分裂，进而保持家族对企业的永久控制，但是需要任命独立的信托人。韦尔科姆信托基金（Wellcome Trust）就是做出这样安排的实例。有一些信托基金设立在海外，如威斯蒂（Vestey）集团。

2. 公司对外开放，接受更多的外部影响

家族企业面临的一个根本性问题是他们喜欢内部解决问题。大量的研究表明，在家族企业工作的雇员受到了更多的限制。一方面因为在家族企业工作升迁机会少，另一方面因为企业限制工作期间的沟通和交流。家族企业，尤其是那些有专业顾问或关键供应商的企业，倾向于限制外部合同。内部解决的倾向也是区分事业与家族利益的重要原因。

家族企业如何对外开放，接受更广泛的影响？这个问题需要从多个角度进行分析。

3. 股权

许多家族公司仅在需要发展资金的时候才会寻求外部股东。这符合逻辑，但同时也意味着，只有那些能为公司带来更广阔前景、有利于公司发展的个人或集团，才有可能被邀请成为公司的外部股东。他们中的一些人或许成为公司的非执行董事，还有一些人或许能够就合约提出超出家族成员知识范围的专家意见。只要外部股权比例不超过25%，家族对企业就仍然保持有效的控制权；实践中，只要外部股权足够分散，那么家族只需

---

① 译者注：托马斯·比彻姆（Thomas Beecham, 1879—1961）是英国指挥家。自幼喜爱音乐，自学成才，在牛津大学求学时期曾溜到德国去观摩歌剧。19岁因代替临时病倒的大指挥家里希塔指挥哈雷管弦乐团登上乐坛。30岁创立比彻姆交响乐团，向英国听众大力介绍理查德·施特劳斯等人的歌剧作品，比才的《C大调交响曲》等。后来，他还自费创办了伦敦爱乐管弦乐团和皇家爱乐管弦乐团，并长期担任指挥。他指挥的海顿交响曲别具一格。在他诞辰100周年时，重新复录了其早期灌制的许多唱片。

第6章 企业家和家族企业

要控制略多于50%的股权比例就足够了。有一个时期，家族为了保持控制权而发行不同等级的股份。这种做法目前在瑞士及其他欧洲大陆国家应用较多，但是证券交易所不太欢迎这种做法。目前，《每日邮报》及全局信托集团（Daily Mail and General Trust）有两种等级的股票，某些非上市公司股票的投票权也是不一样的，但在英国，这种做法正随着时间的推移而逐渐消失。

如果家族企业经营非常成功，那么它可以享有在证券交易所流通20%或更多股份的选择权。由于有了更多的投资人，公司的媒体形象也会更好一些。有部分上市公司的家族公司控股比例虽然只有20%左右，但是仍可以施加重大影响，桑斯博里公司就是一例。在某一些公司中，家族的影响更多的是形式上的，它本质上是一家公众公司。

4. 董事会

家族公司通常倾向于从家族成员内部任命董事会成员。这并非一种好的做法。一方面它潜在地混淆了公司业务与家族事务，另一方面，它使公司失去了在公司事务方面汲取更丰富的知识和经验的机会。公司不应该把董事席位作为家族成员竞争的战利品，也不应该将家族事务放到公司董事会上讨论。

少数家族能够做到根据现代企业管理的需要培训家族成员的技能。部分做得更好的家族则认识到，要实现公司业绩的持续增长，只有通过任命那些能够为公司经营做出重大贡献的董事才是比较可取的路径。存在外部股东的家族企业中，在董事会成员的任命过程中避免任人唯亲的迫切性就更加明显，因为外部股东更迫切地希望通过任命有能力的董事提升公司的经营业绩。

许多家族企业所走出的第一步是引入部分非家族成员担任非执行董事，并以此试探外界对家族企业的影响。这种模式受到阿德里安·卡得伯利爵士的推崇，因为非执行董事通过一定时期的接触后逐步熟悉并了解了公司的经营事务。与此同时，家族成员也开始接受与外人分享他们的私有信息。利用外部非执行董事在一定程度上减少了家族公司对外部顾问的依赖。部分家族企业甚至设立了专业委员会提供咨询意见，这些委员会并没有参与实际经营运作的权力。只有少数这样做的公司能够取得成功，因为它很难让那些有能力的人在公司内部寻找到一个更为合适的位置。

当家族公司开始聘请外部执行董事时，它们才真正"成熟"。财务董事通常是第一个开放给外部人的职位，这或许是因为家族内部没有会计师。一些公司的做法是任命一位先前的审计师担任非执行董事，同时邀请主计长列席董事会并报告公司财务工作。就这样一个重要的任命而言，这种做法并不好。任命一位外部的首席执行官是家族企业走出家族，迈向更广阔空间的重要一步。有的公司会采取这样的过渡性做法：家族成员担任董事长，任命一位外部董事总经理贯彻董事会制定的战略方针，后者接受前者的监管。无论如何，这也在一定程度上达到了区分管理权和所有权的目的，许多公司从家族控制下解放出来之后并没有丧失公司原特有的文化。

5. 其他利益相关者

雇员是家族企业中重要的利益相关者。许多人不愿意在家族企业工作，他们担心在晋升机会上受到歧视。但也有一些人则受到家族企业文化和价值观的吸引。有一段时间，家族企业被戴上"家长作风"的帽子，像伯恩维利（Bournville）或日光港（Port Sunlight），他们创建了产业，同时也设定了雇员的人生。但这种观点已经过时了，尤其是因为一些家族企业受到贵格派教徒（Quaker）或其他价值观的影响，试图在经济衰退期维持雇佣关系。

今天的家族公司非常敏感，避免在任命时给人留下"歧视"的印象，有部分公司甚至拒绝家族成员成为企业员工。实践中更可行的做法是，聘请外部专家通过面试监督竞聘过程。许多公司要求家族成员先在家族公司之外工作，只有当他们在外面获得了成功的记录，才被允许加入家族企业。由于越来越多的家族成员进入大学学习并在家族公司之外取得成就，以往家族成员一毕业就加入家族公司的做法好像已经不存在了。年轻的家族成员也不太愿意接受在家族企业内领取低薪酬而换取老年保障的做法。

家族企业其他重要的利益相关者还包括顾客。对小型的家族企业而言，这些顾客通常他们都认识，有的还是朋友。这样的关系需要从商业角度定位，否则一旦私人关系恶化就会影响到商业关系。许多小公司就是被家族的朋友拖欠货款而陷入危机的。另一方面，家族的声誉通常会对顾客产生吸引力，一部分顾客欣赏家族企业连续一贯的作风以及代代相传的忠诚。家族的价值观通常会强化家族业务，例如银行家霍尔（Hoare）。多年来，维他麦公司凭借其声誉而抵抗住来自凯洛格公司（Kellogg）及其他许多竞争者的冲击。手枪制造商珀迪公司（Purdey）在出售给里奇蒙特集团（Richemont）之后，理查德·波蒂（Richard Purdey）仍留任公司董事总经理，目的就是为了延续家族品牌的价值。

对家族企业而言，供应商也是重要的利益相关者，他们为企业提供重要的商品。随着供应链的延伸，供应商关系变得越来越重要，供应商与家族企业的联系通常是对连续性与价值观的反应。像贝蒂茶屋（Betty's）和泰勒公司（Taylors）等在全球范围内寻找资源，它们因公平交易而极大地提升了公司的声誉。

家族企业有很强的属地感，社区对家族企业很重要。家族企业的根深植于他们生存发展的社区，并与社区有着紧密的联系。也正是因为如此，"JP摩根私人银行家族企业奖"在评估公司的社会声誉方面才能做得如此之好。家族企业也积极参与社区活动、支持慈善活动，尤其是那些公司所在地的社区活动。家族企业在其所在地社区常常是非常重要的，有时这会限制它们异地经营的能力。真空吸尘器制造商戴森公司（Dyson）在试图将其生产基地搬迁到海外时，就遭到所在地民众的强烈抗议并损害了公司在当地的形象。离开所处的核心社区向外扩展，是家族企业发展过程中面对的挑战。一些家族企业从未能离开它们的根——肯特郡一家小型建筑公司——达特尔公司（Dartell and Co.），早在16世纪就成立了，但是从未离开过该地区。

6. 成长与控制

对于家族企业而言，成长的压力通常来自于满足家族需要，而非外部压力或个人野心。家族倾向于稳健经营其企业并控制风险，他们重视将一个健康的企业移交给下一代。为了确保企业的健康和稳健成长，家族企业的发展在很大程度上依赖于管理家族成员的预期，防范贪婪和无能力对公司的危害。最好的做法是通过家族议会或相类似的机制从外部来管理企业。

在家族公司内部，公司治理强调控制性股东（家族）的既定使命，经理们所拥有的自由决策权比一般公司少。这种限制可能打击外部经理人员和股东的积极性，但是随着股权向外部股东转移，这种限制会逐步消减。家族的警示可能使企业丧失新的发展机会，但可以帮助他们规避风险，例如，赛奇假日旅行社（Saga Holidays）就比其他旅行社做得持久（最近该公司以10亿英镑的价格被出售）。

一旦家族企业开始引入外部股东或外部董事，公司需要保持与外界不间断的对话，并确保所有的治理过程都透明公开。需要给予外部执行董事工作空间以确保他们的工作效率，不能因为家族成员的阻挠而设置障碍。在与外界的交易中，公平是重要的检验标准，公司所有的交易都必须公开。给人留下偏袒印象的家族企业很难招募到好的员工，与其他利益相关者的关系也会因此受到影响。能够公平处理对外事务的家族，他们的企业通常都能做到繁荣昌盛。

7. 家族企业的前景

有一个很好的悖论：企业集中形成较大的企业集团，由此又会产生大量的小公司。这些公司大多是由创业家或创业家群体创建的，其中存活下来的企业许多又发展成为家族企业，与一个控制性股东相联系。由于家庭结构越来越不稳定，现在由兄弟姐妹共同创建的家族企业越来越少，但许多小商店或小型服务企业仍然采用夫妻店的形式。JP 摩根私人银行的马克·伊文思非常信赖家族公司所传达的价值观，并相信家族企业一定大有前途。他认为好的家族企业将成为改善英国商业的典范："通过分析家族企业的最佳实践范例，我们也在确立整个商业社会的经营模式。"他认为家族企业的价值被低估了，他们完全应该得到像大企业那样的形象和声誉。他同时强调，要重视最优秀的家族企业在开创和发展利基市场过程中所体现出来的创新精神。这样的企业完全可以抵抗风险，甚至驾驭风险。

互联网改变了商业的功能，在一定程度上，地点因素变得没有价格那么重要。对家族企业而言，信任十分重要，但如何在互联网时代建立信用仍是一个难题。互联网提供了更多的选择机会，价格也越来越敏感，要达成好的交易也越来越困难。或许我们将会认识到树立"互联网品牌"的重要性，以此抵消地域差距带来的不利影响。亚马逊（Amazon）、易趣（eBay）等公司都试图建立自己的品牌，但这不是一两年就可以做到的，像科拉克这样的鞋业品牌的建立用了近 200 年的时间。我们未来或许将看到互联网公司通过收购既有品牌的方式来赢得时间。

在一个充满竞争的环境中，家族企业通过世代相传的做法在利基市场中持久经营并占据一席之地。不过，现在的家族不像以往那样团结，家族成员也越来越没有耐心。尽管如此，那些具备良好价值观、长期经营理念、有特点、有趣的企业仍有发展空间。大部分人喜欢和自己相类似的人做交易——家族企业和我们一样关心孩子，他们和我们有着相同的行为规范。与家族企业打交道的感觉总是要比和冷冰冰的、看不见的网络打交道舒服得多。

第7章

声誉、社会与生态责任

社会责任与生态责任是衡量公司社会声誉的重要标准。笔者相信这是一个趋势,将三者综合思考要比分散开来单独思考好得多。我们因此将这些问题归纳到公司声誉这个大标题下,但同时,仍会兼顾不同要素的重要影响。

7.1 声誉——MORI有限公司董事斯特华·刘易斯(Stwart Lewis)的观点

在斯特华·刘易斯看来,所谓声誉就是个人或群体留给其他组织的情感和理智上的总体印象。声誉是既看得到又感觉得到的,并成为他人眼中该组织的特征。虽然品牌是声誉的一部分,但声誉包含的内容远不止是品牌,尤其在公司层面更是如此。声誉取决于组织的经济绩效及其产品品牌,但它涉及更深的信任层面。品牌关注的是企业销售什么;声誉反映的是它代表了什么。

为了建设企业声誉,许多公司因此涉足公司的社会责任(corporate social responsibility,CSR)层面。通常这会促使公司开始考虑与社会公众的关系问题,但有时也会遭遇到现实与理想的冲突。斯特华确信,只有从整个公司的角度出发,思考CSR才有意义。CSR要求做到一贯地正直诚实,因此只有在各个层面上一贯地坚持理想才可行。斯特华引述了一位记者的故事:这位记者曾质疑英国石油公司的CSR,直到一位基层技师告诉他"这就是我们做事的方式"才最终打消他的疑虑。CSR需要在企业的日常经营中得到体现,并持之以恒——要想树立持久的声誉没有捷径可言。

斯特华注意到许多因素会危及企业的声誉。壳牌石油公司的管理层为了维持市场排名而对虚报资源储备采取了纵容的态度，曾经成就了壳牌石油公司正直诚实声誉的著名的"核查与平衡"（checks and balances）原则如今又在哪里呢？壳牌公司的新架构将有助于恢复公司的内部控制并搬开阻碍公司未来成功的绊脚石。波音公司（Boeing）一度也陷入雇员为获取订单而行贿的窘境。几年前，大量的贿赂事件对埃尔弗－阿基坦石油公司（Elf Acquitaine）造成了严重的伤害。

在公司全球化进程中，秘密市场上获得的巨额合同往往会使企业陷入道德危机——哈里比尔顿公司[①]（Halliburton）的声誉就因其在伊拉克的行为而蒙羞。玛莎超市因为未能维持顾客的信任而丧失了市场领头羊的地位。有太多的公司忽视了他们的利益相关群体，而将眼光局限在公司内部。可口可乐在缺乏与消费群体认真协商沟通的情况下推出了"新配方"。声誉可能因为一些其他的事情而得到或失去，它并非与生俱来，但我们可以通过努力使其强化和延续。

公司在其声誉遭受扭曲之后如何进行重建？要重建，就要求公司必须具有商誉基础，以此作为重建的基础（安达信会计师事务所（Arthur Anderson）就根本不存在这样的商誉基础）。许多美国公司受到丑闻的困扰，例如美国微波通信公司（MCI）[②]和泰科国际（Tyco），只有通过全面撤换管理层并实施强有力的变革措施才能开始重建工作。斯特华·刘易斯提到的其他关键因素是：充分而公正的沟通。佩绿雅矿泉水其声誉遭受严重损害之前，一直拒不承认其产品有质量问题；强生公司对泰诺污染事件及时做出反应，公司的商誉也得以保持。斯特华认为，在这样一个大家都不习惯于道歉的社会中，能够具备坦诚道歉勇气的公司其实是极有力量的。要具有像强生公司一样认错的勇气是很难的——当然，这种勇气指的不是简单的"公司新闻发布会"。在错综复杂的世界中，部分有魄力的保险业者和其他服务业者发现，写一封道歉信其实是极其有力的，并且这种做法可以将它们与竞争对手区分开来。为了重建声誉，强调聆听顾客及其他利益相关者的意见是非

[①] 译者注：哈里比尔顿公司是一家总部位于美国得克萨斯州休斯敦的油田服务业巨头，2000年之前，美国副总统切尼曾任该公司的执行长。2004年审计人员发现该公司在伊拉克战争期间把军方燃料从科威特运往伊拉克的项目中多收取了数千万美元的费用。

[②] 译者注：MCI为原美国第二大长途电话公司世界通信公司（WorldCom），因涉及美国史上最大的财务丑闻案（110亿美元）宣布破产保护后，经过21个月的重组更换其名。新公司人员从7万人减到5万人；在管理层中，解雇了直接或间接涉入丑闻的100多名管理人员。

第7章 声誉、社会与生态责任

常重要的。通过加强沟通，英国公平人寿保险公司（Equitable Life）[①]的新管理层平息了社会舆论，防止了毁灭性的诉讼案。通过加强沟通并逐步加强沟通力度，马可尼公司（Marconi）[②]的新管理层最终获得了伦敦城及其他利益相关者越来越多的支持。斯特华·刘易斯认为，建立一个长久的声誉需要50年的时间，他同时相信——一场大难之后，只要公司的商誉基础还在，那么这家公司大约在2年之后就可以重建声誉。

在斯特华看来，要确认声誉的所有权相当复杂。从法律角度看，股东拥有企业，而公司的声誉也会在股票价格上有所体现。其他的利益相关者也参与分享公司的声誉——雇员们愿意在声誉好的组织工作，顾客和供应商都喜欢与有声望的对手交易。然而，自信是声誉的核心。外部利益相关者会对公司的自信做出反应，但它们通常不会参与公司自信的创造过程。一旦受到侵蚀，就像杰尔拉德·拉特纳（Gerald Ratner）[③]说过的——他的公司在销售"垃圾"，外界的支持在转瞬之间就消失了。同时，自信需要以服务承诺为基础。像帕玛拉特和媒体公司霍林格（Hollinger）等由法定所有者所控制的公司，或许会更重视自信，但是却没有一个切实可行的日程表来构建企业的持久声誉。如同我们曾经看到的，声誉需要与其他利益群体相一致，并要发展与他们的持久联系，但又有谁会愿意与巴洛·克洛斯（Barlow Clowes）维系长久的联系呢？

斯特华·刘易斯认为，声誉管理的核心在于选择表现和行动的标准，并接受外界持续的评价。公司必须明确地承诺这些标准是可以衡量的，可以从外部观察到的。公司需要通过不间断地访谈，将各个利益相关群体纳入这一过程中。设定的标准应该具有一定的挑战性，一方面有助于提高企业的市场竞争地位，另一方面帮助企业不断地提高其标准。这有点像杰克·沃尔什（Jack Walsh）运用6个Σ在通用电气的所为，但是，要注意避免过多的个人色彩。斯特华发现，有许多公司在建设声誉的过程中试图寻求外部支持，不仅仅是技术和比照，而且还包括客观的建议和意见。企业很容易自满，因

[①] 译者注：1999年1月15日，英国公平人寿保险公司向英国法院申请降低其GAR保单的保证利率而引发事端，涉及金额数十亿英镑。2004年3月，Penrose报告完成并正式对外公布，指出引发事件的主要原因有三点：公司治理失衡、监理机构反应迟缓及缺乏良好的人寿会计标准。

[②] 译者注："Marconi"为英国最大电话设备商。

[③] 译者注：1986年，拉特纳斯公司收购了竞争对手H. Samuel。拉特纳邀请记者前往伯明翰参观H. Samuel的仓库。《金融时报》的玛吉·厄里（Maggie Urry）是唯一接受邀请的记者。杰拉尔德和玛吉是彼此打趣的好朋友。杰拉尔德给玛吉看一套俗气的细颈水瓶，该产品销售强劲，使他无法停止生产。当玛吉问："为什么这种只有14.95英镑的产品会这么畅销"时，"因为它是垃圾"——杰拉尔德这样说道。

此需要让其明白现在及未来所面临的缺陷和不足。MORI 声誉中心（MORI Reputation Centre）主要与客户的公共事务及沟通事务部门打交道。笔者认为，声誉是值得列入董事会讨论的议题，并且应该与公司的战略相联系。斯特华赞同这样的观点：在建设公司声誉的过程中需要得到公司最高层的支持，尤其要让公司经营的各个部分（包括重要的利益相关者）参与进来，并让相关人士接受适当的教育培训以推动工作的开展。声誉风险及如何管理声誉风险是培训的重点，这不单是为了满足特恩布尔报告的要求，而且也是评估企业日常交易的需求。实际上，许多公司按常规方式做出的决策有损公司的声誉，如许多公司为了节约短期成本开支而设立接听中心，这种做法从长远来看，实际上有损企业的声誉。除非公司认识到声誉的价值，否则他们很难做出恰当的权衡。某些保险公司，例如直线公司（Direct Line），就是通过理赔部门的工作树立起公司的声誉①。

我们认为，声誉的无形资产价值是影响绝大部分公司可持续发展的重要因素。英特品牌集团②（Interbrand）开发出一种可以让会计师和部分公司接受的声誉价值计量方法，例如，瑞典皇家保险集团（Skandia）就在资产负债表上列示了公司的无形资产（不限于并购商誉）价值。但到目前为止，在这方面的努力尚未取得重大进展，因为这实际上涉及包括估算资产回报、估价的难度等一系列更为广泛的问题。斯特华认为，声誉管理是建立在关系的基础之上的，而公司的行为是其维持声誉的通货。虽然新公司法案的"经营与财务回顾"（Operating and Financial Review）要求进行量化衡量，但是我们还是可以不用财务报告来估计声誉的价值。目前，MORI 开发了一系列包括声誉审计、声誉追踪等工具，用以评估企业的声誉价值。这些工具主要依靠系统分析。MORI 同时还开发了 MORI 卓越模式（MORI Excellence Model），通过衡量信任、交易满意度、承诺实现等指标为公司的声誉划分等级。这个模式同时也有助于利益相关者关系的分析，这是另一个建立公司声誉的重要工具。下面我们还将列示 MORI 声誉管理的系列工具。

在斯特华看来，员工参与是建设公司声誉的重要驱动力。员工与所有的公司利益相关者打交道，而且是日复一日地打交道，因此需要激励他们像公

---

① 译者注：1984 年，英国直线公司首先创办和开展利用电话随时受理核定保单这种商业模式，并取得了惊人的成功。公司取消了传统的经纪人，它认为如果公司把工作做好，比如迅速完成理赔和取消复杂的表格，客户并不需要传统经纪人给予人的那种情感上的舒适感。因此，公司没有用经纪人和区域办公室，而是利用信息技术提高理赔的处理效率，并建立起成功的商业模式。

② 译者注：英特品牌集团（Interbrand）是全球最大的综合性品牌咨询公司，它提出应该以未来收益为基础评估品牌资产。

第7章　声誉、社会与生态责任

司的大使一样工作。如果不如此激励员工，我们很难想见利益相关者会对此有所反应并建立一个会创造价值的关系。英国石油公司把这一过程置于企业持续发展的背景之中，"我们的基本目标是持续不懈地提升公司的业绩和营利性，为此，必须表现出我们是在持续不断地进步，并让所有人受益"（布朗勋爵（Lord Browne），英国石油公司2001年年报）。英国石油公司再三向员工重申他们的工作与公司的可持续发展之间有着明确的关系。英国石油公司有四项关键的品牌价值——创新、进步、业绩驱动、环保——员工的行动必须与之相匹配。经理在这些方面所做的工作受到奖励或激励，并按年度进行评估；经理的业绩不能仅仅根据短期成绩进行评价，以免牺牲未来可持续发展的可能。有一部分人因为不遵守公司的价值观而被开除。英国石油公司目前按照结果对决策进行审计。在声誉管理方面，力拓矿业公司显现出它是一个有思想的领导者；英美烟草公司（BAT）有一系列的商业原则，并由最高层监督执行。这两家公司都积极参与当地的社区活动。帝亚吉欧公司也积极从事公司声誉管理（相关内容参见第5章）。

　　斯特华认为，在改进声誉管理方面的进步较少依靠倡导它的那些公司，更重要的是要克服恐惧和惰性。有的公司认为，声誉管理尤其是公司社会责任，显而易见的目的是为了对付具有威胁性的挑衅事件。具体而言，他们正受到非政府组织及其他激进分子的干涉，这些非政府组织和其他激进分子提出的不正当要求，转移了公司发展的注意力；他们也敏感于政府日益增加的要求和官僚主义的重压。对于那些关注满足股东利益的公司而言，考虑到他们需要面对那么多的群体是很恐怖的事，笔者建议斯特华·刘易斯有必要将不同的利益相关群体及关注于此的团体（如政府和媒体）集中召开讨论会，一起讨论如何在这样一个变得越来越强调责任的社会中建立相互之间的信任关系。而这场讨论会的组织者应该是中立的、知情的——MORI有没有可能创建并监管这样的一场讨论会呢？

　　斯特华认为，声誉对于在这样一个拥挤、竞争激烈的全球市场中打拼的公司来说，其重要性越来越突出。只关注价格的、带有攻击性的买和卖无疑将影响长期关系，采购成本也会比与老客户做交易来得高。企业凭借已经建立的声誉将有助于便利交易过程，并减少潜在的误解和诉讼。信任是这种关系的核心，不但可以节约大量的成本、避免延误，而且可以使合同更集中于基本问题，更容易以相互信任而非担心的状态达成共识。

　　MORI声誉中心有超过30年的经验——与各种公司及利益相关者打交道并帮助他们建立和维持公司声誉。MORI在公司声誉研究方面的委托人包括金融时报富时指数（FTSE）在内的许多公司，其中也包括一些外国公司，如福特汽车、微软、雀巢公司、诺基亚和诺华公司（Novartis）；同时也还有一些组织，如皇家邮政（Royal Mail）、瘾君子互戒协会（AA）、英国广播公司（BBC）和科莱特（Camelot）。

MORI 中心工作的重点在于通过沟通建立声誉。提出的一些主要问题包括：

（1）你的目标受众最感兴趣、最关心的是什么？
（2）你在多大程度上满足了他们的期望？
（3）你的行为准则如何支持你与竞争对手分享理念或意识？
（4）你是否在提升企业声誉上进行投资？
（5）你是否为错误的问题而担忧？
（6）你的沟通工作如何最好地服务于你所寻求的企业声誉的建设？
（7）什么媒体渠道在传播公司信息方面最合适、最有效率？

这些以及其他被强调的问题反映了关键目标群体关注的问题，并对结果进行深度分析。区分关键目标受众的研究项目涵盖了政府、媒体、行业领导者和伦敦城，并在更大的范畴内展开研究。

MORI 主要的声誉管理工具包括：

（1）声誉审计。
（2）声誉追踪。
（3）公司特质、命名和品牌形成。
（4）公司社会责任。
（5）精英关注群体。
（6）利益相关者关系分析（包括 MORI 卓越模式）。
（7）多客户调查（关键受众研究项目）。
（8）网络评估（利用 e-MORI）。
（9）国际研究。

同时，中心还为声誉管理的关键领域提交研究报告，以帮助规范声誉管理的发展。最近的一些案例包括：

（1）越来越重要的非财务报告——如何预测结果来衡量公司的声誉。
（2）信任丧失研究。
（3）公司责任的公众观点（2003）。
（4）关注公司治理的未来。

(5) 声誉与公司责任。

7.2 古德公司——建立一家有道德的企业

公司治理面临的最根本的挑战之一即如何规范其组织从上到下所有员工的行为。通过下达"公司命令"（corporate fiat）的做法，从来没有能够取得持久的效果，因为这种做法没有能够改变人们的思想，也从来没有能够赢得人们的心。在这种情况下，古德公司采取了另一种方法，它们寻求员工们对"公司责任"标准的赞同和共同监督，以关注公平甚于效率的方法来达到企业目的。

古德公司是由一批毕马威会计师事务所（KPMG）的前合伙人及董事于2000年创办的，公司在2001年7月起步，并得到了商业伦理协会（Institute of Business Ethics）的支持。利奥·马丁（Leo Martin）是创业董事之一，在他的指导下，建立了一种可行的标准。古德公司的目的是帮助企业建立并在整个组织中实施有效的公司责任实践。实行它的基本工具是一种经过充分检验的标准，它可以适用于各类组织而不失基本的可比性和成功获得风筝标志（Kitemark）① 或其他标志的可能性。

这个过程要求每个组织根据66项"业务操作"及其衍生出来的23项"原则"提供证据，以表明组织下辖各个业务单元在这些方面所达到的良好表现。公司制订了一份厚达70页的指导手册，帮助企业准备"企业案例"，评估将由这些"企业案例"组成并被核查。古德公司有一大批训练有素的顾问可以帮助企业提交报告；但是作为考核者，古德公司不提供顾问咨询服务。认证工作由古德公司的代表进行，他们将对企业的所有业务单元及辅助职能进行彻底的审查，评估每一个细节，对每一项业务操作按5级进行打分。5个级别从低到高分别是"失败"、"轻微违规"、"有待进一步观察"、"良好"和"值得赞扬"。每做一项评估都需要得到政策文件副本、系统产出、程序手册和访谈等材料的支持。

经过合并各单项报告，古德公司会把发现的主要问题、相应改进措施的报告提交给客户的管理层。提交的报告中包括按照古德标准对客户每一项业务操作的质量评定。如果该企业并非首次认证，那么新的认证结果一出，古德公司就将其与先期结果进行比照并就变化做出说明。如果一家公司在

---

① 译者注：风筝标志是英标产品的认证标志。

66 项业务操作中没有一项属于失败级别,那么就可以获得古德公司颁发的许可证;其他公司就属于需要改进的公司,它们要集中整改属于"失败"级别的项目。除了对企业进行评级打分之外,古德公司还根据其所有合格客户的汇总资料计算基准数据。

古德公司为各种类型、各种规模的企业提供过验证。公司客户中既包括像道达尔石油(Total)和不列颠煤气集团(British Gas,BG)等这样的全球性企业,又有金融时报富时指数(FTSE)、英国半导体公司(ARM Holding)、立博在线赌博公司(Ladbrokes)和古典 FM(Classic FM)这样的专业组织,还有抚恤信托基金(该基金为志愿部门提供抚恤金项目)和贸易联盟 LSTC 等。公司在全球展开认证工作,并帮助跨国公司在经营过程中维持行动的一贯性,并区别于它们的竞争对手。

公司进行古德认证的目的:一方面是为了有别于他人;另一方面是为了帮助企业保障收入,使企业保持行为的一致性以树立声誉,规避突发事件。验证的结果是保密的,只有颁发的许可证是公开的,其使用受到成员的控制。古德公司并不试图以认证结果影响企业的价值判断;它的原则是尽可能吸收那些最成功的企业,汲取那些反映创造信任和有助于企业持续业绩的实践活动。

在认证过程中会涉及组织的所有利益相关群体,包括内部的和外部的,还有非政府组织、反对团体和其他潜在的批评家。这有助于企业消除现实的和潜在的冲突,并帮助组织寻得支持。原则和业务操作的清单并非详尽无疑的,有些组织的业务操作内容会在这份清单之外。在认证过程中会考虑这些例外的特征,但不影响全面评级。

公司治理贯穿整个过程,但重点体现在业务操作 SHA8 和 SHA9 这两部分中,同时影响到其他业务的操作规程。厚达 65 页的认证报告强有力(且可信)地阐明了企业经营过程中存在的问题,它可以用于指导企业接下来的改进过程。在部分全球经营的成员企业中,古德公司的认证过程可以帮助企业发现在特定区域内的薄弱环节,这些薄弱环节或许表现为某一特定模式在跨国经营中表现的业绩差强人意,或许是一个业务单元内部模式的不充分,这种发现薄弱环节的功能并不是一种巧合。发现最糟的情况或许是贿赂,甚至是欺诈,但是这个过程同时还可以发现特定领域内的薄弱表现,通过与前期认证结果的比照,企业可以发现或许是任命了不称职的人员或监管不力。像道达尔石油这样一家在全球设有 200 个分支机构、雇佣了 13 万员工的企业,认证工作和强化持续不断的评估是一件令人生畏的大工程。要不断提升认证工作的要求,就像油漆福思大钢桥(Forth Bridge)① 那样。

古德公司接受各种客户代表的委托。如道达尔石油公司,主要的委托人是一位重要的董事会董事,并得到公司伦理委员会的支持;不列颠煤气公司主要的委托人是社会事务委员会(Community Affairs);镜报集团(Trinity Mirror)的委托人是法律事务部总监(Legal and Compliance Director);英国半导体公司的委托人是人力资源总监;敦豪快运公司(DHL)的委托人是信息沟通总监(Communication Director)。它们进行认证的动机也各不相同。风险最小化是最常见的动机,另一项常见的动机是评估员工业绩。迄今为止,还很少有公司是以提升经营业绩作为认证动机的,大多数人将认证视为一种防范机制而非一种取得骄人业绩的杠杆。

三年来,古德公司共计完成了100个认证项目,认证的程序也经过检验和标准化。公司的客户大多都是偶然而来的,并且没有固定的模式。客户主要来自私有部门,包括中型和大型组织,其中多数具有很高的盈利性保护和自身声誉的需求。虽然认证对公有部门同样有效,但是其必要性尚未被这些部门所接受。古德公司把目标客户群从FTSE100指数扩展到250家甚至更多。公司刚有了一个重要的海外客户,公司还会寻找更多的海外客户,但是公司需要在这些公司中试验标准,以验证它们是否符合公司的需求。最重要的是,新客户需要开放它们经营的所有方面以便进行严格的检查,并把认证结果作为今后行动的目标。它们也要有耐心和坚韧不拔的意志容许它们公司中最小的、最偏远的部门按照整个公司的整体标准实施整改措施。

7.3 社区企业协会——实践中的企业社会责任

在它的专有网站②中,社区企业协会(Business in the Community, BITC)对自身做了很好地介绍:

> 社区企业协会成立于1982年,当时社会上失业率奇高、城市骚乱。许多人注意到,虽然大企业开始在赞助大型体育和文化活动方面越来越扮演重要的角色,但是美国公司在参与地方社区活动方

---

① 译者注:福斯桥(Forth Bridge),又称福斯铁路桥,位于爱丁堡城北福斯河上。该桥建成于1890年,是英国人引以为豪的工程杰作。桥梁的大部分结构是钢材料。有传说,当把桥梁全部油漆一遍后,前面的漆色已褪,又需重新开始油漆,故"给福斯桥刷漆(paint the Forth Bridge)"成为英国的俗语。

② 译者注:该协会的网站网址为 www.bitc.org.uk。

面做得比英国企业好得多。

阿拉斯泰尔·皮尔金顿爵士（Sir Alastair Pilkington）[①] 在圣海伦（St Helens）创立了一个先驱组织——企业代理行（Enterprise Agency），他被遴选为一个促进企业社会关系组织的主席，也因此成为社区企业协会的创始人。皮尔金顿爵士坚持认为，协会一开始就应该成为企业、政府、地方当局和贸易协会的亲密伙伴。

社区企业协会在只有少量勇敢的追随者（secondees）和不确定信息的基础上开始工作了。尽管一家企业的董事长可能认同公司参与社区活动会符合股东利益，但是他是否应该在每周星期一早上的公司例会中讨论它仍旧是一个问题。最初的方案是通过企业代理活动进行的，协会最初的工作重点是创建一个全国性"牵手新企业和发展中企业"的网络。

1985 年，社区企业协会网站基本完成，同时也有了很多强有力的证据表明，该组织极大地延长了许多新生企业的生命周期。

两年之后，也就是 1987 年，威尔士亲王殿下（HRH The Prince of Wales）接受了社区企业协会理事长的职位。在过去的 16 年时间中，亲王殿下以其无与伦比的杰出才能将普通市民与商界、政界领袖汇集到一起，并向他们解释该组织信息，他也因此成为企业社区协会的杰出领袖。

社区企业协会在英格兰、威尔士和北爱尔兰开展活动，协会是一个社团组织并采取担保会员制。在协会的备忘录中（Memorandum of Association）界定社区企业协会要像商业机构一样追逐组织的目标。社区企业协会有 32 个理事，全部都是不领取薪酬的非执行理事，他们大部分来自会员企业。首席执行官朱莉娅·克莱弗登（Julia Cleverdon）不是理事会成员，但是负责管理委员会。协会理事在多次全国性的活动中扮演了领导人的角色，并主导了这些活动，协会为这些活动及其提出的倡议提供庇护。协会的经费源于会员企业的资助，协会会员多是伦敦股票交易所的上市公司。

社区企业协会是一个扩展中的、项目主导型的组织，为了全面表达各种利益相关群体的意见，协会需要吸收具备广泛背景的非执行理事。为了明确协会的行动目标并支持管理委员会的工作，戴维·瓦尼（David Varney）成立了一个由 15 名理事组成的主席团，负责监督诸如运动、项目、审计和提名等

[①] 译者注：皮尔金顿公司是浮法玻璃的发明者，世界著名的跨国玻璃集团，总部位于英国圣海伦市，与中国上海耀华建筑玻璃有限公司等大型玻璃生产企业有多个合作项目。

重要事务。协会单独设立了由 5 名成员组成的财务和审计委员会，委员会成员中包括 2 名理事。除了其他工作之外，该委员会还要审查协会的预算和风险管理工作（采用特恩布尔报告流程），并进行现金管理和债务人管理。

社区企业协会的首席执行官朱莉娅·克莱弗登向理事会主席戴维·瓦尼报告。朱莉娅的同事主要包括 1 名助理 CEO（负责活动），1 名外勤主管，1 名财务主管，1 名人力资源主管，1 名沟通主管和 1 名公司秘书。虽然社区企业协会庇护下的活动通常都有巨额的收入，但是协会的年营业额只有 1750 万英镑。社区企业协会是一个帮助别人实现目标的人（enabler），而不是一家控股公司；它的目的是激励、鼓舞、参与和支持企业持续提高它们对社会的积极影响；它的角色是通过鼓励企业承担更多的社会责任，创造更为富足的社区从而建设一个更加美好的社会。协会的方法就是改变和影响企业的商业实践。

社区企业协会本身并不是一个社会企业（如 2002 年贸易工业部怀特报告（White Report）所定义的那样），但它愿意将挑选的社会企业纳入其庇护之下。诚如它的理事会及其会员所愿，它将继续保持社团身份，同时谨慎地追求组织的社会目标。由于社区企业协会涉及的承诺和风险越来越大，建立储备成为协会面临的严峻挑战。

社区企业协会迄今有 20 年的历史，它与利益相关群体共同商定协会的未来目标。这些利益相关群体包括协会发起人、活动群体、地方社区、政府、供应商及其管理者——英国慈善委员会（the Charity Commission）和其雇员。协商的结果将很好地列入协会的未来发展战略日程。社区企业协会有一个 3 年短期计划，该计划需按 AGM 报告模式提交并经由理事会同意。虽然有着大量的社会革新机会，但社区企业协会还是受到融资、储存力量和明确投资需求的制约。越来越多的活动是为了争取资金，协会在提出有说服力的经营计划的同时，也需要证明它的社会利益。

戴维·瓦尼注意到，富时 FTSE 指数企业中还有 20% 尚未成为协会的会员，这或许是因为企业社会责任尚未进入他们的视野。但安然事件发生后，没有公司能假设它可以完全不理会社会，而按照自己的意愿经营。对社区企业协会的赞助主要有两种形式，财务方面可以通过缴纳会费或提供赞助款，也可以通过公司雇员贡献时间或技能的方式。雇员们自愿工作的兴趣蓬蓬勃勃，而这也从另一方面带动了公司的捐款热情。

名为"关怀"（Cares）的活动之一是在当地足球队（利兹联队）的支持下进行招募，并利用企业主管作为教师们的良师益友。双方经常在一起从事相关工作，这促成了双向学习——这对从整体上观察社会非常有价值。人际关系通常有助于那些涉及"倒退－快进（rewind fast-forward）"的事。

朱莉娅·克莱弗登举行月度行政会议和团队情况汇报会。她在每个星期五会召开一个开放的茶话会，大家可以不带任何偏见地提出任何被关注的问题。社区企业协会以基层支持为基础，团队的领导因讨论的议题不同而变动。协会保持不间断地沟通，因此它是充满感情色彩且有效率的。不同团队为了争取企业的支持而相互竞争，所以需要全面了解协会其他活动的情况。

社区企业协会不认为自己非常知名，尽管它为政府和企业所熟知，它所组织的许多活动都是面向家庭的。由于豪夫人（Lady Howe）和切尔西·布莱尔（Cherie Blair）[①] 的加入，"现在就是良机"（Opportunity Now）的活动非常有名，其他的活动也各有特色。由于各项活动都有清晰的信念和周密的安排，忠诚在各项活动中得到广泛体现。每一项活动都由高级事业主管组成的团队领导，并吸收了一批有热情的人士加入，他们的热情并未妨碍社区企业协会的整体工作。每个人都知道，社区企业协会作为整体的力量要比部分地简单加总来得大。

社区企业协会在威尔士、北爱尔兰和英格兰地区活动。这些活动都按公司化运作，但活动内容则因地区不同而有所不同。有个别地区试图摆脱协会控制，自行进行一些新的尝试，为限制这种趋势的蔓延，协会着手控制权力的下放。这对社区企业协会而言是一个大的、周期性问题。朱莉娅·克莱弗登花了相当多的时间、通过外交手法而非指令来"润滑"这些误解。热情和承诺来自于基层，而热情是社会工作成功的关键。对于年轻的活动家来说，学会控制和转移热情是重要的一课。

基准评价变得越来越重要，例如，《金融时报》上发表的企业环境协会（The Business in the Environment）报告。目前已经有企业之外的团体开发了公司责任指数（Corporate Responsibility Index），审计相关的流程需要一定的资格。有122家公共有限公司（超过70家的原始目标）计算了公司责任指数。这其中包括部分社区企业协会的成员，也有一部分不是协会成员。在社区企业协会的网站上对指数测评结果及时予以披露。现阶段，指数评鉴以社区企业协会开发的平台为基础，重点检验公司的战略、一体化、社会环境中的管理实践、市场和工作场所及公司绩效（总的包括7个重要方面，其中3个社会方面、4个环境方面）。根据提交的材料，同时对公司的"保证"划分等级。评级工作包括三个层面：（1）衡量和报告公司的进步；（2）公司向更高水平前进；（3）公司开始取得一些进步。

[①] 译者注：分别为英国外相杰弗里·豪和英国首相托尼·布莱尔的夫人。

第7章　声誉、社会与生态责任

实质的等级划分包括：（1）公司战略与一体化；（2）社会化管理；（3）环境保护管理；（4）市场管理；（5）工作场所管理。

他们所选择的不同领域的绩效被综合为管理绩效的评价。对企业管理绩效的综合评价分为5个等级。

将富时指数（FTSE）的350家公司划分为5等份，以区分不同种类并刺激竞争。非富时FTSE指数公司的社区企业协会成员单独打分。在最高等级的指数中，综合指数得分为67.87分（总分100），社会影响分项得分64.21分。得分最高的项目是公司战略（80.82分），一体化的得分则只有61.3分——一个值得深思的得分差距！

社区企业协会采用的其他指数还包括"4好富时指数"（FTSE 4 Good）和"道·琼斯永续经营指数"（Dow Jones Sustainability Index）。声誉现在已经成为投资者关注的重要议题，企业社会责任也已经成为企业良好声誉的护身符。现在，要求将不同指数运用于通用目的的呼声越来越高，社区企业协会需要判断哪一个指数将最有助于实现它的目标。

社区企业协会将利益相关者视为关键决策的制定者，它们考虑的范围包括大企业会员、非会员公司（希望说服它们加入）、媒体、非政府组织、雇员、政府（包括国家和地方两级政府）及一些贸易协会。吸收利益相关者的战略进展情况顺利，但是需要不断地根据情况的变化进行调整。目前，社区企业协会在理事会制定组织战略时已经将利益相关者利益纳入决策范畴，并且着眼于组织的长远利益。作为协会理事长，戴维·瓦尼充当理事会和执行长（CEO）的联系桥梁——他所担负的重要工作之一是帮助朱莉娅及其管理团队，使她的工作更有效率。

两年前，协会开展了一项评估风险活动，目的是为了满足特恩布尔报告的要求。活动内容包括评估各种风险发生的可能性和风险的影响，分派监管和其后行动的责任。目前这项工作已经列为财务与审计委员会（Finance and Audit Committee）的常规工作之一。

社区企业协会是一个行为共同体，对于管理层，甚至对于理事会而言，关键的是需要解决矛盾。BITC（社区企业协会）就像是一所大学，充满了热情和各种各样的想法，然而资金有限。协会新成立的办公室主要负责协助提升沟通，但是，在协会组织的活动与活动之间、地区与地区之间仍存在潜在的紧张关系。

只有确立了明确的目的，社区企业协会的目标才可能实现。会员是协会的基础，至今仍有20%的富时FTSE指数公司尚未成为协会会员，这成为协会的一项重要工作目标。一旦公司法修正案开始实施，将有1000家公司被要求依法提交报告，这也构成协会的另一项重要目标。此外，协会还有一项重要目标是发动更多的自愿者支持协会组织的各项活动，参加各种会议和活动，为协会提供各种交通工具。领导是实现社区企业协会角色的关键要素。这要求协会的活动与组织的需求密切相关，紧密契合企业责任。会员的流失是衡量协会是否丧失领导力的重要指标。

戴维·瓦尼在英国煤气公共有限公司（BG Plc）担任首席执行官的时就是英国煤气基金会（BG Fundation，即后来的 Lattice 基金会）的主席，他在威尔士亲王"眼见为实"（Seeing is Believing）活动的支持下，举办了一系列大型社会活动项目。其中一项活动是"少年犯读书会"（Reading Young Offenders），促使那些加入读书会的少年犯接受驾驶铲车的培训。截至目前，已有74名少年犯完成了读书会项目，他们重新犯罪的比例下降为12%。另一个读书会项目关注的是，那些被学校排斥在外的年轻人，这个读书会的出席率目前也已经上升到80%左右。劳埃德集团（Lloyds TSB）资助朴茨茅斯地区再生信托基金（Portsmouth Area Regeneration Trust，PART）为那些因风险因素而受到排斥的人士提供贷款。两年来，基金以6%的优惠利率发放了394笔贷款，并在相应人群中产生了希望和更广泛的兴趣。该信托基金也向曾犯罪的人和改过的瘾君子提供非常小额的贷款，帮助他们改过向善。

上述的和其他一些项目都是遵照商业原则进行的，它们比一般情况下带有更多的试验色彩，目前，这些项目帮助有关的每一个人慢慢地但稳步地增加其信心。社区企业协会理事会定期根据协会目标检验阶段性成果。协会从来都不缺乏想法和创意，但是需要选择并推进活动的多样化。还有许多事情需要完成：公众还没有加入进来，他们的态度也需要转变；只有小部分的会员会填写问卷调查表并寄回；越来越多的知名人士积极参与到社区企业协会举办的活动中来，包括艾伦·莱顿、彼得·戴维斯爵士（Sir Peter Davis）、德里克·希格斯（Derek Higgs）、理查德·汉多弗（Richard Handover）和约翰·斯塔丁斯基（John Studinski）等。约翰·奎尔奇①（John Quelch）重视伦敦商学院的声誉，并动员学院的教职员工也参加协会的活动。人格魅力虽然很重要，但是社区企业协会需要建立属于自己的强势品牌，在更大程度上就像"人力资本投资者"（IIP）或 BBC 的"儿童救助"（Children in Need）那样。协会的作用在于集合热心人士的力量以达到更高的目的。如何整合、将力量联合起来解决问题是协会面临的关键挑战。查尔斯王子（Prince Charles）的支持是非常感人的，他总是对于问题迅速地做出反应并持续地

---

① 译者注：约翰·奎尔奇曾任伦敦商学院院长。

关注事情的进展。戴维·瓦尼每年大约与查尔斯王子见面六次，在必要的时候还可以直接与王子取得联系。

一直以来，社区企业协会都是企业社会创新运动（CSI）的先导，该活动后来演化为公司社会责任运动的一部分。结果，理论与长期实践更好地结合起来，并推动实践活动的延伸和统一。在雷切尔·贾普（Rachel Jupp）为多莫什（Demos）所做的一篇题为"着手经营"的报告中，对这一过程做了很好地描述，这也宣告了更广泛、更深入的企业责任实践的开始，同时吸引了政府的支持和更多的英国企业加入。活动的终极目标是通过社会的所有部门在物质、精神和社会上的进步，创建一个能自我持续的社会。

一家成功的企业必须具备这样一些要素：（1）关注产出（而不是仅仅关注投入）；（2）鼓励更广泛、更积极地参与；（3）关注长期效益（而非仅仅关注短期收益）；（4）广泛的适用性（方便实现最佳实践基准）；（5）综合、协调多重前景；（6）关注知识传递和政策学习。

社区企业协会的前景在一定程度上受到指标的影响。这造成了协会与帮助协会的人在介入和标准上的严重冲突。"卓越奖"活动有助于推动企业社会责任运动，并吸引各种规模的公司参与。为了在各地区推广，协会还需要做很多的工作，需要吸引不同人种的群体加入，以消除种族和地区排斥。"关怀"活动在未来还将进一步地展开，并吸引政府对社会项目更多地关注。

通过对本年度公司责任指数的分析，强化了多数企业对工作环境议题的重视。此外，还有小部分企业关注到老龄化问题和养老金问题。协会目前面临着战线过长的危险，需要将流程正常化以保证活动在社区企业协会的旗帜下（目前，协会针对残障人士的活动采取了"残障雇员会议"的形式）独立地正常开展。合理化过程将持续下去，社区企业协会将在重要领域开展活动，并使这些活动在通过专家小组检验之前可持续化，以便在未来可以继续进行下去。

7.4 公司的可持续发展

7.4.1 "信条13"——变责任为机遇

信条13（Article 13）[①] 是由尼拉·贝特里奇（Neela Bettridge）和 J. F. 卡

---

① 译者注："信条13（Article 13）"是一家企业责任风险咨询机构，有关资料可参见网站 http://www.article13.com。

明（Jane Fiona Cumming）在1998年创立的。作为咨询师，他们试图就如何将社会责任与企业经营相结合提供建议。公司的命名源于1992年在里约热内卢召开的地球峰会①上达成的一项共识，公司的目的并非要将它的客户政治化，而是帮助客户通过强化公司的公民身份获得持续赢利的能力。在利益相关者之间建立稳固的声誉，是企业创造营利性的方法。

"信条13"认为，公司治理是指导和控制企业的系统，它确立了公司治理的四个维度：（1）财务会计；（2）董事会（包括非执行董事）；（3）利益相关者（包括雇员）；（4）透明度（我们如何从事交易）。

公司治理被定义为"董事会承担的对所有者、股东的责任，以及越来越多的社会责任。"公司治理在以下几个方面强化了公司行为：（1）以公司的价值观为基础整合公司政策、公司管理系统和活动；（2）认识公司行为的实际和可能引发的影响；（3）就公司商业行为所产生的实际和可能引发的社会、环境影响实施有效的风险管理；（4）知会利益相关者，以加强他们的参与度，帮助企业获得声誉进而实现整体价值。

1. 财务会计

导致股票交易所委托卡得伯利调查所进行调查的关键问题与财务报告（BCCI，麦克斯韦尔公司等）有关。财务报表是联系企业与股东及其他利益相关者的基本沟通方式。可靠的财务会计表述了企业的生命血液，财务会计的失败往往是致命的。正是由于一系列与会计相关的企业失败案例才最终导致了《萨班斯－奥克斯利法案》在美国的出台，此后，CEO们和CFO们开始需要为他们所在公司的财务报表承担个人责任。

2. 董事会

根据《公司法》，董事会应对公司的管理负责。公司治理是董事会工作的核心，它要为治理的有效性向股东负责。董事会决定公司战略，执行董事及公司高层管理者负责公司战略的执行。非执行董事为董事会的讨论带来外

---

① 译者注："地球峰会"的全称为联合国环境与发展大会（UNCED），1992年6月3—14日在里约热内卢召开，178个国家出席。峰会产生了关于环境及发展的《里约宣言》，通过了《地球宪章》和一份厚达800页的行动纲领：《21世纪议程》。第一次确立了可持续发展作为人类发展的新战略。中国政府是《里约宣言》的签字国之一。21世纪议程号召各地方当局发展"地方21世纪议程"。地方当局同其社区一起制订行动计划，实施可持续发展的行动，并衡量在解决其他地区的环境、社会和经济需求方面取得的进展。因为关注生活质量的提高，人们对社会的认同感、归属感与社会环境的改善及物质生活的富足同等重要。只有真正参与其中，并使更多的人了解你对环境问题的关切，才能真正实现可持续的生活方式。

部经验和外部关系,他们监督企业的经营业绩,同时监督董事会成员之间的权力平衡。

3. 利益相关者

企业核心的利益相关者包括股东、董事会、雇员、顾客、供应商、分销商和当地社区。其他的利益相关者还包括政府(包括国家和地方两级政府)、行业管理者、更广泛的社会和"环境"。媒体和压力集团只是在煽动核心或其他利益相关者时才成为利益相关者;如果企业按照自己既定的方针运作,它们并不会成为企业的利益相关者。

4. 透明度

作为专业术语,透明度包括价值观、行为、开放性和负责任等内容。它代表"我们经营的方法"。透明度可以创造信任,它使企业可以按照原则而非法规运作。原则反映企业的价值观,是构成企业运作政策、管理系统和活动的基础。

7.5 公司治理

"信条13"认为,"董事会对所有者、股东承担责任,以及承担越来越多的社会责任"是其创造财富的重要一环。它超越了遵守法律、管制和规则,目的是为了建立营利性关系。"信条13"认为,公司治理是一种手段,它要求公司:(1)按照社会整体上可以接受的方式经营;(2)确保其行为可以产生可持续发展的未来;(3)创造财富,在更美好的世界投资。

董事会遵照这样的观点管理企业:企业是适应社会需求的一员,而非与外界没有任何联系的实体。公司经营成果取决于企业的声誉,而声誉是其在整个社会中获得的。董事会成员是公司的信托人,必须遵照委托人的利益而非自身利益管理公司。董事应该得到丰厚的酬劳,但他们不应该把参加董事会作为致富的手段。

公司治理必须兼顾现在和未来。它需要确保企业不会以牺牲未来利益为代价换取短期利益最大化,董事会还应确保公司决策不以牺牲其他利益相关者的合法利益为代价。对公司及其利益相关者而言,创新是获得可持续发展的关键。

公司通过经营活动创造财富。企业创造的财富归属于社会,并通过工资、股利、税收和其他支付的形式进行分配。公司治理的重要特点之一是要在保障企业未来发展资金和风险防范的同时，确保分配的有效和公平。

7.5.1 实施公司治理

"信条13"类似于企业公司治理和公司责任的特殊顾问。它并不单纯地强调赢利；相反，它关注业绩的全面提升，这其中也包括企业经营的经济、社会、环境和伦理等方面。

相当多的企业发现，要将公司治理落实到公司员工、利益相关者的日常工作中，是一件很困难的工作。公司治理在太多的情形下被视为服从问题，或被认为是对正常工作的干扰。"信条13"认为，最好将公司治理看做是一种通过建立与顾客及其他利益相关者更良好的联系，以及鼓励创新来保护职位的手段。

"信条13"同时鼓励企业通过创新和"打破循环"来激活组织。许多公司把管制和控制看做是对他们经营活动的限制。"信条13"帮助他们将这些"消极"因素转变为竞争优势的来源。公司的社会责任如果是以与企业相近的目标方式履行的，它将成为企业利益的一个重要方面。"信条13"不仅要促使企业讲伦理、负责任，而且要帮助它们在这个过程中赚取利润。

实施公司治理需要改变全体组织成员的思维范式。这最好通过自上而下的结构变革来实现。"信条13"通过它特有的方式，在包括政府、企业在内的一系列组织间得到了成功的实践。

第8章

风险与投资

风险是资本主义的生命力,但是风险管理是企业长期成功的关键。特恩布尔报告已经明确指出:风险管理是公司治理的核心,而且风险是无所不在的。部分地由于市场风险的缘故,目前投资业业绩很差,投资管理也因此成为治理的焦点。风险管理已经成为重建投资业信任过程中切实的议题。

8.1 风险控制集团

风险控制集团(Control Risks Group)是一家由咨询业发展而来的私营有限公司,公司专长于个人海外安全,并因此发展成为全球风险管理咨询顾问。公司以研发和创新为支撑,业务操作强调实效,公司密切联系客户,致力于为客户提供风险解决方案。

笔者曾经与风险控制集团的董事约翰·科宁厄姆(John Conyngham)、公司调查部门的副主管西蒙·道森(Simon Dawson)沟通,他们两人都是合格且资深的律师。科宁厄姆曾是科罗尔(Kroll)的出庭律师,道森是一名公诉人。许多风险控制集团的客户面临着犯罪风险,面对这样的风险,需要有很深厚的有关犯罪思维和实践的专业知识才能有效防范。

洗钱是一个全球性的热点问题。随着全球一体化趋势的发展和因特网的运用,对洗钱的监控变得越来越困难。美国的形势很严峻,政府出台的《洗钱法案》(Money Laundering Act)加强了对美国境内外的管制。在第三世界国家,洗钱通常作为"正常贸易"的副产品得到谅解;亚洲发展银行(the Asian Development Bank)十分关注洗钱引发的菲律宾政府信任危机。目前正是一场反洗钱持久战的初始,这场战争得到了包括世界银行在内的主要贷款机构的支持。由此各地的会计师和律师也发现，阻碍调查的难度越来越大。苏格兰皇家银行（Royal Bank of Scotland）就曾因未能阻止一个大的洗钱交易而受到处罚，现在，所有的银行对此都高度敏感。洗钱是风险控制集团关注的重要问题之一，应诉和反驳是集团的主要业务。目前还很难从法律上界定什么是所谓的"可疑交易"，因此要准确界定责任和避免"我理应明白"的托词也很困难。

安全和危机管理是风险控制集团的另一项主要业务。安全方面的业务要求公司为每项业务配备专门的项目经理。欺诈是很难控制的，它要求对所有控制对象进行"被控妄想"。控制风险集团注重欺诈察觉训练，一旦出现可疑征兆马上确认。在一个为期一天的培训项目中，客户将学习如何应对欺诈。通过公开化贿赂行为和如何辨认贿赂方式，集团训练客户如何控制贿赂行为。控制风险集团认为，应该先将"文化"和"贫穷"放在一边，那么贿赂就会被认定为是不道德的和无效率的。控制风险集团撰写了一本小册子——《勇敢面对贿赂》（Facing up to Corruption），该书从深层次上建议企业应建立明确的反贿赂政策，并阐明成功实施该政策的方法。通过与客户的探讨性交谈，他们开发了详尽的规则和全面的操作指引，具体说明了这些原则应在什么情况下实施和应如何严格地实施。

国际透明组织（Transparency International）[①] 等机构加大了企业应对贿赂行为的压力。它们将最佳实践典范编撰成册，并展开讨论。包括壳牌石油在内的一系列企业帮助它们制订了最佳实践典范，帮助企业确定需要加以控制的核心要素。控制风险集团为客户分析了贿赂和欺诈流程，以及如何发现出现这两种情况的征兆，如报告不充分或不及时；推荐处置违规风险的做法，如区分不同人的责任。控制风险集团通过与国际透明组织的合作，目前已经可以对企业进行整体评估。

为降低欺诈和贿赂风险，动员组织的每一名成员是非常必要的。目前得到广泛运用并行之有效的措施之一是进行人力资本投资。控制风险集团通常会参与客户的尽职调查，尽职调查主要关注的是组织中的每一个人。与他们一起工作会感受到公司的氛围，并可以揭示需要加以强化的薄弱环节，甚至包括部分数据保护法案（Data Protection Act）也没有考虑到的因素。

控制风险集团发现，在安然事件及其他丑闻爆发之后，有关工作的展开容易多了。特恩布尔报告要求，在董事会公开讨论风险管理议题，这也引致

[①] 译者注：国际透明组织，也称透明国际，是一个以反腐败为主旨的非政府组织，总部设在德国柏林，其宗旨是监督及遏止国家与国际贪污。网址 http://www.transparency.org。

第8章 风险与投资

了日益增长的任命风险管控经理的趋势。但令人失望的是，至今只有25%的公司要求批准执行它们的风险控制报告。

2002年的《反恐怖法案》阐明了各种规模的公司面临的新风险。腐败加剧了紧张气氛，而法案的不受管辖条款则提供了（对付它的）新的武器。国际透明指数（the Transparency International Indices）有一定的作用，但要真正对贿赂行为进行打击还必须对外国政府施加压力。

控制风险集团强调清晰的价值观和行动指南对客户的重要性。在此前提下，工作的重点在于严格把握聘用员工的程序，包括聘用前的甄选、对利益相关者和商业关系的简明扼要的介绍。实践表明，需要特别关注企业的采购环节。控制风险集团建议独立甄选供应商，并在公司内部经常性地实行岗位轮换、定期调换供应商。心理测试或许可以发现部分的风险，但唯有一贯性的价值观才可能从根本上避免企业脱离正轨。

测定风险很困难，而且正变得越来越复杂。在许多组织中，风险问题变得越来越重要，以至于CFO都面临转变成为CRO的挑战。控制风险集团与普华会计师事务所（Pricewaterhouse Coopers）合作组成评估机构，并为机构设置欺诈防范机制，其中也包括那些以投资安全为目的的防范机制。控制风险集团目前采用的方法包括调查现有程序并对程序的有效性打分，并以这种外部评估为基础，召开专题讨论会促使组织内的每个人都对欺诈风险做出自评。这种内部自评的结果可以与控制风险集团或其他机构所做的外部评估进行比对。

控制风险集团倡导很复杂的名为"风险地图"的工具，该工具对所有国家和地区划分风险等级，以此帮助组织认清和评估特定风险并构架其经营的总体风险。

在工作中，控制风险集团并未运用"平衡计分卡"工具，它们对所做的实践工作保有信心，并对可能遇到的错觉保持清醒。它们也的确认识到无形资产在控制风险过程中将发挥越来越重要的作用。

风险经理面对的危险之一是潮流。现在看来，恐怖主义显得比欺诈或贿赂重要得多。在英国，对种族问题的关心程度也越来越高；伊拉克战争增加了种族对立，也为此增加了新的风险。公司董事会目前较少关注特恩布尔报告，而风险经理也面临由于企业收入减少导致的预算压缩问题。大多数公司面临的更为急迫的问题是季度报告，与季度报告相关的成本是企业的风险保险费用支出的3倍。这就存在一个危机——风险经理的地位也许将会下降，除非再次发生危机。控制风险集团相信，外部咨询和有关的训练将有助于组织对变化中的风险形式保持清醒的认识。组织内部的自满情绪使得组织的大门对风险敞开，外部的警戒是帮助企业关上这扇大门所需要付出的代价。

8.2 针对机构股东的公司治理——访赫米斯投资管理公司（Hermes Investment Management Ltd）保罗·李（Paul Lee）

对上市公司而言，公司治理的重要性已经被充分认识；但对非上市公司或从事股票交易的机构投资者或投资中介而言，公司治理的重要性还没有被充分认识。发表在《金融时报》上的一篇题为"金融时报资助管理"（FT Fund Management）的每周评论激发了对此问题的兴趣。但到目前为止，仍只有少数几家带头机构有较好的实践经验，其中之一是归英国电信养老基金（BT Pension Scheme）所有的赫米斯投资管理公司，该公司是伦敦城内最大的养老金管理公司之一。

保罗·李强调赫米斯的投资应立足于公司的长期发展，典型的投资期间是20年，赫米斯因此寻找那些长期业绩优秀的公司作为投资对象。而这必然要求只有那些具备良好的公司治理的公司才能保证成功。赫米斯公司研究了良好的公司治理与经营业绩之间的关联性，一份由赫米斯公司治理总监科林·梅尔文（Colin Melvin）提交的研究报告，说明了可以通过三种主要的方法研究公司治理与经营业绩之间的关联性：（1）经验研究；（2）治理排名；（3）关注名单。

麦肯锡公司（McKinsey）通过经验研究（全球投资者意向调查，Global Investor Opinion Survey）发现，80%的被调查对象愿意为治理良好的公司支付溢价。溢价的范围从加拿大的11%到管制较差国家的40%左右。安图维诺奇（Antunovich）等人在《财富》杂志所做的一项"最受尊敬公司"的调查中发现，"最受尊敬公司"的财务回报平均达到125%，而"最不受尊敬公司"的财务回报平均只有80%。《商业周刊》杂志发现，1997年和2000年治理排名最靠前的公司的财务回报也最高。

最大规模的排名研究是冈珀斯等（Gompers et al.）在2001年所做的。该项研究的对象包括1500家美国公司，并将这1500家公司按治理排名划分为10等份。研究结果显示，如果一只基金在整个20世纪90年代中始终持有最佳治理的1/10公司的多头，而持有最差1/10公司的空头，那么该投资组合的收益率将超过市场收益率8.5个百分点。冈珀斯等人的研究结论在欧洲的其他一些研究中也得到了证实。商业伦理协会（the Institute of Business

Ethics）在2002年所做的一项研究显示，那些明确订立了商业伦理规则的企业的业绩表现优于那些没有报告类似规则的企业。

采取公开不同公司治理弱点的关注名单的做法，促进它们采取纠正措施。对加利福尼亚州公共雇员养老基金（CALPERS）及其他机构所列关注名单的研究结果显示，这种做法可以在提升公司治理水平和公司营利性两个方面改善公司的绩效。加州公共雇员养老基金效应的最新证据（1997年）显示：公司在被列入关注名单之后的5年内获取的超额赢利达到23%；而在进入名单之前5年，这些公司的业绩只有平均水平的89%。加州公共雇员养老基金的成功并不具有普遍意义。卡顿等（Caton et al.）最近所做的一项研究认为，根本原因或许在于研究没有能够事先辨认公司是否具备提升潜力。研究发现，那些托宾Q指数大于1的公司在上了关注名单之后的90天内获得了7%的超额业绩。这实际上强调的是，活跃股东对于公司业绩的重要性（这一点，从赫米斯公司第一关注基金上也得到证实，该基金在1998年10月成立，英国电信养老基金是基金创始人，在截至2003年6月30日的期间内，基金获得了28.6%的回报——相对富时指数的超额收益率达到33.2%）。用科林·梅尔文的话来说，即"拥有活跃的、利益相关的、参与性的股东的公司，比较可能具有更好的业绩"。赫米斯公司将公司与其活跃性股东的相互利益要求进行了归纳，并冠以"赫米斯原则"（The Hermes Principles）的名字。这些原则包括：

1. 沟通

原则1 "公司应寻求与股东展开坦诚、公开、持续的对话。它们应该就即将实施的计划、计划实施的财务及更广泛的后果与股东沟通。最理想的情况是在年度报告中就目标、计划和进展情况做详细说明"。

2. 财务

原则2 "企业应有恰当的衡量指标和体系，以确保可以明确地知道什么活动和能力将最有助于实现股东价值最大化"。

原则3 "企业要确保所有的投资计划都尽其能力经过诚实的、严格的审查，是符合股东的长期利益的"。

原则4 "企业应围绕核心业务的成长有效分配资金，不应该将资金用于不相关的多元化。这在企业增长不足的情况下尤其重要"。

原则5 "公司建立业绩评价和激励机制，激励经理人员自觉服务于股东长期利益最大化"。

原则6 "公司应有一个高效的资本结构,以实现长期资本成本最低化"。

3. 战略

原则7 "企业的每个业务单元都应当拥有并持续发展协调统一的战略。从理想上说,这些应当根据市场前景,以及企业利用这些市场前景在开拓市场方面所具有的竞争优势予以表述。企业应当知晓市场发展的驱动力,以及支撑公司竞争地位的力量来源"。

原则8 "企业应当能够解释为什么它们是所从事的行业的'最佳双亲'(best parents)。如果不是最好的,那么它们应当明白如何制订计划以努力成为最好的"。

4. 社会、伦理和环境

原则9 "企业应处理好与雇员、供应商、顾客和其他与公司的活动存在法定利益的群体的关系。企业行为应符合伦理,并尊重环境和社会"。

原则10 "企业应当支持自发的和法定的标准,以消除外部化成本对社会福利的损害"。

赫米斯公司所强调的"股东价值"的内涵要比纯粹的证券交易商更丰富。它的投资方式更接近于"所有者"(owner)——追求长远利益、关注企业经营的长期可持续性。原则8中所提到的"双亲立场",突出强调了赫米斯公司对其投资项目所承担的责任和所采取的方法。

赫米斯公司所采取的审慎的、平衡的方法很好地吻合了综合规则和希格斯规则的要求。不过这一点也不奇怪,赫米斯公司直接协助了这两项规则的出台并全力支持规则的实施。与希格斯规则要求的一样,赫米斯公司赞同通过聘用独立董事的做法加强董事会的力量。赫米斯公司对所投资的公司的董事会业绩实施了严格的监管,在必要时,赫米斯公司会及时与董事们进行面谈,甚至采取更为强硬的措施。例如,格拉克·史密斯·克兰公司(Glaxo Smith Kline)首席执行官的薪酬问题。赫米斯公司投资的大部分企业都是非上市公司,只要可能,公司都会派代表出席年度大会并进行表决,迄今为止,它们对大约3%的提案投了反对票。而绝大部分的争论出现在决议形成之前,赫米斯公司在这个方面做得很成功。公司所投反对票的大部分是针对董事聘用(占2/3)或薪酬方案的(占1/3)。赫米斯公司极少针对会计账目事务投反对票,而是关注审计委员会的质量。长久以来,董事薪酬都是难题;20世纪90年代后期以来,这个问题更加引起关注。部分公司在酬金政策上转变迟缓。对于那些在薪酬问题上大量被投反对票的公司,赫米斯公司

第8章 风险与投资

持积极介入的态度。

保罗·李认为，只有施行新的非执行董事模式，才能实现真正的转变。转变最初从改变年龄结构入手（国家快递公司（National Express）现任董事会主席只有38岁），同时也有更多的女性被任命为非执行董事。有越来越多的人视董事为一个职业，他们希望这些人具有合格的素质和独立的思想。赫米斯公司信赖诸如克兰菲尔德商学院（Cranfield）的董事培训项目，并在全面评估后认可所谓的"特许董事"（Chartered Director）概念。公司所取得的另一个进步是挑选更有经验的非执行董事，而不再将挑选范围局限于具有另一部分社会经验的其他公司的执行董事。赫米斯公司相信个人素质是最重要的——这可以让他们合理推论并做出判断，研究证据并做出正确决策。最关键的是非执行董事都要有经验、有操守，现在有越来越多的人已经足够富裕不再愿意屈就董事职位。担任董事的人必须是愿意迎接挑战并探求难题，他们必须不耻下问——最简单的问题通常也最难回答。目前在私营部门内部并不缺乏具有担任非执行董事所需技能的人，许多成功的企业家愿意与他人一起工作。真正的独立董事是那些热衷于团队合作的人，他们乐于挑战薄弱的团队工作、不当决策或滥用权力的现象。太长的任期会钝化这些董事的敏感性，真正的独立董事就像游牧民族。

赫米斯公司及其所有者在全球范围内投资了超过35 000家公司，它不可能对所投资的每一家公司都给予足够的关注。赫米斯公司因此积极地与政府和监管部门合作，寻求保护小股东的最佳治理框架，并在可能的情况下尽可能地参与所投资公司的表决、在被投资公司提出要求时派人员与其商榷。在少数个案中，如果需要，保持积极地参与。赫米斯公司在英国投资了大约800家企业，其中有100家企业得到"二级"待遇，10~12家企业得到"一级"待遇。此外，有2家关注基金（Focus Fund）密切关注英国的30家企业。二级待遇指，主要从治理的"架构"上关注被投资公司——原则、董事会构成、后续计划和薪酬。一级待遇同时还关注战略问题和财务结构问题。焦点基金的参与程度类似于一级待遇，不同点在于基金还购买了被投资公司附加的部分权益，因此委托人可以通过基金的参与、公司的业绩提升而获益。这种投资的覆盖率水平意味着，在4~5年之后赫米斯公司将占英国市场份额的50%左右。尽管受资金所限，赫米斯公司仍然利用这些投资工具在它所投资的其他地区不断复制：欧洲大陆、美国和日本。赫米斯公司大约持有被投资公司5%的股权。此外，它们在世界的其他地区也会做一些投资。

保罗·李谈到，他们与机构投资者的合作是为了提升公司治理水平。赫米斯公司与 CALPERS 之间有着长期的合作关系，这有助于开拓思路、分享经验。赫米斯公司是公司治理论坛（Corporate Governance Forum）的创始单位，目前该论坛大约有 12 个会员，讨论有助于会员分享有关市场发展的信息。论坛有利于会员进行坦诚、相互信任的问题讨论，在这些问题上，会员们虽然独立投票，但还是对追随其他会员的做法高度警觉。这些企业喜欢各自行动，而不喜欢代表团的做法。论坛成员经常分享关于关键议题的看法及对某个特定公司的关注。

赫米斯公司非常关注近期关于董事薪酬的变化趋势。薪酬的上涨源于美国公司的影响，目前还未看到这种趋势得到遏制的迹象。较多地使用期权会在一定程度上减缓这种趋势，因为期权被视为是"较便宜的"。在这个问题上，迟迟难以获得财务会计准则委员会（Financial Accounting Standard Board，FASB）的支持是一种不利，幸好加州公共雇员养老基金在推进这一问题上十分积极。加州公共雇员养老基金还在美国竭力推广设立业绩门槛的做法。欧洲有较好的业绩门槛做法，但是其门槛通常偏低。

赫米斯公司相信股东价值（参见原则 9）。它试图扮演"启蒙式股东"的角色，推动企业建立长期价值观，并认识到，这种长期价值只有当企业与雇员、顾客、供应商和整体社会维持长期稳定的关系时，才有可能实现。如果企业依据《公司法》而变得更加透明地阐述其经营潜在的驱动因素，那么提交的经营与财务报告将有助于投资者看清企业的真实业绩及业绩的可持续性。例如，目前太多的关于公司社会责任的披露都只是为了演练公共关系，而非讨论：（1）如何建立和维持与相关利益群体的关系，这样的关系有助于企业维持和增加利润；（2）公司面临的风险，如何控制这些风险以使股东利益免受损失。

保罗·李欢迎机构股东委员会（Institutional Shareholders' Committee）提出的原则说明（Statement of Principles）。该说明最初在 1991 年提出，后来根据希格斯报告做了适当修正，现在它可以较好地反映综合规则的要求。2003 年 6 月，投资管理协会（Investment Management Association）做了一项"基金经理参与企业的调查"，这是第一次针对基金经理所做的调查。结果显示，基金经理在参与被投资企业经营的系统性和开放性方面都有一些进步。接受调查的 33 位基金经理中，有 28 位有明确的参与政策，其中一半已经形成公开文件。另外 5 位基金经理的政策文件还在草拟阶段。这说明，许多基金经理本身就是公司治理专家，并且已经将对公司经营的参与视为投资过程的组成部分。这也说明，在许多情况下公司治理仍未被纳入投资政策的考虑范畴。一个积极的信号是，大部分的基金经理会参与其投资的英国公司的投票；他们同时避免对所投资企业董事会的无条件支持。绝大部分的基金经理相信，要取得实质性改变，与公司经理进行有建设性的谈话是最好的方式。在大部分情况下，对董事会决议投反对票是迫不得已采用的最后一招。在接受调查的33位基金经理中有29位会按季度向他们的委托人汇报；另有1位是每个月汇报一次；还有1位是根据委托人要求不定期汇报。这些报告涵盖了他们的投票行为（尽管只有4位基金经理提供了他们进行投票的具体细节）。

2004年6月，又做了一次同样的调查，结果显示，在业绩的全面提升方面略有进展。我们或许可以期望大部分的基金经理会将公司治理（甚至包括公司社会责任）纳入他们投资决策的核心环节。关于好的公司治理与公司赢利性之间关系的印证已经如此显著，以至于无法忽视。尽管如此，加强公司治理的行动却进展得相对缓慢。

这些案例研究或许可以充分地解释特定组织所采用的公司治理原则。在大部分的案例中，分析的都是营利性企业。但是，这些案例中的大多数同样适用于非营利性部门，尤其是那些变得越来越商业化、承担越来越多责任的非营利性组织。大部分案例讨论的内容也适用于公共部门，虽然这些部门对改善治理的结构和过程方面显得没有那么迫切，但是对于治理的整体要求也在提高。

第9章

公司治理的未来

壳牌公司有时会创制一套全球情景规划用于制订内部计划,并与外界一起分享这一情景规划;壳牌公司是商业界利用情景规划的先驱,并使之成为最有价值和灵活性的商业工具。

2002年,壳牌公司公布了新的全球情景规划:"人类和联系",探索了在未来20年内世界可能发生的变化以及变化的路径,这些情景公布在www.shell.com/scenarios上,探讨这些情景对公司治理的未来影响也许是有用的。

"人类和联系"的第一个情景以"商业社会等级"为标题,它描述了一个像公司那样运行的世界,它关注的是效率和个人选择的自由。全球化给富人阶层和穷人阶层都带来了不断增长的利益,但是不平等也在不断增长。只要每个人都能看到改善生活的机会并有追求梦想的自由,就可以容忍这种不平等。彼此有着高度联系的全球精英驱动了全球化的进程,全球化的动力建立在财富的基础上,它的原则是放松管制,这是所有国际经济机构(世界银行、国际货币基金、世界贸易组织)鼓励的选择。在这一情景中,美国是唯一的主导性超级力量,而"华盛顿共识"是全球增长的路线图,这一情景规划预测会出现新的力量来源,如民族国家政府力量的减少使城市建立一种"新的中世纪精神"(也许是一种新的汉萨同盟(Hanseatic League)?)[①]。许多行业会采用针锋相对的战略(cutting-edge

---

[①] 译者注:汉萨同盟是以德意志北部城市为主形成的商业、政治联盟。汉萨(Hanse)一词,德文意为"公所"或者"会馆"。12世纪中叶逐渐形成,14世纪达到兴盛,加盟城市最多达到160个。1367年成立以吕贝克城为首的领导机构,有汉堡、科隆、不来梅等大城市的富商、贵族参加,拥有武装和金库。1370年战胜丹麦,订立《斯特拉尔松德条约》。同盟垄断波罗的海地区贸易,并在西起伦敦,东至诺夫哥罗德的沿海地区建立商站,实力雄厚。15世纪转衰,1669年解体。

strategies）来对付市场波动和更激烈的竞争。天然气是能源行业的"大博弈"，因为消费者相信它是健康且环境友好的能源，能源行业希望它成为新的财富来源，并需要用它发展燃料电池市场。在这一情景中，权力趋于从民选政府转移到全球互相联系的精英手中。精英们不断增长的财富，依赖于使全球化成为可能的消费者分享从全球化中产生的部分财富。

第二个情景以"棱镜"为标题，它质疑全球一体化的"单色"世界，它建立在这样的理念基础上——不同人性的互相影响会塑造一个与我们现在不一样的未来，正像一个棱镜将一束光分解成多边不同的颜色，人类将要经历把单一种类分解成多个有着不同的利益和价值的集团，"棱镜"描述的未来是建立在多样化选择基础上的，这种进步并不伴随着"西方化"，而是有着多条道路通向一个更好的未来。"棱镜"与全球化精英的圈子互相连接，这种连接关注的是重叠而持久的利益。在"棱镜"上仍然存在着现代化的压力。但是，人类将追求与他们的根和价值观协调的多种现代化的方式，而不是单纯地追求效率，这一过程产生了多样化的环境和多重结果。商业的关键要求是将不同的利益相关者和变化的价值观联系起来，因此，企业必须具备能够接近不同的集团并能够获得他们的信任的能力。在21世纪开始的20年里，石油继续是主导性的全球燃料，但石油公司需要建立一个向后石油世界过渡的平台。

棱镜是一个分化的情景，它产生了多样化的群体并使"西方化"成为众多现代化模型中的一个，而不是进步的唯一通行证。在这一情景中，权力可能更加分散，所有层次的政府力量会更弱；而特殊利益集团的力量会更强，不同集团之间的合作对维持社会的组织至关重要。

9.1 在"商业社会等级"和"棱镜"情景下治理的大致特征

如果每一个情景都是性质不同的，那么它对公司治理的主要问题的影响可能也是不一样的。表9.1列出了在不同情景下治理问题的大致特征。

表9.1　　　　　　　不同情景下治理问题的特征

	商业社会等级	棱镜
治理的基调	放松管制	管制
治理的手段	准则	法律
权力	有控制的授权	分散
领导	群体化	分散化
利益相关者	管理	信奉
伦理	管理	信奉
信任	有条件的	信奉
公开	有条件的	信奉
正直	有条件的	单独的
责任	根据需要	分散的
协调	管理的	根据个案处理
股东	更自信但没有19世纪的权力	不如利益相关者
交流	更多地使用网络	依赖网络
人际关系	正式的，只有核心雇员	非正式，脆弱的
政府	对公司负有义务	脆弱的

9.2　不同情景对公司治理可能带来的冲击

在"商业社会等级"的情景下的公司治理可能会受到以下因素的影响：

（1）更大的公司透明度可能会增加责任和开放的压力。

（2）可能需要有效的公司治理以保护利益相关者免受精英们的经济力量的压迫。

（3）公司变得更有影响，而政治家/政府的力量会削弱。

（4）国际竞争的增加将导致效率优先（卡特尔的风险）。

（5）公司将会迫切要求放松管制以便提高效率和降低成本。

（6）精英们将会支持那些使他们免受犯罪和恐怖主义之害的手段。

（7）互联网将主要用来提高效率。

（8）创新的动力主要与提高效率有关（需要鼓励/保护企业家）。

第9章 公司治理的未来

（9）精英们需要保证"分流"一部分利益使他们免遭愤恨。

（10）媒体在保护贫困阶层免受剥削，以及防止卡特尔形成方面发挥关键作用。

在"商业社会等级"的情景下，2020年的公司治理领域可能具有的特征包括：

（1）更大的公司透明度（由于媒体），这将会增加开放和责任吗？
（2）如果有更大的开放和责任，将便于不同公司之间的比较。
（3）有效的治理可以保护利益相关者免受精英权力之害。
（4）个人的抱负可能因精英们的权力而被剥夺。
（5）效率可能会与个人自由发生冲突。
（6）通过限制竞争来提高效率。
（7）放松管制有利于提高效率，但是会不会因此削弱责任？
（8）由于公司成为社会系统的动力，政治家会不会因此而缩小了权力（责任）呢？
（9）威胁精英们利益的犯罪可能会更加受到遏制。
（10）创新可能更加受效率驱动而不是受创造力驱动。
（11）网络可能被用来提高效率而不是为了自由。
（12）除非有利益分流给不利者，否则这一情景将会引起愤恨。
（13）媒体将会承担保护不利者和维持这一情景稳定的角色。

"棱镜"会给公司治理带来以下的后果：

（1）由于碎片化（媒体的注意力被分散了），透明度将会下降。
（2）更差的透明度将会削弱开放和责任，它将更难遏制腐败。
（3）更差的透明度将使公司之间的比较更困难（并会削弱竞争）。
（4）特殊利益群体将会有牢固的内部关系，但特殊利益集团之间的关系可能变化无常。
（5）这一情景可能会更加难以遏制犯罪（差的透明度，弱的关系）。
（6）创新可能是活跃的，但又是混乱的。
（7）不同群体将使用合约/法律明确它们的关系。但是，由于一些国家的制度弱化，实施会更困难。
（8）群体可能是跨国家的，而且由超越国家的共同利益连接起来（利用网络）。

（9）管制看上去更加必要（但是实施更为困难）。

（10）网络的使用将整合全世界的各种群体。什么样的外部主体能对此负责？

（11）在这一情景下，部落文化可能会得到加强而文明将被削弱。

9.3　2020年，需要采取什么样的行动来形成有效的公司治理

"商业等级社会"和"棱镜"情景都对有效的公司治理造成了重大的潜在挑战，"商业等级社会"反映了全球性公司驱动经济并影响社会运行的世界，商业活动的更大透明度将有助于放松管制，除非"精英"变成了"寡头"并设法隐藏他们的活动。在全球规模的"商业等级社会"情景下，俄罗斯政府清除"寡头"的行动是难以完成的；在"商业等级社会"的情景下，美国的榜样作用会被巩固，英语继续是全球的主要语言，在旧式特权（如皇权）凋零的同时，在共和主义正面的背后，"精英们"将创建新的王朝和等级，使他们能够持续和永存下去。随着中国、印度和其他新的领先选手出现在世界舞台上，美国的霸权和欧洲的影响可能会被冲淡和修正；"商业等级社会"情景并不假定"西方化世界"的主导地位会继续下去，只是假定公司利益的全球化。如果公司利益的力量大到足以遏制竞争，以及过去的卡特尔重新复苏的话，公司治理可能会转向衰落。

在"棱镜"情景下，一个多样化选择的世界将会鼓励公司治理模式的多样化，并使设置基准更加困难。媒体注意力的分散将会妨碍鼓励最佳实践的尝试；透明度的缺乏可能会鼓励巴洛·克洛斯风格的"流氓操作者"的繁殖，导致不断发生像20世纪80年代那样的丑闻，这些丑闻又会促进改善公司治理以及为此而强化管制。在"棱镜"情景中，不同派别和利益集团的冲突可能会导致一个国家分解成几个单一的民族国家（就像捷克斯洛伐克那样）。在越来越明显地需要更多管制的时候，政府的管制实施和管理能力却可能被削弱了。在"棱镜"情景中，一个强有力的法律体系对不同的群体订立合约以及保护他们的财产是必不可少的，这可能会对政府起到稳固的作用；否则的话，它会受到特殊利益集团之间冲突的伤害。"棱镜"情景对全社会的有效治理提出了多重性的复杂挑战，而不仅仅针对公司部门。

为了在2020年及之后形成有效的公司治理，需要针对各种情景采取一

般和特殊的行动，一般行动包括以下几方面：

（1）鼓励报业和其他媒体的独立性和批判性（这要求分散的所有权，非政府的参与以及法院负责任的审判）。

（2）在公共生活中尊重挑战（以击败裙带关系和无动于衷）。

（3）提高责任的围栏（设置和执行更高的标准）（要让报告更具有战略性，季度报告应该被废除）。

（4）采取进一步的行动，对抗市场操纵和内部交易。

（5）有审计人员的独立监管，更高的职业标准并废除卡特尔（审计人员只负责审计，所有其他的咨询业务可能与审计发生冲突。客户对审计人员有更大的选择权力，对大企业进行分解，通过国际协作进行审计，对审计费的多少应该予以说明并受到质疑）。

（6）让董事成为一种独立于管理层的职业，发展职业化的非执行董事，以考验他们的执行董事同事的能力，董事应该有执业资格并由一个专业性团体来管理。

（7）所有上市公司的董事会所起的作用都要接受外部评估（正如希格斯报告建议的那样）。

（8）执行董事的市场应该开放，允许竞争，他们应该像雇员而不是像股东那样得到报酬，应该由董事会制定战略并由执行董事实施。

（9）应该要求公司向所有的利益相关者传递有关信息，而不是像目前那样只向股票分析师传递信息。

9.3.1 "商业等级社会"

在这一情景下，实施有效的公司治理需要采取许多特别的措施，这些措施包括：

（1）增加社会和环境责任。

（2）澄清董事的公司所有者和公司监护人角色之间的区别（"精英"可能同时具备这两种角色，但是必须保持这两种角色的区别）。

（3）增加外部对公司运营的监督以避免腐败之类的事情（这将要求一个有力的内部审计和审计委员会，它受到只向审计委员会负责的外部顾问的支持）。

（4）大多数非执行董事将与"精英们"无关。

（5）董事应该由全球社会各类精英担任（妇女、不同的社会和种族群体等)。

9.3.2 "棱镜"

在这一情景下,为了实施有效的公司治理需要采取一些特殊的行动,这些行动包括:

(1) 建立一致同意的价值准则来引导公司(以避免多种选择的混乱)。
(2) 建立一致同意的公司使命并把它作为所有决策的基准(以避免政策游移不定)。
(3) 在可持续的基础上指导公司并赢得利益相关者支持可持续战略和政策的承诺。
(4) 形成一个具有必要的聚焦能力的董事会,它能够在听取不同利益相关者的意见的基础上,形成一致的意见(处理矛盾、协调各方意见并使之一致的能力)。
(5) 增加公司的透明度并和利益相关者充分交流。
(6) 在公司与利益相关者之间建立并维持忠诚,这样,双方都能实施它们相互的承诺。

9.4 目前公司治理的趋势以及不同的情景对这些趋势的冲击

目前,有可能判断出一些公司治理的趋势,而根据两种不同的情景对这些趋势进行考察是有益的。

1. 更多地实施美国的规则/准则,如萨班斯-奥克斯利、埃利奥特·斯皮策等

公司对这一趋势已经有越来越多的抵制,在"商业等级社会"的情景下,这一趋势会进一步削弱;在"棱镜"情景下,这一趋势将会耗干它的能量,肖恩·哈里根(Sean Harrigan)被加州公职人员退休基金解雇,就是因为他作为一名股东在公司治理问题上太活跃了。

2. 在欧洲更多是程序上的合规(因此容易受到策略性的规避)

除非出现更进一步的丑闻,公司治理的政策不会更加严厉,尽管布鲁塞

第9章 公司治理的未来

尔可能会增加压力，但是，管制者与公司之间会有一种平衡。在"商业等级社会"的情景下，这一平衡会从管制者偏向公司，除非出现重大的新丑闻。在"棱镜"情景下，会逐步转向用实体法替代准则。

3. 审计过程更加完善

大部分国家正转向轮换审计者（目前是只有一个审计伙伴），还有一些国家禁止审计者为同一客户提供审计之外的其他服务。目前只有4家全球性的审计公司，每一家都面临着不断上升的法律风险；除非小的审计公司不断地形成全球性的伙伴关系，否则公司治理将会面临着审计能力的危机。MORI声誉中心已经披露审计公司明显缺乏公众的信任，部分原因是它们之间难以用可接受的方式进行交流（见"关注公司治理的未来"，MORI，2003年6月）。在"商业等级社会"情景下，全球公司将会不断被要求增加透明度，这使得它们的审计质量至关重要，质量不良的审计将会受到客户和利益相关者的严厉惩罚，如果在本书130页中提到的一般性的改革失败，政府（如果它们还有能力这样做）会不会成为最后诉求的审计者？在"棱镜"情景下，可能不会有这样的详细检查，但是，低质量的审计者将会被诉诸法律（在这一情景下犯罪和腐败的风险更大）。

4. 非执行董事

希格斯报告强化了任命更好的非执行董事以及重新平衡董事会的权力方式的压力，对于采纳希格斯的建议仍存在着相当的抵制，特别是来自执行董事的抵制。此外，有能力和意愿的非执行董事也越来越短缺。在许多情况下，需要支付双倍的费用寻找非执行董事，MORI声誉中心发现，64%的非执行董事没有得到其公司的培训，希望独立的董事会主席和非执行董事占多数会使董事会变得要求更高、更有效率，董事能更有效地讨论战略，而不是被首席执行官利用。非执行董事所面临的关键的新挑战是让执行董事承担责任，在"商业等级社会"情景下，非执行董事将可能会面临着"精英"董事作为所有者的问题，除非独立董事在董事会中占大多数；否则，"精英"与非执行董事之间会产生持续的冲突。在"棱镜"情景下，会有任命利益相关者代表作为董事的压力，如果公司想维持一致的战略方向就会对此产生强烈的抵制。

5. 执行董事薪酬

体育和电影明星的薪酬要求有助于膨胀执行董事的薪酬，许多执行董事的薪酬常常是普通雇员的 100 倍，甚至更高。董事会在设立和实施业绩标准上已经失败，执行董事通常不应该得到那么高的报酬，对他们的惩罚也不严厉。MORI 声誉中心发现，78% 的被调查者认为执行董事被支付了过高的报酬。尽管媒体经常对此批评，但这一弊端仍在继续，这是新一批上任的非执行董事需要解决的主要问题。在"商业等级社会"的情景下，控制"精英"将成为问题，而公司将逐步向执行董事支付更高的报酬，因此有必要终止"精英"通过获得股票而在其所管理的公司中形成权力基础。董事是仆人不是主人。美国对执行董事的过度报酬将成为全球标准的危险是真实的，但是必须予以制止。在"棱镜"情景下，缺乏透明度将会诱惑董事们放纵自己，除非非执行董事是真正独立的。"棱镜"情景下的复杂世界将会有助于欺诈和腐败。

6. 公司社会责任

壳牌公司在尼日利亚发生灾难以及发生布兰特·史帕尔钻井平台事件（Brent Spar）[①] 之后，那些公众曝光率较高的公司掀起了关注公司社会责任的运动，这一运动首先在石油和其他"问题"行业中兴起，但现在已成为一种主流活动。自安然和其他丑闻事件之后，对公司声誉风险的关注也驱动了这一运动。对于这一趋势也有一些反应（例如，当壳牌公司错误计算了它的储备时，人们感到壳牌公司"关注的重点错了"），不过，利益相关者的影响似乎使公司社会责任运动变得不可逆转。在"商业等级社会"的情景下，公司社会责任运动可能会被作为公关活动来实施，而不是出于一种深信。就像耐克，如果人们发现现实与它的形象不相称，就会有看似真诚其实不然的危险。在"棱镜"的情景下，公司社会责任运动可能会使公司不断在优先事项上面临分心的危险。

7. 国家之间，以及公众、私人和志愿组织之间的公司治理将会一致

公司治理运动起源于英国，并逐步扩散到经济合作和发展组织（OECD）（成员）国家及其以外的国家，大部分国家都遵循英国的志愿准则方法并使相关的管制最小化。《萨班斯-奥克斯利法案》将法律引入公司治理活动，可能是因为志愿准则方法在业绩上令人失望，因而无法生存下去。

[①] 译者注：1994 年 6 月，英荷皇家壳牌石油公司不顾舆论反对，要把高 140 米的废弃的布兰特·史帕尔钻井平台沉入大西洋海底。绿色和平组织的 4 名勇士横卧于即将葬身海底的平台上，用自己的血肉之躯捍卫海洋环境的清白。绿色和平组织的行动终于赢得了公众舆论和 5 个欧洲国家政府的支持，壳牌石油公司被迫放弃了就地销毁钻井平台的念头。

第9章 公司治理的未来

与实行卡得伯利准则同步的是英国公共部门关于诺兰的调查，它是由原则而不是规则驱动的。由于运用了比卡得伯利准则更为温和的方式进行公司治理，诺兰原则似乎更为成功，而且对于信任它的使用者来说，"原则"方法提供了更大的弹性。一个潜在的趋势是将卡得伯利准则与诺兰原则的一体化（因为公共部门和私人部门的治理趋向一致），作为一种选择，卡得伯利模式可以被重新改动以附属于《公司法》。在"商业等级社会"的情景下，可能会偏好放松管制，这样，卡得伯利/汉佩尔模式就可以继续下去，任何主要的问题都可以诉诸公司法或其他法律。在"棱镜"情景下，由复杂性引起的透明度缺乏将会吸引企业通过法律途径追求清晰。这样，公司治理可能会服从法律。

8. 股东激进主义

股东对所投资公司的管理缺乏参与助长了公司部门过去发生的大多数问题。尽管股东现在比过去有权获得更多的信息，但直至近期，基金经理仍然不愿意挑战对问题负有责任的管理层。美国加州公职人员退休基金的实例，以及英国养老金和投资研究顾问（Pension and Investment Research Consultants）的耐心推动，正开始改变这种被误导的忠诚（或惯性）。像赫米斯（见第8章）这样的基金经理，正更加积极地管理他们的投资组合，并影响他们所投资的公司政策；像奈特·文克（Knight Vinke）这样的基金公司正积极地重组它所投资的大企业集团，以便企业从重组中释放价值并刺激更好的治理——奈特·文克促使了壳牌的重组，现在它又盯上了苏伊士公司。可以期待私人股东将借助机构股东的力量，要求他们所投资的公司得到更有效的治理。这一复杂的行动通过由安妮·辛普森（Anne Simpson，先前的养老金投资研究顾问（PIRC））领导，并得到世界上最大的投资基金支持的国际公司治理网络（the International Corporate Governance Network），正变得越来越协调。在"商业等级社会"的情景下，股东更多参与公司管理的过程有可能导致向以往那种不显眼的"排外俱乐部"的回归，这会受到媒体和所有利益相关者的反对；在"棱镜"情景下，机构投资者需要更加积极以保护董事会，使其在反复游说的要求下，持续关注公司的发展。

9.5 将公司治理与战略一体化

许多公司治理的批评者认为，公司治理分散了对公司长期利益的追求。目前流行的公司社会责任强化了这类批评者的担心。他们中的一些人认为，公司治理正变成公司的目的而不是实现更高目标的手段。到目前为止，大部分对公司治理的讨论都集中在结构和流程上，主要是为了纠正早先的缺陷。但是，现在的讨论需要转至战略水平。

迄今为止，已经开始讨论一些战略议题。董事会在制定战略方面的作用已经得到巩固，特恩布尔报告增加了对风险管理的关注。然而，这一关注目前只集中在运作和资产风险上，缺乏战略维度。对声誉风险的兴趣是受到像安然那样的外部事件的刺激；壳牌公司对它的储量报告的处置不当，重复了这一刺激。需要做更多的工作来发展风险管理的战略维度，这在很大程度上要靠探测风险在未来的变化性质，发现目前还一无所知的新风险来获得。圣·安德鲁斯管理研究所（通过它附属的 SAMI 咨询公司）利用情景规划制定风险管理战略，特别是金融服务业的风险管理。

公司治理的下一个主要的战略议题是提议中的新《公司法》规定的经营和财务报告（OFR），经营和财务报告的目的是为了"对企业的业绩以及隐含在业绩下的可能会影响未来的业绩、财务状况的主要趋势和影响因素进行讨论及分析，以确保报告的使用者对企业采用的战略以及成功实施战略的潜力进行评估"（公司法评论文件，2001 年 7 月），经营和财务报告需要说明以下几个主题：

（1）企业的业务和业务目标、战略以及业绩的主要驱动因素。

（2）对过去一年来公司业务发展以及年末的状况，包括过去一年的重要事件、经营业绩和公司的重大变化进行公正的回顾。

（3）业务动态，即已知的事件、趋势、不确定性以及可能会对未来的业绩发生重大影响的诸因素，包括投资项目（公司法评论）。鼓励公司增加有关公司及其市场的其他特别信息，以便使回顾更加中肯。在股票交易所上市的公司还被要求对风险进行说明以满足特恩布尔报告的要求。

需要强调的是，要避免对问题简单的"是"或"否"的答复①，经营和财务报告在形式上是固定的，但是在内容上是不固定的。可以想象，准备经营和财务报告将使公司展示对其业务及其关键驱动因素战略上的理解；对企业未来经营背景的评估，经营和财务报告向公司提供了吸引投资者关注的竞争机会，这种竞争不仅是过去的业绩数据，还要展现这种业绩的可持续性。要做到这点，公司需要加强其战略性思考，形成能够不断地预测未来的机会和威胁，以及实现可靠业绩的声誉。

公司如何加强它们的战略思考能力？一个关键的步骤是，在进行战略分

---

① 译者注：原文是 'Great emphasis is laid on avoidance of box ticking'.

析的过程中,要让由利益相关者和外部专家组成的广泛群体参与,这样的战略分析过程才能更具挑战性,不会遗漏或错误理解关键性的问题,并对已浮现出的战略有着更广泛的选择。参与者越广泛、公司的股东越多就越能更好地理解每个利益相关者对企业的贡献及对企业的期望。为了保密,以往是在紧闭的大门后制订战略。利用公司治理的最佳原则能和利益相关者一起形成可供选择的战略,而将最终的选择以及支持战略的投资决策留给董事会完成。

在这种两阶段的战略制订方法中,第二步也要求采用新方法。目前许多董事会让首席执行官制订战略计划并给予充分的支持。在进行业务战略状况讨论和战略分析时,董事会往往处于休会时期。更为常见的是,负责业务运作的首席执行官会试图对战略形成的各个阶段进行管理。在某种情况下,希格斯要求董事会中非执行董事要占多数,而且董事会主席一定要独立,这更有利于形成一个开放的战略流程,以得到更多的贡献。如果说为了防止不法行为需要让非执行董事控制审计委员会、为了证明公正需要让非执行董事控制薪酬委员会,那么在关键的战略领域难道不需要一种更加开放的方式?笔者在《战略性领导中》一书中曾建议,建立由非执行董事和公司秘书构成的战略委员会,利用公司计划人员和参与战略计划的经理提供的专业证据,以确保计划系统的具体运行令人满意。由于有如此多的公司在实施战略计划上失败,所以必须认识到,战略实施是一个值得留心的领域,通过在形成战略选择时让更广泛的利益相关者参与,并让整个董事会制订战略计划,这将会改善战略的实施。建立战略委员会,是为了让非执行董事更有效地为这一过程做出贡献——在这一过程中,可以随时制订新的战略,并对计划系统的工作进行独立审计,可以发现关键的转折点。从战略委员会获得的知识可以使非执行董事和执行董事讨论战略问题时增加信心,并确保董事会是制订战略计划的实体,而首席执行官的角色是检查并确保战略的实施。

9.6 公司治理可能会如何演化

20世纪80年代后期发生的一系列欺诈事件,损害了人们对伦敦金融城的信任,随后公司治理就成为一个问题出现了。起初的焦点集中在财务报告上,但是,为了在投资团体中重建对公司的信任,董事会制定了一套详细的标准(卡得伯利准则),阿德里安·卡得伯利爵士一贯试图将公司治理的范围扩展到公司管理的各个方面,包括公司的内部和外部。1995年颁布的

"明天的公司"报告,进一步扩大了公司治理的内涵,并引发了之后的运动。这一运动强调,在管理公司时需要"包容"(inclusiveness),并认识到一系列利益相关者的参与是公司获得可持续成功的关键。在新的利益相关者中,许多公司往往遗忘运作外包业务,但它们仍然是维持未来成功的关键。不断增加的全球市场上的分享供应链趋势,在相关方之间建立了另外一种新的利益相关者关系。这种扩大公司治理范围的推动力,通过公司社会责任的推进和对环保的关注得以加强。

公司治理可能会朝着关注股东和董事会之间关系的方向演化,反对"利益相关者主义"的一个证据是,伊莱恩·斯滕伯格(Elaine Sternberg)的著作《公司治理:市场中的责任》(*Corporate Governance: Accountability in the Market Place*, IEA, 1998, 2004)和美国著名专家约翰·卡弗、卡罗琳·奥利弗(Caroline Oliver)的著作《创造价值的董事会》(*Corporate Boards that Create Value*, Jossy-Bass, 2004)将公司治理的全部重点放在董事会与股东的关系上。卡弗信奉董事会应该指导管理,而不应与经理分享权力,公司治理被看成是董事会将公司所有者的意志转化为行动的工具,他(在其著作中)开发和推出了一个政策治理模型,以使董事会能够成为一个整体并指导管理层满足股东的意愿。

9.7 公司治理效应的深化

拓宽公司治理范围的进展派生了许多需要进一步深化的工作。太多公司的董事会将公司治理当成管制那样的强制性负担,而不是一种强化业务的管理方法。很少有公司能够成功地实施公司治理,建立使组织获得生机的共同价值观并将之贯彻到整个组织中。英国石油公司在这方面似乎比大多数公司都做得好,但还是有大量的任务有待完成。如何认识和衡量完善公司治理方面的成功?一个有前景的指标是《财富》上"最值得为之工作的公司"的公司排名榜("值得为之工作的大公司",《财富》,2004年2月2日),员工似乎喜欢与众不同的文化和清晰的社会使命。这样的公司更容易招募新员工并留住有效率的员工,他们会将公司的好处告诉他人,这有助于在市场上建立良好的形象。为了在一种客观且对其他利益相关者来说可比较的基础上推广这种评估,还要做更多的工作,大部分的顾客调查在范围上是有限的,而且有效期也比较短暂。这种类型的工作将有助于避免将公司治理从轻微的管制转向更为法律化的制度。

第9章　公司治理的未来

随着公司治理对公司的运行产生了更大的影响（2004年的ABI报告显示，富时100指数中的公司，只有70%满足综合准则的条款），在一些地区似乎出现了倒退的征兆，比较明显的是在美国，《萨班斯－奥克斯利法案》受到严厉指责。在英国，尽管根据希格斯准则，独立董事开始进行变革，但薪酬仍然是抵制公司治理的核心问题。对那些不处于引人注目位置的公司来说，公司治理的良好做法的传播更加缓慢且不顺利。在大西洋的两岸，执行董事的薪酬仍然是争论的焦点。在欧洲，许多国家可以很容易地逃避披露薪酬信息；而在那些首席执行官的薪酬信息被披露的地方如美国，这些信息显示首席执行官的薪酬常常是员工平均工资的500倍。确实这是另一个无法维持的泡沫！

经营和财务报告的实施将导致董事会承担更大的责任，而且有希望成为提高战略业绩的一个激励。如果经营和财务报告能有助于在公司的评估中重新建立一种平衡，使评估从过于偏向短期转向建立一个可持续的未来，它将会对公司治理的效果做出重大的贡献。

在重新学习规则的世界中，公司治理将继续依赖于灵活的管制。在英国和世界其他地区，管制的历史到处都是"马厩关门"——太迟的例子，最近的一个例子是保险的不当销售。在人寿保险合并领域出现了封闭基金迅速枯竭以致无法清偿的威胁。在合并时进行的资产剥离可能会引发抢劫这些基金的危险，最新的动态涉及休·奥斯蒙德（Hugh Osmond）基金终止了与AMP的合作关系，因为出现了收益从年金持有者向股东转移的风险，这是可以识别的趋势的一部分。让人注意到，公司治理一直处于危险之中。

公司治理似乎不会改变人类的本性。从亚当时代起，贪婪和恐惧一直是人类的基本动机，而文明仅仅是表面现象，因为波尔·布特（Pol Pot）的"杀人场"和其他恐怖事件一直不断地提醒我们。公司治理是建立更好世界过程中的一个部分，基于共同的价值观，它可以制造不断增长的财富，以及在更为广泛的范围里分享这些财富的机会。目前，公司治理还没有赢得董事会的一致认可，也很少触及雇员和其他利益相关者，需要帮助他们将公司治理的理念嵌入日常业务活动的细节中。公司治理像一双新鞋，看起来闪亮但是穿起来还有些夹脚而不舒服。当它不知不觉地被接受，被视为常态并运行于无形之中时，将产生更多的影响。

第三篇
附　录

附录A 商业小镇网站

一个企业家的形象

1. 你具备这种必要条件吗?

如果你想成为老板并经营自己的企业,但不确定是否有资格成为企业家,那么你可以继续读下去。企业家的特征是什么?企业家是如何考虑问题的?你的个人形象和成功企业家的个人形象相似吗?

直到最近,企业家仍未被广泛的研究,人们对于企业家成功的动力普遍缺乏了解。最近对美国潜在生产力复苏的兴趣改变了这一状况,大部分商学院(校)现在都设立关于企业家的课程,其结果是:企业管理专家们了解到许多成为成功企业家的必要条件。尽管没有一个人能够发现完美的企业家形象,但有许多重复显现的特征。随后,我们将论及企业家的若干重要特征,供思考并驱散企业家的神秘感。

2. 企业家的特征

在对一些著名企业家的一系列访谈中,当他们被问及哪种特质对企业家的成功是必不可少的时候,每一位被访企业家都提到了健康的身体。企业家的身体要有活力,而且健康状况良好。在创立企业的过程中,他们经常加班加点地工作,且不能生病。

在小企业中没有管理层,领导人必须在现场,你不可能雇用助理行使所有的业务职能,因此必须工作很长时间。我们都知道,员工即使没有生病,每年也都要使用他们的一部分病假期限。企业家并不在这一群体中。在白天8小时工作结束后,每个人都下班回家,企业家常常要继续工作到晚上,以开发新的业务构想。

(1)自我控制。

在井井有条的组织中,企业家并不能很好地发挥作用,企业家不喜欢有人在他们之上指手画脚。大部分人都相信他们能比其他人更好地完成工作并尽最大的努力承担责任。他们乐于提出公司战略,并在实现其目标的过程中使之茁壮成长。他们一旦实现了一个目标,立刻就用一个更大的目标取而代之。他们尽量对未来的重要事件发挥影响。

在大型有序的组织里，企业家很容易因他们这样的言语而被识别出来："如果他们想让这件事做好，他们应该将这件事交给我"。企业家的一个主要特征是，相信自己比其同事和上级更敏捷，他们有一种强迫性的需求即用自己的方式做自己的事，他们需要根据自己的感觉——何种行为将取得成功，进行选择和行动。

（2）自信。

当他们能够控制住自己正在做的事情以及独自工作的时候，企业家是自信的。他们自信地立刻解决问题并坚持他们的目标。面对困境，大部分企业家都能处于最佳状态，因为他们特别自信。

（3）紧迫感。

企业家以一种永无止境的紧迫感实现他们的想法。不行动会使他们感到不耐烦、紧张和不舒服。他们勇于行动，一般你是不会看到他们坐在岸边钓鱼，除非鱼在咬钩。当他们作为企业家时，更可能是做事而不是在钓鱼。

企业家爱好个人体育项目——如高尔夫、滑雪和网球——胜过集体项目，他们偏好那些能够直接用自己的肌肉和大脑来影响过程和结果的项目，有干劲而且能量十足。他们是成果导向的，在追求自己的目标过程中永不疲倦。

（4）全面意识。

成功的企业家能够理解复杂的情景，这可能包括计划、决策，以及同时处理多个业务想法。他们目光远大，能够知道重要的细节，并且不断总结能够实现其商业目标的所有可能性。与此同时，他们还致力于完成手边的紧迫任务。

会计报告就说明了这一特征。会计人员花费许多时间平衡和结清账目，"成就"对他们来说就是账户平衡；企业家只想知道数字的大小以及它们对企业运作的意义。

（5）现实性。

企业家只接受现实和能够处理的事情，他们可能是，也可能不是理想主义者，但很少是不现实的，当他们发现变革可以改善其所能达到的目标前景时；就会改变他们的方向。对某一特定事件，他们会持续关注。他们只对及时、客观、能够提供给他们有用信息的新闻感兴趣，在他们进行决策之前，会对所收到的信息进行修正。企业家们直言不讳，并且假定其他人也是如此。他们倾向于信任在业务活动中与之打交道的那些人，对他们没有太多的怀疑。

（6）理性思维能力。

企业家拥有在复杂情况下快速确定事物之间关系的能力，他们比其他人更快地明确问题所在并开始工作。因为他们习惯于解决问题，所以不被含糊不清和不确定所困扰。企业家是天生的领导者，通常他们是第一个识别出需要解决问题的人，如果指出他们解决某一问题的方案因一些有根据的原因而不起作用，那么他们会很快找出解决问题的替代方案。

（7）地位要求。

企业家对于外在于他们自身的成功象征非常在意。他们喜欢别人赞扬其所创立的企业，但通常对他们个人的直接赞扬较为尴尬。他们的自我意识不会使他们不顾事实、数据和导向。当他们需要帮助时，会毫不迟疑地承认，特别是对那些超出其专长的领域。在业务遇到困难的时候，企业家会将他们的资源和能量集中在基本的业务运作上，希望直接到行动的现场，而不是待在办公室里让事情多拖一会儿。

像位置这类的成功象征与他们没有什么关系。成功的企业家会对企业的业绩感到满意，而不会为在同侪以及公共场所面前的形象而满意。在他们确信自己的事业稳定之前，是不会购买像豪华轿车之类身份象征的东西。

（8）人际关系。

企业家会更重视员工的成就，而不是自己的感觉。他们一般避免过于私密的人际关系，会毫不犹豫地切断阻碍业务发展的关系。在业务创立期间，当资源匮乏时，他们很少花时间处理那些满足员工感受的事，除非是实现目标必不可少的。

企业家对员工感受的不敏感可能会在组织内产生流言，甚至会颠覆组织。企业家是不耐烦的，会驱动自己以及身边的每一个人。除非是他们自己的团队，一般不会有建立团队所必需的耐心和同情心，对于关键决策，一般不授权于他人。

随着业务的成长和组织结构的成形，企业家要经历一次典型的管理危机。对于他们中的许多人来说，控制欲使他们很难按照结构化组织要求的那样授权。他们直截了当的工作方式会使其绕过组织的指挥链，直接从源头寻找信息。当他们试图适应结构和公司组织时，原先适用于起步阶段的适度人际关系技巧会给他们带来问题。在组织成长和变得更加结构化时，具有良好人际关系技巧的企业家将会适应和生存下来，其余将会无法过关。

（9）情感的稳定。

企业家要有相当的自我控制能力并能够应对商业压力。在充满压力的情况下可以游刃有余，将挫折和失败视为挑战而不为之气馁。当企业运行良好时，企业家反而会感到不自在。他们经常会寻找新的活动释放被压抑的能量，他们不会满足于见好就收。企业家倾向于用不带感情色彩的行动计划处理员工的问题，他们适度的人际关系技巧常常不适合提供稳定的关系。然而，企业家的离婚率处于社会的平均水平。

附录B 杰勒德国际有限公司

1. X公司的价值观分析

这一案例是为了说明在实践中是如何分析价值观的,它只是一个公正的调查结果,不具备统计的有效性,并不必然代表X公司现在就是这样运行的。

在本例中,使用的信息全部由X公司生成,杰勒德国际有限公司和它的业务人员或代理人都不对X公司在业务管理中使用这一信息的后果负责。

(1) 摘要。

对以尊重客户为使命的X公司有5个被认可的价值观,按照在实践中完成的次序,这些价值观是:①金钱回报:77%;②友谊:70%;③选择:63%;④创新:60%;⑤品质-可感知的品质:42%。

(2) 介绍。

杰勒德国际有限公司与一家叫"战略人"(Strategic People)的公司合作开发了一种分析14组一般价值的方法。这一方法可用于分析一家公司是如何向客户传递它的公司价值,以及价值观在公司内部是如何得以体现的。这一分析通过同时使用调查表和名为"两难处境"的管理游戏来完成。

杰勒德国际有限公司的阿德里安·戴维斯和X公司一起工作,以明确它们的五个价值观的要点,以及公司如何积极地将之应用于业务管理中。表B.1是按照杰勒德价值表和X公司的选择做出的。

X公司的一个经理欣然同意完成由杰勒德国际有限公司开发的调查表,以探索X公司的关键价值观是如何被分析、描绘和确定优先次序的。

在分析调查表时,有以下的假定:

1) 表B.1中的价值关系是准确的。在一个会议上对之进行了讨论但没有进行关键的修改。

2) 完成的调查表与公司为客户所关注的方面有着特殊关系——这不是一个内部的价值观。

3) 这些价值需要予以处理,在这一背景下,一对价值的中点(平均)值被视为负值(见表B.2)。

表 B.1　　　　　　　　　X 公司的价值观分析

	品质	友谊	创新	金钱回报	选择	总体	内部
敏感		✓	✓	✓		✓	
固执							✓
高信任	✓	✓		✓		✓	✓
低信任							
开放		✓	✓	✓		✓	✓
封闭							
理性							✓
情感	✓	✓			✓	✓	
创新			✓	✓		✓	
传统							?
发展			✓	✓		✓	✓
机会主义							
形象	✓	✓			✓	✓	
结果							✓
人员驱动	✓	✓		✓	✓	✓	
系统驱动							✓
现在做	✓	✓				✓	
以后做							✓
感谢		✓			✓	✓	
期待							✓
对他人忠诚	✓			✓	✓	✓	✓
对自己忠诚							
品质	✓		✓	✓	✓	✓	✓
权宜							
竞争							
合作		✓		✓	✓	✓	✓
等级制							✓
非正式		✓			✓	✓	

表 B.2　　　　　　　　　调查表分析结果

	偏好的价值		平均		偏好的价值
传统			×		创新
低信任				×	高信任
情感				×	理性
非正式		×			等级制
形象				×	结果
忠于他人		×			忠于自己
发展		×			机会主义
人员驱动		×			系统驱动
品质				×	权宜
现在做				×	以后做
封闭				×	公开
感谢	×				期望
合作			×		竞争
固执				×	敏感

注：① 中间一栏代表那些对调查的反应在分析上被视为中性的。

② X 公司偏好的价值是除中间那一栏外的阴影部分。

（3）调查结果。

比较调查表的分析和表 B.2 中所偏好的价值观。考察实践的价值观和偏好的价值观时可以得出判断：

1）任何被认同或被实践的价值都具有值得肯定的属性。但是，在对这些价值进行分析时，为了确定偏好，需要保持中立的态度。

例如，在传统和创新这两个价值偏好中，X 公司偏好的价值观是创新，分析提供的是一个中性的结果。为了满足 X 公司向客户关注的方面积极转变的需要，公司渴望其价值观更多地倾向创新。

2）在中性同侧的价值观作为偏好的价值观不需要进一步地考虑。

3）在中性同侧但不是偏好的价值观需要最积极地处理。

(4) 得出的结果。

1) 有九组被分析的价值观与公司渴望的价值观一致。

2) 有三组价值观需要更积极地发展和推动，因为它们过去只被视为是中性的，它们是：

——更多创新；

——更强调所觉察到的质量问题；

——对客户要求更为及时反应的态度。

3) 有两组价值需要认真检查，如果合适的话，要开发合适的项目来更好地实施这些急需的服务。这些价值观是：

——对客户要更少理智更多情感（这方面的困难是许多客户只需要更快的服务过程）；

——与只是尽可能有效而满意地做好工作相比，要更多地关注公司的形象。

(5) X 公司的参数。

表 B.3 中给出了把调查表中得到的结果与 5 个相关的价值观进行比较的结果。在 5 个价值观中，有一些价值观的实现程度比另一些价值观的实现程度更接近理想状态，简单计算达到理想状态的价值观的数量，并将之与这一状态所包括的价值观的数量进行比较，得出了下面不同层次的实现程度：

- 金钱回报：9 个价值中有 7 个达到理想状态（77%）。
- 友谊：10 个价值中有 7 个达到理想状态（70%）。
- 选择：8 个价值中有 5 个达到理想状态（63%）。
- 创新：5 个价值中有 3 个达到理想状态（60%）。
- 品质：可感知的品质的 7 个价值中有 3 个达到理想状态（42%）。

(6) 建议。

X 公司需要探索如何与客户建立更密切的关系以更加接近客户，了解客户的感觉以及客户对公司的认知。

更明确公司的形象，突出这是一家在满足及时、成本和安全标准方面有极高效率要求的公司。

(7) 客户反映。

这一分析的结果非常接近公司期望的价值观，这给人以非常深的印象，并说这一项目非常合适。

表 B.3　　要素分析与 X 公司认同价值的相关性

	品质	友谊	创新	金钱回报	选择	总体	内部
敏感		✓	✓	✓		✓	
固执							✓
高信任	✓	✓		✓		✓	✓
低信任							
开放		✓	✓	✓		✓	✓
封闭							
理性							✓
情感	✓	✓			✓	✓	
创新			✓	✓			
传统							?
发展			✓	✓		✓	✓
机会主义							
形象	✓	✓				✓	
结果							✓
人员驱动	✓	✓		✓	✓	✓	
系统驱动							✓
现在做	✓	✓				✓	
以后做							✓
感谢		✓			✓	✓	
期待							✓
对他人忠诚	✓			✓	✓	✓	
对自己忠诚							
品质	✓		✓	✓		✓	✓
权宜							
竞争							
合作		✓		✓	✓	✓	✓
等级制							✓
非正式		✓			✓	✓	
小计	3/7	7/10	3/5	7/9	5/8	9/14	
接近理想的（%）	42	70	60	77	63	64	

附录C 强生公司

1. 我们的公司

60多年来，强生公司的使命陈述没有挂在墙上，而是一纸简单的文件——我们的信条——引导着我们的行动以履行我们对客户、员工、社区以及利益相关者的责任，我们在全世界所有的子公司用横跨非洲、亚洲/太平洋、东欧、欧洲、拉丁美洲、中东、北美的36种语言共同分享这一价值系统。

2. 我们的信条

我们相信，我们首要的是对医生、护士和患者，对母亲和父亲以及其他使用我们的产品和服务的人尽责任。在满足他们要求的过程中，我们所做的每一件事必须是高质量的。我们必须不断努力降低成本以维持合理的价格；客户的要求必须得到迅速而准确地满足；我们的供应商和销售商必须有机会获得公平的利润。

我们对自己的员工负责，和我们一起工作的男女员工遍及整个世界。每个人必须被视为一个个体。我们必须尊重他们的尊严和认识他们的价值；对其职位他们必须有一种安全感；薪酬必须是公平和适当的；工作条件必须是清洁、有序和安全的。我们必须留心帮助员工满足他们的家庭责任。员工应能没有顾忌地提出建议和批评。那些符合标准的员工必须拥有雇佣、发展和提升上的平等机会。我们必须提供适当的管理，管理人员的行为必须是公正的和符合伦理的。

我们对自己生活和工作的社区负责，同时也对全社会负责。我们必须是一个好公民——支持好事和慈善事业并缴纳我们应该负担的税金；必须鼓励改善城市环境及其保健和教育设施；对于上天赋予我们的资产必须予以良好维护；必须保护环境和自然资源。

我们最后的责任是对我们的股票持有者，企业应产生稳健的利润。我们要实践新的想法；必须进行研究；发展创新项目并为错误付出代价；必须购买新设备、提供新设施以及开发新产品；必须为未来的艰难时刻建立储备。当我们按照这些原则经营，股票持有者就能获得公正的回报。

附录 D　战略伙伴有限公司（Strategic Partnership Limited，SPL）的公司健康检查[①]

最近的事件显示，公司需要维护股东和公众对它的信任。然而在现实中，信任必须要有基础。尽管股东和其他利益相关者可能会认为公司已经得到了良好的管理，但董事会主席和董事们还需要确认，这种认知建立在可靠的基础上。

战略伙伴（伦敦）有限公司（SPL）是一家在业内领先的咨询公司。它的专长是利益相关者战略和企业风险管理，开发了"公司健康检查"，类似于个人健康检查这一概念，用一套流程来监督企业的健康状况，并识别初始的风险。

1. 什么是 SPL 公司的健康检查？

SPL 公司健康检查提供了快速而全面的公司健康诊断。它为董事会提供专业、独立和客观的检查，并保证它正确地行使和履行了其责任，以及没有隐瞒那些对公司的诚实、健康、可持续或声誉有影响的问题。这种诊断程序和其他方法的区别在于，它通过聚焦未来，确定解决目前问题的行动的优先次序。

所有的组织都有多种不同的资产，既有有形资产也有无形资产，这些资产如果以一种战略和长期的方式予以管理，将会打开新的、可持续的业务和利润领域。由于所有的组织都是不一样的，因此没有一个适用于所有情况的简单公式。公司董事会的程序和系统需要由 7 个无形的特征来支持，公司需要对这 7 个特征进行投资和维护，以便能在现在和未来有一个可持续的商业前景和利润。这些特征是：（1）对未来的愿景；（2）领导和有效的内部沟通；（3）清晰定义的文化、价值和行为；（4）知识、技术和竞争力；（5）享有声誉和信任；（6）与利益相关者的良好关系；（7）广泛的社区网络，得到良好管理并能与之顺畅交流的关系。

[①] 感谢彼得·史密斯（Peter Smith）慷慨地同意复制。

2. SPL 公司健康检查需要处理的关键问题

除了评估 7 个无形的特征外，在公司健康检查过程中，其他构成有效的公司管理的关键问题是：

（1）无形资产。包括战略、能力、利益相关者的贡献、流程、利益相关者的满意度和运营许可。

（2）治理。包括：

1）董事会的结构和平衡。

2）董事会主席的角色和责任。

3）董事的一般责任（包括利益冲突）。

4）公司秘书和董事会的管理。

5）董事会的授权和管理层向董事会的报告。

6）董事会战略和决策的实施。

7）业绩的衡量。

8）对业务风险的评估和内部控制。

9）公司政策和商业活动准则。

10）董事会委员会——审计、薪酬和提名。

董事的服务合同和其他安排，包括各类业务。

（3）外部驱动因素。包括：

1）相关的立法和其他预期的法定干预。

2）政治冲击引起的紧急情况。

3）来自管制者和法定报告的需求变化。

4）对公司声誉产生负面影响的偶然事件的冲击。

5）对经济压力和投资者态度的反应。

6）多样化、机会平等和人类平等问题。

7）对公众和媒体态度的反应。

8）社区和环境。

3. 方法

我们通过一个诊断和自我评估过程，从定义一个组织动态的关键利益相关者开始，对董事会管理这些动态的关键利益相关者的效果，以及它们之间的相互作用进行客观分析。

健康检查流程包含一系列的工作讨论和秘密谈话。首先是董事会和高级管理人员，然后是对大家都认同的代表性群体——机构和私人股东、客户、供货商、雇员及社区进行访谈。工作讨论和谈话通常会先与每个特定的、关键的动态利益相关者就公司看起来是"好"的标准达成共识，而后将公司对自己的看法与利益相关者对公司的看法及期待进行比较。这种比较通过以下两组问题来进行：

(1) 未来的活动：
- 外部世界正发生什么变化？
- 这对我们的目标会产生怎样的影响？
- 我们如何为未来投资？

这里的重点是为未来建立选择权和弹性，明确业务背景可能发生的变化，以及需要做什么来驱动或至少利用变化。

(2) 现在的活动：
- 现在我们在哪里？
- 我们需要什么改变？
- 我们应该采取什么行动？

这里的重点是检查组织在做什么并反思有什么地方应进行改善以增加价值。

4. 执行

完成诊断过程后，公司健康检查将指出：公司现有的活动中有哪些需要进一步提高；哪些目前看起来不错的部分，需要进一步地关注以便未来能继续维持良好状态。这些结果将会由 SPL 设立的互动小组提交董事会，报告指出了需要优先关注的问题、处理这些问题的计划大纲，以及谁将为这些行动负责。

公司健康检查由 SPL 富有经验的咨询顾问组成小团队来实施，并在适当的情况下，从其他伙伴组织抽调人员协助他们的工作。完成公司健康检查一般需要 8~10 周的时间，在 2 周内完成诊断过程并提交最后的报告。然而，如果邀请健康检查集中针对公司活动的某一特殊方面，那么所需的时间将会做相应调整。

5. 对 SPL 公司健康检查的推荐

SPL 公司健康检查得到以下的认可：

不可能有比现在更好的时机来推动公司健康检查这一概念，作为一种监督公司健康状况的方法并使公司在管理无形资产时识别挡在前面的初始风险。商业的"软"领域正越来越引人关注，它对确保生存、可持续和股东的长期价值而言非常重要。随着董事会看上去越来越无法确定是否真正理解其所要负责的业务和风险，SPL 的创新提供了一个全面的、前瞻以及独立的企业健康风险评估，因此，笔者极力推荐企业实施公司健康检查。

——迪格比·琼斯（Digby Jones）爵士，总经理，英国工业联合会（Confederation of British Industry）

公司治理的最佳实践
治理译丛

> SPL 的公司健康检查是一个受欢迎的创新，公司将会明智地实施健康检查。
>
> ——克里斯·赫斯特（David Gould-Chris Hirst），联合保险协会

> 作为一个大机构持股者的主要代表，全国退休基金协会欢迎公司健康检查这一概念。在面对未来挑战时，管理层凭此可以得到对公司流程的独立评估，关注无形问题的 SPL 公司健康检查，对这一领域做出了有价值的贡献。
>
> ——戴维·古尔德（David Gould），全国退休基金协会投资经理

> 公司健康检查支持了我们希望公司完成的在风险管理领域的最佳实践水平。
>
> ——彼得·巴特勒（Peter Butler），赫米斯关注投资管理公司首席经理（Hermes Focus Investment Management）

> 公司治理检查超越了单纯的"打对号"模式而进入了公司治理应该经常——但却经常没有——处理的关键领域。
>
> ——菲利普·戈登堡（Philip Goldenberg），伦敦城 S. J. 伯温初级法律事务所企业融资部成员，以及《公司法评论》有关董事、股东及其他利益相关者方面的顾问（a Corporate Finance Partner in City Solicitors, S. J. Berwin, and Advisor to the Company Law Review about directors, shareholders and stakeholders）

> 我们欢迎由 SPL 创造的、作为帮助公司实现高水平治理的一种手段——健康检查。
>
> ——肯·拉什顿（Ken Rushton），英国上市监管局、金融服务管理局负责人（Head of the UK Listing Authority, Financial Services Authority）

> 我很感兴趣地读到你们在 SPL 采用的方法，而且你们已经清楚地展示需要处理的关键问题。对于董事会来说，现在就是接受你们提供的公司健康检查的最合适的时间。我对你们的文件印象最深的是：首先，将重点放在"向前看"以准备未来的挑战，而不是简单地对付过去和现在；其次，是 SPL 领域团队的才干。
>
> ——阿德里安·卡得伯利爵士

参考书目

The following books and articles are recommended for further reading. Many are referred to, and quoted, in the text of *The Practice of Corporate Governance*.

Reports and codes

Cadbury Report (and Code) (Gee, 1992).
Greenbury Report (and Code) (Gee, 1995).
Hampel Report (and Combined Code) (Gee, 1998).
Higgs Report (2003).
Nolan Report (1995).
Smith Report (2003).
Tomorrow's Company (RSA, 1995).
Turnbull Report (ICA, 1999).
Combined Code (2003).

General

A Strategic Approach to Corporate Governance, Adrian Davies (Gower, 1999).
Corporate Governance, Kevin Keasey and Mike Wright (Wiley, 1997).
Corporate Governance, Ira M. Millstein et al. (OECD, 1998).
Corporate Governance, Robert A. G. Monks and Nell Minow (Blackwell, 1995).
Corporate Governance: A Director's Guide (IOD, 2004).
Corporate Governance: A Framework for Implementation, Magdi R. Iskander and Nadereh Chamlon (World Bank, 2000).
Corporate Governance: The New Strategic Imperative (EIU, 2002).
Family Firms and their Governance, Sir Adrian Cadbury (Egon Zehnder International, 2000).
Having their Cake...: How the City and Big Bosses are Consuming UK Business, Don Young and Pat Scott (Kogan Page, 2004).
Hidden Champions, Hermann Simon (Harvard Business School Press, 1996).
The Future at the Bottom of the Pyramid: Eradicating Poverty through Profits, C. K. Pralahad (Wharton School, 2004).
The Handbook of International Corporate Governance (IoD, 2004).
The Iron Triangle, Dan Briody (Wiley, 2003).
The Strategic Role of Marketing, Adrian Davies (McGraw Hill, 1995).
Watching the Watchers: Corporate Governance for the 21st Century, Robert A. G. Monks and Nell Minow (Blackwell, 1996).

Boards

Anchoring Points for Corporate Directors: Enforcing the Unenforceable, Robert K. Mueller (Quorum Books, 1996).
Corporate Boards that Greate Value, John Carver and Caroline Oliver, (Jossey-Bass, 2004).
Corporate Governance and Chairmanship, Sir Adrian Cadbury (Oxford University Press, 2002).
'Leadership Board of Directors', Adrian Davies, Paul Joyce, Graham Beaver and Adrian Woods, *Strategic Change* (June/July, 2002).
Saving the Corporate Board, Ralph D. Ward (Wiley, 2003).
Thin on Top, Bob Garratt (Nicholas Brealey, 2003).

Leadership

Bad Leadership, Barbara Kellerman (Harvard Business School, 2004).
Contests for Corporate Control, Mary A. O'Sullivan (Oxford University Press, 2000).
Enterprise, Roger Parry (Profile Books, 2003).
Focus on Leadership, Larry Spears and Michele Lawrence (Wiley, 2002).
'Great Companies to Work For' (*Fortune*, 2 February 2004).
Hardball, G. Stalk and R. Lachenauer (Harvard Business School, 2004).
How to Run a Company, D. Carey and M. C. Von Weichs (Crown Business, 2003).
Rewiring the Corporate Brain, Danah Zohar (Berret-Koehler, 1997).
The Allure of Toxic Leaders, Jean Lipman-Blumen (Oxford University Press, 2004).
The Engaging Leader, Ed Gubman (Dearborn, 2003).
The Fish Rots from the Head, Bob Garratt (Harper Collins, 1996).
The Leader's Voice, Boyd Clarke and Ron Crossland (Select Books, 2002).
The Right CEO, Frederick W. Wacherle (Jossey-Bass, 2001).
'Understanding Entrepreneurship', Jonathan Guthrie (*Financial Times*, 12 November 2003).

Accountability

Corporate Governance: Accountability in the Market Place (attacks stakeholder accountability), Elaine Sternberg (IEA, 1998, 2004).
Corporate Governance: An Action Plan for Profitability, Thomas Sheridan and Nigel Kendall (Pitman, 1992).
Institutional Shareholders and Corporate Governance, G. P. Stapledon (Clarendon Press, 1996).
'Look Beyond the Details of Higgs', Richard Lapthorne (*Financial Times*, 24 November 2004).
Morality and the Market (social control of business), N. Graig Smith (Routledge, 1990).
Private Business-Public Battleground, John Egan and Des Wilson (Palgrave, 2002).
The Company of Strangers, Paul Seabright (Princeton, 2004).
'The Perils of CSR', Stefan Stern, *RSA Journal* (January, 2004).
'The Reputation Quotient', C. J. Fombrun, N. A. Gardberg and J. M. Sever (*Journal of Brand Management*, 2000).

主要词汇索引

ABB 23	阿西亚－布朗－勃法瑞公司
ABI Report 2004 137	ABI 报告
absenteeism 47	旷工
accountability 13，14，48，57，83，128，129，130	负有责任
Accounting Deposit Receipts（ADRI）86	会计存托凭证
Acton，Lord 15	阿克顿勋爵
ADR shares 23	美国存托股票
Advertising Practice，Code of 16	广告活动，准则
advisory boards 101	专业委员会
advocacy 36	倡导
AFG–ASFFI Code（France）21	管理会计协会准则（法国）
age 123	年龄
agency 57	代理
AGM 72，73	年度股东大会
Aldama Report（Spain）23	奥尔德玛报告
amazon 104	亚马逊
Amoco 82–7	阿莫科石油公司
AMP 25	安宝保险集团
Anti-Terrorism Act（2002）120	反恐怖主义法
ARM Holdings 109	英国半导体公司
Ant novich ranking study 121	安图维诺奇排名研究
Aon 62	怡安保险集团
Arthur Anderson 32，44，106	阿瑟·安德森
Article 13 115–18	"信条 13"
Asian Development Bank 119	亚洲发展银行
assets 44，74	资产
asset strippers 137	资产经销商
Association of British Insurers 8	英国保险公司联合会
Atlantic Richfield（Arco）82	阿科石油
Audit Committee of the Board 16，79，80，84，131	审计委员会
auditors 131，132	审计员
Australian codes 25	澳大利亚准则
Australian corporate governance 25	澳大利亚企业治理

Aventis 21	安万特制药公司
Ayling, Bob 87	艾林，鲍勃
BAA 56	BBA 公司
BAE SYSTEMS 10, 29, 61	BAE 系统公司
balanced scorecard 120	平衡计分卡
Bank of Scotland 4	苏格兰银行
Barclays Bank plc 29, 71	巴克莱银行
Barings Bank 32, 49	巴林银行
Barlow Clowes 106	巴洛·克洛斯
Barrie, J. M. 38	拜伦
BAT 107	英美烟草公司
BCCI 4, 116	英国广播公司
BDO Centre for Family Business 94	德豪会计师事务所家族企业中心
Beaver, Graham 46	比弗，格雷厄姆
behaviours 15, 74, 75, 106	行为
Belbin, Meredith 52	贝尔宾，梅雷迪斯
benchmarking 113	基准
Bennis, Warren 37	本尼斯，沃伦
Bentley Brothers 89	贝尔宾兄弟
Berkshire Hathaway 81	伯克希尔·哈撒韦公司
Betteridge, N. 115	贝特里奇，尼拉
Betty's of Harrogate 102	贝蒂茶屋
Bilimoria, Karan 70	比利莫尼亚，卡兰
Blodget, Henry 52	布洛杰特，亨利
BNP 82	法国巴黎银行
Board Committees (BP Amoco) 84	董事会（英国石油阿莫科）
Board of Directors 7, 19, 20, 21, 46, 47, 50, 51, 62, 64, 76, 78, 82, 83, 84, 87, 101, 116, 123, 131	董事长
Boeing 105	波音公司
Bosch Report 1995 (Australia) 25	博施报告（奥地利）
BP 10, 23, 52, 55, 80 – 87, 105, 107, 136	英国石油
brands 12, 45, 50, 54, 55, 62, 70, 73, 76, 92, 96, 104, 105 – 9	商标
Branson, Richard 67, 89, 98	布兰森，理查德
British and Commonwealth plc 49, 81	英伦航空公司
British Gas 109, 114	不列颠煤气集团
British Land 36, 45	英国房地产投资信托公司
British Telecom 56	英国电信
Broken Hill 25	布罗肯希尔公司

Bronfman, Edgar Junior 92	布朗夫曼,小埃德加
Browne, Lord 82	布朗勋爵
builders 42	建设者
Burmah Castrol 82	嘉实多公司
Business in the Community 9, 40, 102, 111 – 15	社区中的企业
Business in the Environment 78, 113	环境中的企业
Business Week 121	商业周刊
Business Town. com 141 – 3	商业小镇网站
buyouts 98	买断
Cadbury, Sir Adrian 16, 17, 27, 41, 73, 94, 96, 100, 101	卡得伯利,阿德里安爵士
Cadbury Report 3, 5, 27, 38, 45, 91, 116	卡得伯利报告
Cadbury Schweppes 9	卡得伯利,施韦普
call centres 63	呼叫中心
CALPERS 122, 124, 132, 134	加州公共雇员养老基金
Canadian corporate governance 24, 25	加拿大企业治理
Carphone Warehouse 33, 40, 57, 67, 70	欧洲最大移动电话商,尚无中文译名
cascading corporate governance 41, 51, 118	串联公司治理
Caton et al performance study 122	卡顿等的绩效研究
Chairman/CEO 20, 46, 47, 72, 78, 80	董事会主席
Chase, Rodney 82	蔡斯,罗德尼
Chief Executive Officer (CEO) 7, 46, 84	首席执行官
child labour 10	童工
China 9, 26, 130	中国
Chinese corporate governance 26	中国企业治理
Christ 37, 38	基督
City of London 4, 19	伦敦城
Citybank, Citigroup 19, 27	花旗银行,花旗集团
Cleaver, Sir Anthony 5	克利弗,安东尼爵士
Cobra Beer 70 – 74	眼镜蛇啤酒
Coca-Cola 35, 105	可口可乐
'Code of Business Conduct' (Diageo) 75, 76, 77	公司行为规范
collaboration 61, 91, 128	合作
'command and control model' 28	命令和控制模式
communications 13, 63, 122, 131	交流
community 9, 32, 74, 102	共享
Companies Acts and Bill 5, 6, 12	公司法案
company culture 47, 51, 74	公司文化
Company Law Review 5	公司法评论
compliance 32, 33, 57, 62, 74, 75, 76	遵守

computer systems 48	计算机系统
corporate governance 3	公司治理
combined code 5，32，56，57，69，123	综合准则
definition 3，117	定义
developing system 57	发展的系统
dimensions 10，11，12，116	维度
history 3	历史
importance 4	重要性
rules or principles 27	规则或原则
stakeholders 6	利益相关者
corporate raiders 7	公司掠夺者
Corporate Social Responsibility（CSR）9，10，32，40，56，57，73，78，102，105 - 9，111	公司的社会责任
corporations 3	公司
Corus 22	康力斯集团
customer relationship programmes 8	客户关系项目
customers 8，39，68，69，91，102	客户
Daily Mail and General Trust 101	每日邮报及全局信托集团
Darius 35	达赖厄斯
Dartnell and Company 103	达特尔公司
Data Protection Act 120	数据保护法案
Davies，Woods 46	戴维斯，伍兹
Davis，Sir Peter 114	戴维斯，彼得爵士
Dawes，Martin 69	道斯，马丁
Dawson，Simon 119	道森，西蒙
delegation 91	委托
Department of Trade and Industry（DTI）49，61，98	（英国）贸工部
Dey Committee（Canada）24	戴委员会（加拿大）
Deripaska，Oleg 24	德里帕斯卡，奥列格
derivatives 39	衍生业务
DFS furniture 98	DFS 家具公司
Diageo 33，45，55，56，74 - 7，107	帝亚吉欧
dictators 13	独裁者
diplomacy 71	外交手腕
Direct Line 107	直线公司
Director of Corporate Governance 56，62，85	公司治理董事
Director of Government Relations 10	政府公关经理
Directors 3，4，7，78，123，124，131	经理
Disney 20	迪斯尼

主要词汇索引

Dove soap 55	鸽牌肥皂
Dow Jones Sustainability Index 113	道·琼斯永续经营指数
downsizing 8, 9, 54	缩小
'Draghi Commission' (Italy) 22	德雷格希委员会
drivers 42	驱动者
Drucker, Peter 8, 20, 80, 91	德鲁克,彼得
Dunstone, Charles 40, 67, 70	邓斯通,查尔斯
Dyson 103	戴森公司
East India Company 3, 47	东印度公司
eBay 104	易购公司
effectiveness 14	效果
efficiency 129	效率
Egan, Sir John 56	伊根,约翰爵士
Egypt 35	埃及
Eisner, Michael 35	艾斯纳,迈克尔
Elf Acquitaine 105	埃尔弗-阿基坦石油公司
elites 128, 129, 130	精英
Elizabeth Arden 92	伊丽莎白·阿登
employees 8, 113	雇员
empowerment 56, 57, 68, 71, 72, 128	授权
Enron 14, 19, 20, 31, 32, 40, 44, 57, 112	安然公司
entrepreneurs 41, 42, 52, 53, 67, 70, 89–94, 141–3	企业家
and accountability 94	企业家和责任
and Nolan 93	企业家和诺兰原则
envisioning 36	展望
Equitable Life 31, 106	英国公平人寿保险公司
Ernst and Young 70	安永会计师事务所
ethics 14	伦理
Ethics and Environmental Committee 84	伦理和环境委员会
ethnic tension 121	种族对立
Europe 130, 132	欧洲
European Commission 19	欧洲委员会
European legislation 5	欧盟立法
Evans, Mark (JP Morgan) 103	伊文思,马克(JP摩根私人银行)
executive directors 4, 7, 78, 79, 131	执行董事
excellence 95	卓越
'extra mile' philosophy 72	"多一英里"的哲学
Exxon Mobil 9, 55, 87	埃克森美孚

Family Business Network 94	家族企业网络
family companies 73, 94–104	家族公司
family councils 95	家庭议会
family trusts 100	家族信托基金
Farmer, Dr Bruce 77	弗雷默，布鲁斯博士
finance 31, 90, 98, 122	财务
financial accounting 116	财务会计
Financial Services Authority (FSA) 45, 49, 78	英国金融管理局
Financial Times 113, 121	金融时报
Fink, Stanley 39	芬克，斯坦利
Fisher, Tom 36	费希尔，汤姆
'fit for purpose' processes 54	"适合目的"的流程
'focus funds' (Hermes) 123, 124	关注基金（赫米斯）
Formula 1, 43	方法
Fortune 47, 62, 121, 136	《财富》杂志
fraud prevention 120	欺诈防范
Frederick the Great 35	腓特烈大帝
'free agency' 42, 43	"自由职业者"
'freedom to succeed' 76	"自由承继"
French corporate governance 20, 21	法国企业治理
Friends Provident 15	友好而富有远见
FTSE 4 Good index 15, 55, 113	4 好富时指数
FTSE/ISS Index 15	金融时报富时指数
Fuller, Larry 82	富勒，拉里
gambling instinct 92	赌博天性
Gandhi, Mohatma 38	圣雄甘地
GE 7, 30, 70	通用电气公司
General Motors 58, 70	通用汽车公司
genius 42, 43	天才
Gerard International 15, 51, 145–9	通用电气公司
German codes 21	德国准则
German corporate governance 21	德国企业治理
German shareholdings 86	德国持股
Gerstner, Lou 39	格斯特纳，卢
Glaxo SmithKline 123	格拉克·史密斯·克兰公司
globalisation 87, 127	全球化
Good Corporation 15, 31, 109, 110	古德公司
Gompers' ranking study 121	冈珀斯的排名研究
Gordon, Grant 94	戈登，格兰特

主要词汇索引

governance in family companies 100 – 104	家族公司的治理
government 10, 113	治理
'Grandes Ecoles' 21	"高等专业学校"
Grand Metropolitan 45, 74	英国饮品国际集团
Grant Thornton 73	格兰特·托伦顿会计师事务所
Green, Michael 91	格林,迈克尔
Greenbury Report 5, 38	克里恩伯利报告
Greenleaf, Robert 37	格里利夫,罗伯特
Greenpeace 82	绿色和平组织
growth and control of family companies 103	家族公司的增长和控制
Gubman, Ed 42, 43	格布曼
Guinness 4, 45, 74	健力士黑啤
Guthrie, Jonathan 89	格思里,乔纳森
Haji-Ioannou, Stelios 67, 89, 90, 98	哈吉-约安努,斯特里奥斯
Halliburton 105	哈里比尔顿公司
Hampel Report 5, 38, 78, 87	汉佩尔报告
Handover, Richard 114	汉多弗,理查德
Hanseatic League 127	汉萨同盟
Harris interactive 62	哈里斯互动
health, safety, environment issues 79	健康、安全、环境问题
heritage 104	世代相传
Hermes 81, 121 – 5	赫米斯
'Hermes Principles' 122, 123	"赫米斯原则"
heroic leadership 35	英雄型领导
Hesse, Hermann 37, 38	赫西,赫尔曼
Higgs Report 5, 45, 52, 69, 72, 79, 91, 114	希格斯报告
Hitler, Adolf 35, 49	希特勒,阿道夫
Hoare 102	霍尔
Home Depot 58, 59	家得宝公司
Hopper, Professor 90	霍珀,教授
Howard Braye, Rubye (Dr) 38	霍华德·布雷,鲁拜伊(博士)
Howarth Report (Australia) 25	霍瓦斯报告(奥地利)
human resources (HR) 30	人力资源
Iacocca, Lee 36	艾科卡,李
IBM 9, 39	国际商业机器公司
identity 12	确认
implementing corporate governance 45 – 64, 117, 118	实行公司治理
basic model 45	实行公司治理的基本模式

incentives 49	实行公司治理的激励
inclusiveness 49	包括
Independent Financial Adviser（IFA）67	独立财务顾问
India 9，130	印度
Innovation 29，30，90，103，117，129	创新
Insider dealing 130	内部交易
Institute for Family Business（IFB）94－6	家族企业协会
institute of Business Ethics 14，15，74，121	企业伦理协会
institutional shareholders 121，134	机构股东
institutional Shareholders Committee 125	机构股东委员会
institutional Shareholder Services（ISS）20	机构股东服务中心
institutional investors 19，20，86	机构投资者
intangibles 121	无形资产
integrating corporate governance 56	整合公司治理
integrity 67，68，70，71	正直诚实
intelligence 64	情报
interbrand 107	英特品牌集团
internal audit 49	内部审计
international Financial Reporting Standards（IFRS）32	国际财务报告标准
international Monetary Fund（IMF）127	国际货币基金组织
internet 48，51，53，90，104，129，130	英特网
investment Managers' Association Survey 125	投资管理协会
investment performance evaluation 121	投资绩效评价
investor relations 85	投资者关系管理
investors in People 114，120	人力资本投资者
italian corporate governance 22	意大利企业治理
ITC equipment 68，70	移动通信设备
IT systems 53	IT 系统
Jaguar 4	捷豹公司
Japan 20，86	日本
Jardine Lloyd Thompson 62	怡和保险顾问集团有限公司
John Lewis Group 68	约翰·路易斯百货公司
'Johnny Walker' brand 12，55	黑牌威士忌（又称尊尼获加）
Johnson & Johnson 'credo' 56，58，106，151	强生公司"信条"
Johnstone, Guy 70	约翰斯顿，盖伊
Joyce, Paul 46	乔伊斯，保罗
JP Morgan 95，98	JP 摩根私人银行
Judge and Zeithamel 46	贾奇和蔡萨莫尔
junk bonds 19	垃圾债券

Jupp, Rachel 115	贾普，雷切尔
Keiretsu（Japan）20	财团（日本）
Kelleher, Herb 39	凯勒赫，赫布
key action programme 29	关键行动计划
King Report（South Africa）(1994) 26	金报告（南非）(1994)
Kirch, Leo 92	基许，利奥
de Klerk, F. W. 38	德·克勒克，F. W.
Knight Vinke 134	奈特·文克
Kohlberg, Karis, Roberts（KKR）20	科尔博格－卡利斯－罗伯特集团（KKR集团）
Kroll 119	科罗尔
Ladbrokes 109	立博在线赌博公司
Lapthorne, Richard 14	拉普索恩，理查德
leadership 13, 35, 42-6, 47, 50, 87, 90, 92	领导方式
leadership and corporate governance 140	领导方式和公司治理
Lee, Paul 121	李，保罗
Leeson, Nick 49	利森，尼克
Legal and General 12	法定的和一般的
Leighton, Alan 67, 114	莱顿，艾伦
Lewis, Stewart 63, 105-9	刘易斯，斯图尔特
Ley Financera（Spain）23	金融法（西班牙）
limited liability companies 3	有限责任公司
Lipton 55	利普顿
Lloyds TSB plc 114	劳埃德集团
lobbyists 10	说客
Lockheed, Martin 58, 60	洛克希德－马丁公司
London Business School 94, 114	伦敦商学院
London Stock Exchange 4, 14	伦敦股票交易所
long-term view 97	长远视野
Louis XIV 35	路易十四
loyalty 71, 131	忠诚
Lucent Technologies 61	朗讯科技
LUK（Russia）24	卢克石油公司（俄罗斯）
Lyonnaise des Eaux 20	里昂水务集团
Mafia 82	黑手党
maintenance of processes 54	维护流程
Manchester Business School 62	曼彻斯特商学院

Mandela, Nelson 38	曼德拉，纳尔逊
Man Group 39	Man 集团
Manufacturing Extension Partnership 61	制造扩展伙伴
Marconi 106	马可尼公司
marketing 30	营销
Marks and Spencer 44, 105	玛莎超市
Marsh and McLennan 19	马什·麦克里安
Maxwell 4, 90, 116	麦克斯韦尔公司
McGregor, Douglas 42	麦格雷戈，道格拉斯
McKinsey 121	麦肯锡公司
MCI Corporation 106	微波通信公司（美国）
measurement 115	指标
media 87, 113, 116, 129, 130	媒体
Melvin, Colin 121, 122	梅尔文，科林
mentoring 76, 112	咨询
mergers and acquisitions 89, 98	购并
Merrill Lynch 27	美林证券
Messier, Jean-Marie 7, 13, 35, 92	梅西尔，琼 – 马丽
Metallgesellschaft 19	德国金属公司
Michelin 20	米其林
Microsoft 10, 15, 87, 92	微软公司
Midland Bank plc 81	米兰银行（英国）
Milstein, Ira 82	米尔斯坦，艾拉
mindset change 118	思维方式转变
Minnesota Mining and Manufacture (3M) 58, 59, 63	明尼苏达矿业及制造公司
Minow, Nell 20	米诺，内尔
mission 47, 58, 71, 131	使命
Mitsubishi 20	三菱
Mitsui 20	三井
'Mittelstand' 21, 94, 97	中小企业协会（德国）
money laundering 119	洗钱
Money Laundering Act 119	洗钱法案（美国）
Monks, Robert 20	蒙克斯，罗伯特
monopoly 15	垄断
Morgan Crucible 79	摩根坩埚公司
MORI 62, 63, 104 – 9	MORI 研究所
Morrisons supermarkets 29, 58, 91, 94, 97, 98	威廉·莫里斯超市连锁公司
multi-competence 71, 72	多样化能力
Murdoch, Rupert 91	默多克，鲁珀特
Murray, Leo 36	穆尔雷，利奥

主要词汇索引

Myers-Briggs 52	迈尔斯-布里格斯
Mysore Breweries 71	迈索尔，布鲁尔里斯
Nadir, Asil 87	纳迪尔，阿希尔
Napoleon 13	拿破仑
National Australia Bank 25	澳大利亚国民银行
National Express 123	国家快递公司
NatWest Bank plc 71	国民西敏寺银行
negotiation 36	谈判
Nelson, Lord 35	纳尔逊勋爵
Nestlé 23, 55	雀巢公司
Netherlands corporate governance 22	荷兰的公司治理
News Corporation 25	新闻集团
New Zealand corporate governance 25, 26	新西兰公司治理
Nike 55	耐克
Nissan 20	尼桑
Nokia 40	诺基亚
Nolan Principles 10, 11, 27, 41, 90	诺兰原则
nomination committee 78, 79, 84, 131	提名委员会
non-executive directors（NEDs）4, 7, 72, 76, 78, 85, 91, 95, 101, 123, 124, 131, 132, 135, 136	非执行董事
non-governmental organisations（NGOs）7, 86, 87, 107, 110, 113	非政府组织
Novartis 21	诺华公司
OECD principles 11, 21	OECD 原则
OECD report 'Corporate Governance' 3, 81	OECD 公司治理报告
Official Secrets Act（1911）13	公务秘密法（1911）
Ofgen 78	英国能源监管机构
'Olivencia Commission'（Spain）22	奥利文西亚委员会（西班牙）
Oliver, Caroline 136	奥利弗，卡罗琳
Olivetti Research 90	奥利维蒂研发公司
OMZ（Russia）24	重型机械联合公司矿山设备技术公司（俄罗斯）
Opal Telecom 69, 70	奥宝电信
'open computing' 54	"开放式计算"
open forum 112	开放的茶话会
openness 13, 128, 129	开放
Operating and Financial Report 5, 107, 125, 134, 137	经营与财务报告
opinion-based research 121	经验研究

organic growth 98	组织成长
organisation and methods 54	组织和方法
organisation and governance 28	组织和治理
owners 7, 95, 96, 97, 106, 123	所有者
Palissy, Bernard 38	帕利西,伯纳德
'Pantouflage' 21	公私部门交叉任职
Paribas 82	百利银行
Parmalat 22, 44, 53, 92	帕玛拉特公司
partnerships 36, 61, 73	合伙人
Perrier 106	佩绿雅矿泉水
personal objectives 72, 75	个人目标
'Peters Committee' (Netherlands) 22	彼得斯委员会(荷兰)
Pickens, T. Boon 20	T. B. 皮肯斯
PIRC 134	养老金投资研究顾问
Pitman, Sir Brian 70	皮特曼,布赖恩爵士
'Policy Governance Model' 136	"政策治理模式"
poll 83	民意调查
Polly Peck 4	波利皮克公司
Portman Group 76	波特曼小组
power 13, 15, 56, 91, 95, 127, 128	权力
Pralahad, C. K. 55	普拉兰哈德,C. K.
pressure groups 116, 129	压力集团
Pricewaterhouse Coopers 120	普华会计师事务所
Prince Charles Prince's Trust 9, 69	查尔斯王子信托基金
principles of corporate governance 27, 28, 79	公司治理的原则
processes 49, 54	流程
Procter and Gamble 94, 97	宝洁公司
Proctor, Tim 74	普罗克特,蒂姆
professional firms 36	专业公司
Prosser, Sir Ian 82	普罗瑟,伊恩爵士
publicity 91, 92	名声
public relations 32, 57, 85	公共关系
purchasing 31, 120	采购
Purdey, Richard 102	波蒂,理查德
purpose 12, 52, 83	目的
quarterly reports 14, 97, 121, 130	季度报告
Quelch, John 114	奎尔奇,约翰

主要词汇索引

Ratner, Gerald 106	拉特纳，杰尔拉德
Reckitt Benkeiser 29, 63	利洁时公司
recruitment 52, 68, 71, 76	招募
Reed Elsevier 22	里德·爱思维尔公司（世界上最大的传媒公司和首要专业出版商之一）
regulation 16, 49, 74, 93, 129, 130	管制
regulators 15, 16, 45, 78	管制者
Reichmann, Paul 91	赖克曼，保罗
relationship 61, 74, 90	关系
Remuneration Committee 79, 84, 133	薪酬委员会
Renault 20	雷诺公司
reporting lines 63, 64, 131	报告制度
reputation 44, 48, 50, 51, 52, 62, 105–9, 113	声誉
reputation institute 62	声誉协会
reputation management 62, 108	声誉管理
'reputation quotient' 62, 63	声誉份额
Revised Swiss Code of Obligations (1992) 23	修订的瑞士合同准则（1992）
rewards and sanctions 52, 62, 64, 85, 123, 124, 133, 137	奖励和惩罚
Rio Earth Summit 116	里约热内卢地球峰会
Rio Tinto 25, 107	力拓矿业公司
risk capital 90	风险资本
Risk Committee 79	风险委员会
'risk map' 120	风险地图
risks 14, 44, 62, 92, 107, 120, 121, 134	风险
Ritblat, John 36, 91	里特布拉特，约翰
Roberts, Monty 43	罗伯茨，蒙蒂
Rolls Royce 4, 81	罗尔斯·罗伊斯公司
Roman emperors 35	罗马皇帝
Ross, David 70	罗斯，戴维
Rowland, 'Tiny' 91	罗兰，廷尼
Royal Bank of Scotland 119	苏格兰皇家银行
Royal Society of Arts (RSA) 5	鼓励艺术、制造和商业皇家协会
rules of corporate governance 27, 28	公司管理规则
Russian corporate governance 23, 24	俄罗斯公司治理
Safety and Environmental Advisory Committee 79	安全与环境咨询委员会
Safety, Health and Welfare Act (1989) 16	安全、健康和福利法案（1989）
Saga holidays 103	赛奇假日旅行社
Sainsbury's 45, 52, 70, 95, 97, 101	桑斯博里公司
Samworth Brothers 95	萨姆沃斯兄弟公司

Sanofi-Sythélabo 21	赛诺菲-圣德拉堡公司
SAP 61	SAP 公司
Sara Lee 61	莎莉集团
Sarbanes-Oxley Act（USA）19，40，74，116，132，137	萨班斯-奥克斯利法案（美国）
savings and loans（USA）19	储蓄和借贷协会（美国）
scenario planning 39，44	情景规划
scenarios for future of corporate governance 127-31	未来的公司治理到情景规划
SC Johnson 95	SC 杰克逊公司
Scottish and Southern Energy 46，77-80	英国苏格兰和南方能源公司
Scott of the Antarctic 35，38	南极地区的斯科特
Seabright，Paul 13	西布赖特，保罗
Seagrams 74	西格拉姆公司
Securities and Exchange Commission（USA）19，27	证券交易委员会（美国）
security and crisis management 119	安全和危机管理
self-renewal 29，87	自我更新
servant leadership 37，43	仆人型领导
Severn Trent 77	塞文纯水务公司
shareholders 3，4，67，13，82，83，86，95，101，134	股东
shareholder value 87，123	股东价值
share register 85	股权管理（股票登记）
Shell 10，22，45，55，87，105，120，127，134	壳牌石油公司
Silicon Valley 90	硅谷
Simon，Hermann 94	西蒙，赫尔曼
Sinclair，Sir Clive 91，92	辛克莱，克莱夫爵士
Skandia 107	瑞典皇家保险集团
Smith，Kevin 78	史密斯，卡文
Smith Report 5，69	史密斯报告
Snook，Hans 69	斯努克，汉斯
soul 74，77	灵魂
South African corporate governance 26	南非公司治理
South Sea Bubble 3	南海泡沫事件
South West Airlines 39，48	西南航空公司
Spanish codes 22，23	西班牙准则
Spanish corporate governance 22，23	西班牙公司治理
Spears，Larry 37	斯皮尔，拉里
SPG 23	SBG 公司
Spitzer，Eliot 19，27，132	斯皮策，埃利奥特
sponsorship 32	赞助
stakeholder economy 89	"利益相关人"经济
stakeholders 6，8，9，56，57，60，63，70，83，86，96，	利益相关者

102, 113, 116, 125, 131	
stakeholder value model 56	利益相关者价值模式
Stakis 95	斯塔克斯酒店
standards 109, 110	标准
'Standards in Public Life' (Nolan) 10	"公共生活标准"（诺兰）
St Andrews Management Institute (SAMI) 44, 53	圣·安德鲁斯管理研究所
'star' system 42, 43, 52, 87	"明星"制度
Sternberg, Elaine 136	斯滕伯格，伊莱恩
stock exchange 57, 69, 71, 73, 82, 89, 101, 116	股票交易所
'strategic architecture' (Diageo) 75	"战略框架"（帝亚吉欧）
'Strategic Framework' for Companies Bill 5	用于公司法案的"战略性框架"
Strategic Partnership Limited 32	战略伙伴有限公司
strategic planning 29, 72, 135	战略计划
strategy and governance 29, 86, 123, 134	战略与治理
Strategy Committee 135	战略委员会
structure 48, 53	结构
Studinski, John 114	斯塔丁斯基，约翰
subsidiarily 91	辅助
succession 95	连续
Suez 134	苏伊士公司
suppliers 8, 9, 32, 102	供货商
supply chains 8, 61	供应链
sustainability 14, 72, 115, 131	可持续性
Sutherland, Peter 82	萨瑟兰，彼得
'swatches' 69	样品
Swissair 23	瑞士航空公司
Swiss corporate governance 23	瑞士的公司治理
SWOT analysis 73	优势、劣势、机遇和威胁分析
systems 48	系统
Take-over Code 16	兼并准则
talent 42, 43	天才
targets 29, 49	目标
Tate, Geoffrey 100	泰特，杰弗里
Taylors of Harrogate 102	哈罗盖特的泰勒公司
teams 51, 91	团队
terrorism 121	恐怖主义
Thales 61	泰雷兹公司
'Theory X and Y' 42	X 理论和 Y 理论
Thomas Cook Group 36	通济隆公司

Tobin's Q 122	托宾 Q 值
'Tomorrows Company' (RSA inquiry) 5, 6, 10, 13, 82	明天的公司（RSA 调查）
Total Oil 109, 110	道达尔石油
trademark 72	商标
trades unions 8, 111 – 15	贸易联盟
training 63, 68, 95, 119, 121, 123	训练
transformational leadership 38	变革型领导
transparency 13, 117	透明
Transparency International 120	国际透明组织
Trinity Mirror 110	镜报集团
trust 11, 13, 17, 37, 67, 71, 72, 90, 108, 117	信托基金
Turnbull Report/Code 5, 32, 44, 49, 53, 54, 69, 119, 120	特恩布尔报告/特恩布尔准则
two-tier boards 21, 22, 80	"双板块"董事会
Tyco 20, 49, 106	泰科国际
Tylenol 58, 60, 106	泰诺
UK Family Business Honours Programme 98 – 100	英国家族企业荣誉奖项目
Unilever 9, 22, 47, 52, 55	联合利华
universities 36	大学
USA 128, 129, 130	美国
USA governance 19, 20, 80	美国治理
US corporate 'trusts' 89, 93	美国的托拉斯联盟
values 29, 47, 51, 52, 57, 58, 62, 64, 70, 74, 75, 76, 102, 120, 127, 131, 137	价值
values-based behaviours 77	价值理念基础上的行为
Varney, David 111 – 15	瓦尼，戴维
Vasiliev Institute for Corporate Governance (Russia) 24	瓦西里耶夫企业治理协会（俄国）
Vestey 100	Vestey 集团
Viénot Report 21	维诺特报告
'virtual' companies 9, 54	"虚拟"公司
vision 29, 47, 70, 71	视角
Vivendi Universal 7, 8, 56	威望迪
Volkswagen 21	大众公司
Voluntary Interindustry Common Standards Association 61	产业间自愿商业标准协会
Vuitton, Louis 92	威登，路易
Waitrose 97	怀特罗斯超市
WalMart 28, 61	沃尔玛

主要词汇索引

Walsh, Paul 74	沃尔什,保罗
Ward, Ralph 45, 46	沃德,拉尔夫
Warner Lambert 61	华纳-勃兰特公司
'Washington Consensus' 127	华盛顿共识
Weetabix 95, 102	维他麦公司
Weinstock, Lord 36	温斯托克
Welch, Jack 7, 42	杰克·韦尔奇
Wella 94, 97	威娜公司
Wellcome Trust 100	韦尔科姆信托基金
'whistle blowing' 33, 34, 79	吹哨子
Wilberforce, William 38	威尔伯福斯,威廉
William Jackson 95	威廉·杰克逊公司
workshops 51	研讨班
Woods, Adrian 46	伍兹,阿德里安
Woolworth 55	伍尔沃思
World Bank 119, 127	世界银行
World Com 20, 49, 56	世界通信公司
World Trade Organisation (WTO) 127	世界贸易组织
Wymeersch, Prof. Eddy 82	埃迪·怀米尔斯奇
Yukos 24	尤科斯石油公司
Zaibatsu (Japan) 20	财阀
Zolar, Danah 38	佐哈,达那